O FIM DA IDADE MÉDIA E O INÍCIO DA IDADE MÍDIA

WALTER LONGO
prefácio de Luiz Felipe Pondé

O FIM DA IDADE MÉDIA E O INÍCIO DA IDADE MÍDIA

Como a Tecnologia e o Big Data Estimulam a Meritocracia e a Valorização do Indivíduo nas Empresas e na Sociedade

ALTA BOOKS
EDITORA
Rio de Janeiro, 2019

O Fim da Idade Média e o Início da Idade Mídia
Copyright © 2019 da Starlin Alta Editora e Consultoria Eireli. ISBN: 978-85-508-0716-4

Todos os direitos estão reservados e protegidos por Lei. Nenhuma parte deste livro, sem autorização prévia por escrito da editora, poderá ser reproduzida ou transmitida. A violação dos Direitos Autorais é crime estabelecido na Lei nº 9.610/98 e com punição de acordo com o artigo 184 do Código Penal.

A editora não se responsabiliza pelo conteúdo da obra, formulada exclusivamente pelo(s) autor(es).

Marcas Registradas: Todos os termos mencionados e reconhecidos como Marca Registrada e/ou Comercial são de responsabilidade de seus proprietários. A editora informa não estar associada a nenhum produto e/ou fornecedor apresentado no livro.

Impresso no Brasil — 1ª Edição, 2019 — Edição revisada conforme o Acordo Ortográfico da Língua Portuguesa de 2009.

Publique seu livro com a Alta Books. Para mais informações envie um e-mail para autoria@altabooks.com.br

Obra disponível para venda corporativa e/ou personalizada. Para mais informações, fale com projetos@altabooks.com.br

Produção Editorial Editora Alta Books **Gerência Editorial** Anderson Vieira	**Produtor Editorial** Juliana de Oliveira Thiê Alves **Assistente Editorial** Illysabelle Trajano	**Marketing Editorial** marketing@altabooks.com.br **Editor de Aquisição** José Rugeri j.rugeri@altabooks.com.br	**Vendas Atacado e Varejo** Daniele Fonseca Viviane Paiva comercial@altabooks.com.br	**Ouvidoria** ouvidoria@altabooks.com.br
Equipe Editorial	Adriano Barros Bianca Teodoro Carolinne Oliveira Ian Verçosa	Keyciane Botelho Larissa Lima Laryssa Gomes Leandro Lacerda	Livia Carvalho Maria de Lourdes Borges Paulo Gomes Raquel Porto	Thales Silva Thauan Gomes
Revisão Gramatical Jana Araujo Thamiris Leiroza Hellen Suzuki	**Layout** Paulo Gomes	**Diagramação** Joyce Matos	**Capa** Bianca Teodoro	

Erratas e arquivos de apoio: No site da editora relatamos, com a devida correção, qualquer erro encontrado em nossos livros, bem como disponibilizamos arquivos de apoio se aplicáveis à obra em questão.

Acesse o site www.altabooks.com.br e procure pelo título do livro desejado para ter acesso às erratas, aos arquivos de apoio e/ou a outros conteúdos aplicáveis à obra.

Suporte Técnico: A obra é comercializada na forma em que está, sem direito a suporte técnico ou orientação pessoal/exclusiva ao leitor.

A editora não se responsabiliza pela manutenção, atualização e idioma dos sites referidos pelos autores nesta obra.

Dados Internacionais de Catalogação na Publicação (CIP) de acordo com ISBD

L856f	Longo, Walter O Fim da Idade Média e o Início da Idade Mídia: Como a Tecnologia e o Big Data Estimulam a Meritocracia e a Valorização do Indivíduo nas Empresas e na Sociedade / Walter Longo. - Rio de Janeiro : Alta Books, 2019. 384 p. ; 16cm x 23cm. ISBN: 978-85-508-0716-4 1. Administração. 2. Empresas. 3. Sociedade. 4. Tecnologia. 5. Inovação. 6. Meritocracia. 7. Valorização. I. Título.
2019-1174	CDD 658 CDU 65

Elaborado por Vagner Rodolfo da Silva - CRB-8/9410

Rua Viúva Cláudio, 291 — Bairro Industrial do Jacaré
CEP: 20.970-031 — Rio de Janeiro (RJ)
Tels.: (21) 3278-8069 / 3278-8419
www.altabooks.com.br — altabooks@altabooks.com.br
www.facebook.com/altabooks — www.instagram.com/altabooks

Dedico este livro à Cris Partel,
a verdadeira CEO da minha vida.

AGRADECIMENTOS

Todo livro é uma obra coletiva. Por mais que seu autor seja único, ele sofre influências de uma grande quantidade de pessoas com as quais coexiste no seu cotidiano. Por isso, meu agradecimento mais profundo a todos que comigo convivem e trocam ideias, promovem discussões e alimentam a minha alma com conversas, insights e conclusões que nos mostram as divergências no senso comum e as convergências nas aparentes diferenças.

Dentre todos esses amigos e companheiros de jornada, destaco os colegas de Conselhos dos quais sou membro. Quero ainda expressar minha gratidão a todos os meus clientes que comigo trabalham numa batalha diária de conceitos e posicionamentos, gerando revisão constante de paradigmas.

O meu "muito obrigado" também aos meus sócios de empresas das quais participo, digitais ou não, onde procuro colaborar com minha experiência de mais de 40 anos em marketing, com quem continuo aprendendo diariamente.

Agradeço também ao jornalista Udo Simons pela sua grande contribuição na edição desta obra.

E, por fim, ao meu filho Ricardo, talvez o melhor presente que deixo para a posteridade.

SOBRE O AUTOR

Walter Longo é publicitário e administrador de empresas, com MBA pela Universidade da Califórnia e especialização pela Singularity University. É empreendedor digital, palestrante internacional e sócio-diretor da Unimark Comunicação.

Anteriormente, era presidente do Grupo Abril e mentor de Estratégia e Inovação do Grupo Newcomm — holding de comunicação do Grupo WPP que inclui as agências Young & Rubicam, Wunderman, Grey Brasil, VML, entre outras.

Já ocupou cargos de diretor regional para a América Latina do Grupo Young & Rubicam e presidente, no Brasil, da Grey Advertising, Wunderman Worldwide, TVA, MTV e do Grupo Newcomm Bates. Foi também sócio-fundador da primeira agência de *branded content* da América Latina, a Synapsys Marketing e Mídia.

Por sua contribuição no setor de telecomunicações, Longo foi escolhido como presidente-executivo e presidente do conselho da Associação Brasileira de TV por Assinatura (ABTA), além de ter sido fundador e presidente da Associação Brasileira dos Fornecedores de Telecomunicações (Abraforte).

Foi eleito por quatro vezes o melhor Profissional do Ano do Prêmio Caboré. Foi também premiado com o título de Personalidade do Marketing Direto pela Associação Brasileira de Marketing de Dados (ABEMD). Em 2015, passou a fazer parte do *Hall of Fame* do Marketing no Brasil. Em 2017, recebeu o Prêmio Lide de Marketing Empresarial.

Walter Longo é membro de vários conselhos de empresas como SulAmérica, Portobello, Cacau Show e MGB, sócio de múltiplas empresas digitais, palestrante reconhecido internacionalmente, articulista de múltiplas publicações, além de autor, entre outros, dos livros *O Marketing e o Nexo* (Ed. BestSeller) e *Marketing e Comunicação na Era Pós-Digital* (Alta Books).

É também membro do Comitê Digital e mentor do Programa de Investimentos de Startups do Hospital Albert Einstein, além de influencer do LinkedIn com mais de 600 mil seguidores.

PREFÁCIO

Uma Revolução Nietzschiana no Mundo

A obra que você tem em mãos é um ensaio de autor. A ideia de fazer um ensaio de autor reúne dois conceitos filosóficos em uma só expressão. Para além do óbvio que a porção "de autor" carrega em si, esta expressão traz consigo a marca de dois grandes filósofos, um do século XIX, Friedrich Nietzsche, e outro do XX, Richard Rorty. Este, inspirado no outro, definiu a obra de autor não apenas como um texto que carrega a autoria pessoal de alguém, mas, para além disso, que carrega a marca de um mundo novo rico em ousadia e disruptivo, porque desfaz os liames que nos prendem a valores que nos definem (e nos contêm) na "forma rebanho" (termo do próprio Nietzsche) para nos colocar na "forma indivíduo" de modo radical, como agente produtor de valores.

Walter Longo não está "apenas" nos oferecendo um livro que reflete de modo consistente sobre a virada digital ou pós-digital, ou sobre a coabitação de humanos e IA, ou ainda sobre as mudanças no comportamento de consumo. Não falta a Walter Longo um extenso percurso de experiências concretas com a passagem, digamos, da publicidade na forma rebanho para o marketing na forma indivíduo, produtor de seus próprios valores (este é o traço essencialmente nietzschiano da intuição de Walter Longo), materializados em escolhas agenciadas via plataformas e ferramentas trazidas à luz pela revolução do Vale do Silício.

Longo faz sociologia e filosofia a partir de ferramentas como marketing, IA, mídias sociais e plataformas em que a forma Uber se transforma num modo novo e, aparentemente, definitivo de contrato, não apenas de trabalho, mas de contrato social em si. O percurso deste ensaio é a descrição do nascimento de um novo contrato social, e, em filosofia, se sabe, um contrato social atinge âmbitos não só do propriamente político, mas espaços psicológicos, espirituais e, aqui no caso específico, as formas em que se articulam os desejos, o motor essencial do indivíduo moderno.

Escrever ensaios, por sua vez, como define o filósofo Adorno, é ter a coragem de "pensar com o lápis", sem a pretensão de ter compreendido todo o processo ou de oferecer um caminho em que a angústia com as disrupções que estão por vir se dissolvam numa forma autoajuda de reflexão. Longo não pretende acalmar os ânimos, mas alcançar os corações que se preparam para ser, pela primeira vez, indivíduos de fato, aquela velha utopia liberal.

A passagem do mundo da *Idade Média* para o mundo da Idade Mídia, nos termos do autor, é a passagem de uma prática de sociedade que ainda retém os medos que mantêm as pessoas em vínculos coletivos de contenção dos comportamentos e anseios para um mundo em que a promessa liberal, nascida no século XVII pelas mãos do filósofo John Locke, de um indivíduo como centro produtor de sentido da vida, finalmente, se realiza.

A sensação de abismo não é uma fantasia infantil diante de tamanha transformação. Mas, como diria o próprio Nietzsche, se a vida é um constante cair num abismo sem fundo de possibilidades e riscos, a diferença acaba por ser qual ética moverá os modos de vida nessa queda: se aquela de quem despenca em pânico, gemendo em nome de um mundo que não mais existe, ou aquela de quem mergulha neste mesmo abismo dançando. E você, que assiste a esse salto, estará entre aqueles que apenas veem a dança mas não a entendem, ou será um daqueles que a entendem porque também já começaram a ouvir a música que enlaça essa dança? Longo, seguramente, ouve a música e partilha conosco essa sua experiência estética com a vida nova que nos desafia.

— *Luiz Felipe Pondé*

SUMÁRIO

1. A Idade Média Persiste, Insiste   **11**

2. Um Sentido Feliz, Dourado, mas Ainda Inexistente   **27**

3. A Idade Mídia e o Começo de Sua Jornada   **43**

4. Big Data, a Chave da Mudança   **61**

5. Nosso Mundo, Nossas Urgentes Exigências   **79**

6. Acaso?! Ops, que Nada! Eu Estava Esperando por Você   **97**

7. De Doadores de Órgãos a Doadores de Dados   **117**

8. A Idade Mídia e a Importância do Capital Intelectual   **135**

9. É Tempo de Coevolução para Máquinas e Seres Humanos   **153**

10. Nossa Alma É Exponencial   **171**

11. O Futuro é Quântico e a Internet é das Coisas   **189**

12. O DNA da Idade Mídia   **205**

13. Os Dados da Pós-privacidade   **223**

14. Meus Dados, Minhas Regras   **239**

15. A Inteligência Artificial Avança. Vamos Superar os Limites do Impossível   **257**

16. Na Idade Mídia, o "Normal" É Ser Diferente   **275**

17. De Olhos Bem Abertos para o Futuro   **291**

18. Somos Seres Perenes   **309**

19. Uma Era Fenomenal e Ilimitada   **327**

20. "Não É uma Tela. É um Portal para Onde Seu Coração Desejar Ir."   **349**

INTRODUÇÃO

Do Fim da Idade Média ao Alvorecer da Idade Mídia

*Uma jornada rumo à nossa individualidade
em sociedade. Com o uso da tecnologia, vamos
acabar com as fronteiras do impossível.*

No início do século XX, o alemão Albert Einstein revolucionou as leis da física. Como cientista, seus questionamentos o levaram a conceber dois conceitos fundamentais: as Teorias da Relatividade Restrita e Geral. A partir de seu pensamento singular, começamos a entender de forma completamente diferente a passagem do tempo ao longo de nossa existência. Uma questão central de seus estudos foi a constatação de que ninguém sobre a Terra percebe o tempo e o espaço da mesma maneira. Essa visão é genial, sobretudo, dada a limitação técnica para a comprovação de seu pensamento à época. Ainda hoje, somos limitados para comprovar a exatidão de seus estudos. Sua lógica e raciocínio continuam avançados, revolucionários e fundamentam novos avanços, como os da física quântica.

Como executivo de comunicação e empreendedor digital, me aproximo desse gênio de nossa humanidade como admirador da ousadia de seu pensamento. Ele é disruptivo. Einstein anteviu cenários, transformou complexas estruturas teóricas em conceitos acessíveis e atuou para melhorar nossa condição de vida. Utilizo-me brevemente de seu legado na introdução deste livro como referência para exemplificar alguns dos principais pensamentos expostos nas próximas páginas.

É muito importante partirmos de nossa percepção individual sobre o que nos cerca. A despeito de nossas semelhanças como raça, gênero, nacionalidade, entre outros contextos, somos diferentes em essência. Somos bilhões de indivíduos com características distintas de composição biológica, vivência psicológica e compreensão social. Até gêmeos univitelinos comprovam essa afirmação de forma incontestе. Por mais que nosso código genético seja extremamente parecido somos diferentes. Porém, como sociedade, nos organizamos de maneira contrária a esse fundamento definido pela física, inclusive.

Introdução ▪ 3

Em vez de nos entendermos a partir de nossas diferenças, ao longo dos séculos, nos construímos socialmente como uma massa homogênea de pessoas, privilegiando a ideia de um ser mediano. Alguns fatores estruturam esse comportamento; o medo das diferenças e do desconhecido são questões relevantes para a adoção dessa postura. Mas, por ser um entendimento ligado à área comportamental, esse é um tema para ser aprofundado em outra publicação. Contudo, ao olharmos essa questão de maneira mais objetiva, é como se o fato de termos semelhanças (físicas ou geográficas) autorizasse a compreensão de que uma pessoa, por exemplo, ao nascer no Japão, seja entendida como igual a quem tenha nascido em Cuba. Sim, temos óbvias similaridades, como nariz, olhos, pés, mas estas são condições de semelhança física, não fatores determinantes para orientar e definir a complexidade da construção da vida de dois indivíduos tão distintos por infinitas razões.

Nesta afirmação, caro leitor, não existe situação melhor ou pior. O fato de o japonês estar inserido em uma cultura milenar, com forte presença tecnológica em sua organização social, não o habilita como um ser superior a um cubano, oriundo de uma cultura caribenha, nascido em um país com conturbado histórico político e graves restrições de infraestrutura. A ilha japonesa não é melhor do que a cubana. Elas são ilhas e todo o resto de sua história é definido em intricadas relações naturais e socioeconômicas. Essa definição se estende para todo o arranjo de civilização humana neste planeta. Todos somos distintos, não há escapatória. O que nos faz, então, termos persistentes estruturas sociais nos definindo como iguais? Tenho algumas teses para responder a esse questionamento, e uma delas é o fato de ainda vivermos na *Idade Média*.

Para muitos, a Idade Média teria terminado em 1453, com a Invasão de Constantinopla. Para os livros de História, esse é um fato significativo, mas contestado mesmo entre historiadores. A peste negra, seguida por um longo período de resfriamento do continente europeu, reduzindo drasticamente a produção de alimentos e gerando levantes populares contra os soberanos, dirigentes políticos e sociais do período, é vista por várias correntes de pesquisadores sociais como acontecimento decisivo para seu fim. Mas as possibilidades das causas de sua extinção não param por aí.

O movimento posterior à Era entendida como medieval é apontado como o responsável por entrarmos em outro mundo. Estamos falando da Renascença. Diferentes correntes de análise sobre a Idade Média, contudo, concordam em um ponto: sua duração foi de mil anos, tendo o século XV como pano de fundo para sua derradeira despedida. Entretanto, afirmo categoricamente, sem medo de errar: só agora está acontecendo o fim da *Idade Média*. O século XXI é o responsável por sepultá-la de uma vez por todas. Esse é um dos meus argumentos centrais nesta publicação, e aproveito o momento para fazer um aparte formal.

Ao longo deste livro, utilizei o termo Idade Média de duas maneiras. Quando falo do período aceito pela academia como o de sua existência, refiro-me a ele como Idade Média. Mas, ao mencionar sua extensão, influência e presença, independentemente das definições didáticas para sua explicação, utilizo *Idade Média*.

O verdadeiro fim da *Idade Média* traz como consequência gigantescas transformações nos pilares das relações humanas e dos costumes sociais.

Até hoje, em qualquer área do comportamento humano, tudo foi avaliado e orientado pela média da população. Mas estamos mudando essa forma de ser e estar. Contamos com o imprescindível auxílio da tecnologia, da ciência e do big data para gerar as mudanças e estimular a meritocracia e a valorização do indivíduo, nas empresas e na sociedade. Vivemos um momento de transição rumo a uma nova Era. Exemplos dessa transformação são cada vez mais presentes em nossa vida.

Na medicina, deixamos para trás os protocolos genéricos de tratamento: estabelecemos os protocolos individuais; desenvolvemos a medicina genômica.

Na educação, sempre fomos divididos em classes por idade, independente de nossa maturidade ou conhecimento. O currículo era o mesmo, a despeito da dificuldade de uns e facilidade de outros para absorção do conteúdo ministrado. Essa prática está sendo suplantada pela Educação Individualizada, modelo de ensino derivado da Educação a Distância. Agora, cada um de nós vai estudar o que tiver vontade, aprofundar-se no tema que desejar e ir tão fundo quanto quiser.

Na década passada, ao viajar de avião, nosso entretenimento a bordo era distribuído por várias telas presas no teto da aeronave. Todas elas exibiam o mesmo conteúdo, definido pela empresa aérea. A tecnologia avançou, e, alguns anos depois, cada assento ganhou uma tela no encosto da poltrona da frente, oferecendo uma seleção mais variada de programação. Hoje, o entretenimento a bordo é individual. Cada passageiro assiste ao que bem quiser, de acordo com a sua vontade.

Essa individualização de oferta em termos de conteúdo, marcas e produtos está em franca disseminação e é facilmente identificada entre os meios de comunicação da mídia tradicional.

Antes, todos líamos as mesmas notícias de jornal, com o mesmo nível de profundidade. Quem decidia o índice de análise eram os editores e jornalistas dos periódicos. Hoje, podemos ler o que quisermos, na hora que der vontade e na profundidade desejada.

Com o rádio, escutávamos as músicas escolhidas por programadores do horário de sua retransmissão. Estávamos presos a programações definidas por terceiros e retransmitidas pelos *dials* das emissoras radiofônicas em *Frequency Modulation* (FM) ou *Amplitude Modulation* (AM). Com o surgimento do Spotify, quebramos essa "prisão". Passamos a planejar nossa seleção musical a nosso bel-prazer.

E mais, com a entrada em cena das tecnologias constituídas pelo advento dos algoritmos, nos foi apresentada, para nosso deleite, uma infinidade de opções de artistas e gêneros musicais baseada em nosso comportamento de uso do serviço de *streaming* de música. Essa condição ampliou nosso leque de escolhas. Ou seja, além de escutarmos o que quisermos, recebemos constantemente sugestões de *playlists*, em acordo com nosso gosto musical. E a revolução dessa nova Era continua incessantemente; avança para novos territórios.

A última tendência da moda, em qualquer estação e passarela, é a valorização do indivíduo. Assim, voltamos a dialogar com um dos fundamentos desse setor, o de fazer roupas sob demanda. Longe de mim ser um fashionista de plantão. Pelo contrário! Em termos de vestuário, há anos decidi me vestir todo de preto, por questões de praticidade. Com essa atitude, facilito o começo do meu dia, pois evito dúvidas sobre como combinar gravatas, camisas e ternos. Tenho sempre à mão algo adequado para meu cotidiano. Enfim, me deixando de lado para voltar aos aspectos de customização da moda em suas diversas modalidades (*haute couture, fast fashion, prêt-à-porter*, marcas de grife, entre outras), nesta nova Era as pessoas buscam seu estilo a partir de opções gerais e genéricas de tendências. Exercem uma ode à liberdade individual.

A mobilidade e a expansão dos modais de transporte também estão contribuindo para o fim da *Idade Média*. No passado, as opções nesse segmento estavam baseadas, prioritariamente, em ônibus, táxis ou carros particulares, principalmente nas áreas urbanas das cidades. Agora, temos a tecnologia como aliada fundamental para ressignificar nossos tradicionais modelos e meios de nos transportar.

O primeiro e significativo abalo nesse setor aconteceu com a criação e adoção da Uber. O impacto desse aplicativo foi global. Ele alterou profundamente a forma de nos relacionarmos com nossa locomoção, sobretudo em metrópoles como a capital paulista, com o seu trânsito caótico, e afetou diretamente os táxis como modelo de

Introdução ▪ 7

transporte particular. A Uber puxou a fila das transformações. Depois dela, consolidaram-se diversas iniciativas criadas com o objetivo de alterar nossa forma de ir e vir. Entre elas, destacam-se o *carsharing* e o aluguel temporário, por intermédio de aplicativos, de bicicletas e patinetes. A ressignificação do transporte é ininterrupta e ocorre para facilitar nossa locomoção.

Na propaganda e no marketing, éramos atingidos pelas mensagens de forma genérica e baseadas em médias estatísticas. A mídia de massa se encarregou de nos transformar em grupos de consumo, desconsiderando a sincronicidade com o momento de nossas vidas. Graças ao crescente uso da Inteligência Artificial e *Analytics*, essa realidade também está sendo redefinida.

Junto às instituições financeiras, os juros estratosféricos que fazem os adimplentes pagarem pelos inadimplentes estão com os dias contados a partir de mecanismos como o *Cadastro Positivo*. Isso também acontecerá no segmento das empresas de seguro de automóveis, no qual motoristas responsáveis arcam com o mesmo prêmio de seguro que os irresponsáveis. Em breve, graças ao uso dos algoritmos, deixaremos de ser submetidos às extenuantes revistas nas barreiras de imigração dos portos e aeroportos.

A *Idade Média* das relações comerciais, pessoais e sociais é o mundo que conhecemos e no qual vivemos até hoje. Nele, todos são **avaliados pela média, pagam pela média** e são **tratados por essa mesma média**. Mas esse paradigma está próximo de virar fumaça. Consolidaremos, em breve, a Idade Mídia e toda a revolução intrínseca a esse período. Na Idade Mídia, cada um de nós ganha o poder de influenciar a sociedade, transmitir opinião e informação individualmente. Nessa Era, viveremos em um ambiente meritocrático. A meritocracia só pode existir com o fim da *Idade Média*, quando passaremos a ser incentivados a nos desenvolver, nos portar socialmente e nos instruir em acordo com nossas características pessoais, esforço e vontade.

Seremos donos do nosso destino, construtores de nosso futuro e responsáveis por nossas carreiras.

Esta será uma Era na qual cada um de nós é um universo à parte, respeitado em sua individualidade e com capacidade ampla de influenciar socialmente. Viveremos harmonicamente com o nosso tempo, no qual os acontecimentos se sucederão de maneira oportuna, adequadamente. Faremos valer, com esse princípio, os conceitos de Einstein em relação à nossa individualidade, nos expressando no ritmo de nosso tempo e espaço.

Daqui por diante, cada um de nós será um agente de mídia, formador de opinião e gerador de conhecimento, sempre compartilhado. Cada dia mais, os indivíduos influenciarão a sociedade com suas visões e seus posicionamentos únicos e particulares. Aos poucos, as pessoas estão se transformando em veículos de comunicação, com capacidade de impactar amplamente toda a sociedade. Essa condição singular em nossa história muda tudo ao nosso redor.

Bem-vindos à Era da Idade Mídia. Adeus, *Idade Média*!

REALIDADES OPOSTAS

IDADE MÉDIA	IDADE MÍDIA
Massa	Indivíduo
Geral	Particular
Audiência	Engajamento
One2All	One2One
Monólogo	Diálogo
Aproximado	Preciso/Certeiro
Unidirecional	Bidirecional
Multimídia	Unimídia
Genérico	Pessoal
Especificidade	Sincronicidade
Tutor	Mentor

CAPÍTULO 1

A Idade Média Persiste, Insiste

*"Tente mover o mundo;
o primeiro passo
será mover a si mesmo."*
— Platão

Quando o Sultão Mehmed II marchou com seu exército para a capital do Império Romano do Oriente, também conhecido como Império Bizantino, ele estava prestes a criar um dos marcos temporais da história da humanidade.

Mehmed II tinha um plano claro: queria ampliar as fronteiras do Império do qual era líder, o Otomano, localizado na Ásia. Conquistar a cidade símbolo da união entre o Ocidente e o Oriente seria um feito decisivo para o seu sultanato. Isso o colocaria como soberano absoluto de seu tempo. Seria um verdadeiro terremoto geopolítico social.

Sem medir esforços, ele pôs o plano de conquista em curso. Cercou por semanas, com milhares de soldados, toda a cidade. E o uso de sua artilharia foi pesado, imprimindo aos seus inimigos verdadeiros dias de *blitzkrieg* (tática militar operacional que utiliza forças móveis em ataques rápidos e surpresa). No caso dele, os ataques aconteciam por meio de bombardeios diários por terra e mar. Sua frota de navios, aliás, foi decisiva para a sua vitória incontestável, em **29 de maio de 1453**. Desde então, a data se tornou conhecida como o dia da queda de Constantinopla.

Ao longo de sua história, Constantinopla foi cobiçada por diversos povos. Por isso, foi peça central para vários impérios da Antiguidade. A cidade, como organização urbana e civil, surgiu por sua estratégica posição geográfica. A antiga Constantinopla (hoje a cidade é conhecida como Istambul) era o elo territorial entre os continentes europeu e asiático, separados pelo estreito de Bósforo, canal entre os mares Negro e Mediterrâneo.

Aos poucos, a cidade floresceu, intercalando momentos de maior ou menor pujança, mas sempre com o multiculturalismo impresso

A Idade Média Persiste, Insiste ■ 13

em seu DNA. Desde o Imperador Constantino I (reinado entre os anos de 306 a 337), seu fundador e quem a tornou capital do Império Romano do Oriente, foram inúmeras as sucessões de intrigas, conflitos, disputas e a efetiva troca de comando de seu governo. Não faltaram povos a cobiçá-la e denominações a identificá-la, como capital da cristandade ou a cidade mais rica da Europa. Constantinopla foi um vibrante cenário de disputas e reviravoltas. Essa dinâmica resguarda fundamentos da organização mundial que têm reflexos até hoje em nossas vidas. A conquista desse território pelos Turcos Otomanos foi um momento fundamental para o curso das transformações que aconteceriam na sequência.

Para diversos historiadores, **a Queda de Constantinopla simboliza o fim da Idade Média e a transição para a Idade Moderna.**

> Mas será que o Sultão conquistador Mehmed II pôs, de fato, um ponto final à Idade Média? É possível fazer tal afirmação sem medo de errar, sem incorrer em análises equivocadas?

A **Idade Média** teve uma duração de **mil anos** segundo consenso entre estudiosos. Formalmente, teria começado no século V e se estendido até o século XV. Foi um tempo de muitas transformações: da criação da Europa como continente, tendo em vista o início da demarcação dos territórios de suas nações como as conhecemos e do estabelecimento do cristianismo como elemento fundamental para a formação social entre as pessoas do Ocidente. E esse é um fato de extrema importância.

As bases cristãs foram vitais à constituição dos preceitos daquilo entendido como civilização europeia. O cristianismo seria uma espécie de unidade, de ligação, entre determinados povos contra possíveis invasores, chamados de bárbaros por não partilharem dos mesmos valores que eles.

O fundamento da Igreja Católica, por exemplo, passa pela Alta Idade Média, período compreendido entre séculos V e X, quando os povos existentes se aproximavam uns dos outros ao compartilhar suas tradições e unir suas culturas, estabelecendo relações políticas e sociais. A presença do cristianismo, nesse cenário, foi essencial. Por sua vez, a institucionalização da Igreja foi um ato consequente, reflexo desse contexto.

Essa importância fica mais evidente quando se olha para os cinco séculos subsequentes, de X a XV, didaticamente chamados de Baixa Idade Média. É nesse período que os historiadores identificam o "Esplendor da Cultura Cristã".

O leitor mais distraído pode entender o termo "esplendor" como uma opulência, suntuosidade disseminada para todos. Não é bem o caso. Sim, foi uma época resplandecente do cristianismo, mas, principalmente, foi um período propício para a afirmação da Igreja como instituição capaz de se contrapor ao poder e à presença dos reis e seus impérios. A população, de forma geral, ainda tinha uma vida muito difícil, de pouco acesso a tudo. Mas é no período da Baixa Idade Média, por exemplo, que surge Tomás de Aquino.

Mencioná-lo é relevante pois foi ele quem deu a base teórico-conceitual ao pensamento Escolástico, originando a Filosofia Escolástica, método de pensamento crítico derivado das escolas monásticas cristãs e largamente difundido entre as primeiras universidades que surgiram no continente Europeu. Ou seja, o pensamento acadêmico, apesar de se basear na racionalidade e na precisão dos fatos, traz consigo, de alguma maneira, características da prática do cristianismo à época.

Outro fato relevante ligado ao período do "Esplendor Cristão", significativo para a compreensão de alguns dos conflitos mais duradouros da humanidade, foi a formação das Cruzadas para combater o domínio muçulmano e, consequentemente, a expressão de sua fé, o islamismo, existente no Oriente Médio e na Ásia. Como se denota, os povos envolvidos nessa conjuntura viveram intensos momentos de embate. Foram anos de duradouras expedições a lugares muito distantes.

Em sua essência, as Cruzadas, organizadas por poderosos reinos cristãos europeus, queriam restabelecer sua presença e influência na Terra Santa, Jerusalém, e suas cercanias e assegurar comercialmente maior trânsito de mercadorias e pessoas entre o Ocidente e Oriente.

Durante dois séculos, os europeus se lançaram nessa empreitada, logrando sucesso em alguns momentos, mas registrando muitas derrotas. Vários *guerreiros cruzados*, como eram conhecidos seus combatentes, morreram nos conflitos.

Por falar em morte, Idade Média e Igreja, é pertinente lembrar o advento do Tribunal da Santa Inquisição, instrumento da Igreja Católica Romana que se consolidara como poder mais influente do cristianismo na Europa.

A Inquisição foi estabelecida como sistema de julgamento para identificar hereges. Na prática, servia para encontrar e sentenciar pessoas contrárias aos dogmas cristãos. Situação nada fácil para quem discordasse de apenas parte desses dogmas; pior ainda de sua integralidade.

A impossibilidade de saber ao certo se o comportamento exercido em comunidade estava completamente de acordo com a Igreja deixava um sentimento de suspeição; uma certa ideia de vigilância pairava entre as pessoas, pois, a todo momento, qualquer um podia denunciar alguma prática herética de alguém, mesmo se o fato denunciado nem sequer fosse verdade. Resumo da ópera: milhares de europeus morreram em decorrência dos julgamentos da Inquisição.

A Idade Média gera controvérsias entre historiadores. Por séculos, esse período foi totalmente compreendido como obscurantista. Estudos indicavam o "atraso" e a "ignorância" dos *medievais*, palavra, aliás, que de forma figurativa, na língua portuguesa, remete a algo passado, atrasado. Contudo, com o passar do tempo, os levantamentos dessa época foram sendo revistos. A academia começa a creditar à Idade Média sua relevância para a formação da civilização ocidental moderna. Como sociedade, nossos alicerces teriam sido estruturados em seu intervalo de tempo. Para defensores dessa tese, os medievais preservaram aspectos importantes da cultura greco-romana e os desenvolveram a partir de uma perspectiva cristã, um dos fundamentos do Ocidente e questão essencial ao entendimento de como era "estar na vida" naquele período. Para eles, *conhecer a Deus é viver, e servir a Deus é reinar*".

A interação social à época partia da crença e da importância desse poder divino e superior. Do ponto de vista político, isso forjou o aparecimento do *Sacro Império Romano*, em contraponto ao paganismo disseminado em tempos prévios.

O poder religioso, a Igreja representada pelo Papa, estava diretamente ligado ao poder político, independente de qual fosse, representado por reis e imperadores. Essa é uma delicada relação para ser vivida, principalmente quando potencializada por momentos de descoberta e formação. Não havia nações como as conhecemos modernamente. As pessoas estavam se reconhecendo como povos, as estruturas sociais, em seus mais diversos aspectos, ainda seriam construídas.

A sociedade baseava-se na especulação, em um empirismo desestruturado à base da tentativa e erro, em vez de privilegiar e utilizar métodos formais de análise para o seu desenvolvimento. Sendo assim, como as pesquisas indicam: *"O mundo seria obra de um Deus sábio e lógico."* Nesse sentido, o exercício da razão, como o realizamos contemporaneamente, era questionado e atacado de frente de maneira a eliminá-lo em algumas ocasiões. Nessa imbricada equação, os cientistas tornaram-se alvos constantes.

O julgamento de Galileu Galilei é frequentemente citado como um dos casos de maior repercussão do tempo medieval. Físico, matemático, astrônomo e filósofo, para destacar algumas de suas competências profissionais, Galileu foi condenado à prisão perpétua por seus inquisidores por afirmar categoricamente que a Terra gira ao redor do Sol. Ele escapou da fogueira, mas diversos outros pensadores, que iam de encontro aos preceitos da Igreja, tiveram sorte diferente.

O também italiano Giordano Bruno é um deles. Filósofo, teólogo e escritor, ele foi condenado pela Santa Inquisição a queimar em praça pública por defender uma visão distinta da Igreja em relação à fé e por ser entusiasta dos resultados da ciência para explicar a existência da Terra.

O número exato de vítimas da Inquisição é impreciso, mas seja qual for esse total, no século XX, a Igreja se pronunciou lamentando *"erros cometidos por recursos não cristãos de sentença"*.

Como se percebe, **a Idade Média era para os fortes**. A vida em sociedade era muito difícil, desprovida de aspectos básicos de infraestruturas, como energia elétrica, sistemas de coleta de esgoto e água encanada. Nada disso existia, e até por isso (reforço) a expressão "período medieval" é associada ao atraso.

As pessoas trabalhavam de sol a sol. Na Europa, as populações eram formadas, majoritariamente, por camponeses que cuidavam das terras, propriedades dos reis e senhores feudais. O trabalho era indiscriminado: participavam todos — homens, mulheres, crianças — nas mais diversas tarefas, como arado do campo, colheita de grãos, cuidado dos animais, construção das instalações, galpões, moinhos, pontes, abertura de estradas, a lista de atividades beira o infinito, por assim dizer. Afinal, um novo mundo estava para ser erguido.

Ao fim das exaustivas jornadas de trabalho, as pessoas retornavam às suas casas nas quais a sala era o local central. Ali, a família se reunia em volta de uma lareira para se aquecer e compartilhar histórias e suas refeições. Tudo muito simples. O chão era de terra batida, os móveis artesanais se restringiam a algumas estantes, cadeiras, bancos, mesas e camas com colchão de palha.

Em grande parte, as pessoas não sabiam ler nem escrever; quase todos eram analfabetos. Sendo assim, os grupos que viviam próximos uns dos outros estabeleciam e aprofundavam o contato entre si oralmente. Eles compartilhavam uma língua comum. Começaram aí a se estruturar os idiomas modernos do Ocidente.

Havia vários dialetos, mas, com o passar do tempo, alguns idiomas tinham preponderância. O latim, por exemplo, tornou-se mais presente ao sul do continente. Já nas regiões mais ao norte, a língua germânica se destacava.

Nesse contexto, transmitir conhecimento por meio da fala era a norma. **Se hoje nós desenvolvemos a Inteligência Artificial para capacitar máquinas a dialogar conosco, naquela época o elemento central das comunicações em comunidade era, exclusivamente, o arauto.** Mensageiros oficiais dos reis, eles eram os porta-vozes dos governantes. Faziam proclamações públicas lendo papiros e pergaminhos nos quais anunciavam o início e o fim das guerras, a implementação de impostos, o nascimento e falecimento de integrantes da realeza, entre outros comunicados oficiais. Em suma, eram o principal canal de comunicação entre os governantes e seus súditos.

Esse fato ilustra a dificuldade em fazer a informação circular naquele tempo. As pessoas estavam limitadas às suas realidades locais. Mesmo que algo de grande importância estivesse acontecendo, a notícia não circulava. Os possíveis meios para se informar eram muito precários ou inexistentes.

Conexões e comunicação, definitivamente, não eram parte daquele contexto histórico. Essa situação pode ser apontada como um dos fatores para a propagação de uma das grandes mazelas da humanidade, a Peste Negra.

A Idade Média Persiste, Insiste ▪ 19

No mundo do século XIV, em que as condições de higiene pessoal eram rudimentares e os cuidados médicos, praticamente intuitivos, todos estavam vulneráveis ao meio ambiente, eram analfabetos e não se comunicavam muito além dos locais onde viviam. Assim, a Peste Negra se espalhou como rastilho de pólvora. Seu impacto na humanidade foi imenso, mais de 100 milhões de pessoas morreram em sua decorrência. Por isso, há quem defenda a propagação da doença como o fim da Idade Média.

Presume-se que a bactéria causadora do surto, *Yersinia pestis*, tenha chegado ao continente em navios mercantes chineses. Uma vez em solo europeu, sua disseminação foi imediata e perdurou por anos. Sua transmissão acontecia quando uma pulga que havia mordido um rato hospedeiro da bactéria mordia uma pessoa. Como os ratos estavam espalhados por todo lugar e não havia nenhuma condição sanitária, as pessoas eram infectadas a todo o momento.

Relatos dessa pandemia dão conta de que os corpos das vítimas se amontoavam, em decomposição, pelas calçadas de várias cidades. O odor cadavérico era tão forte que tornava impraticável respirar naqueles ambientes, mesmo eles sendo abertos. Como não se conseguia enterrar os mortos com presteza, muitos eram incinerados em grandes fogueiras.

É bom lembrar, a Peste também se abateu sobre Constantinopla em 1347. Ela avançou em parte do continente asiático (região da Eurásia) e, apesar de ter chegado à cidade quase 100 anos antes de seu conquistador, o Sultão Mehmed II, esse fato é entendido como um dos motivos de sua queda, pois suas defesas contra os inimigos estariam muito frágeis. A despeito das várias décadas transcorridas até a chegada do Sultão, Constantinopla não teria sido capaz de se reestruturar. Isso é mais um argumento para a tese de alguns de que Idade Média teria, sim, chegado ao seu fim em decorrência da Peste Negra.

Mas essa hipótese faz sentido? Teria isso, de fato, decretado o término da Idade Média? Com certeza, algo capaz de dizimar um terço da população mundial não deve ser desprezado. Contudo, seria essa pandemia o pivô de sua derrocada?

Apesar de todo o estrago da Peste, as pessoas continuavam vivendo com parâmetros do mundo medieval. Aparentemente, nenhuma mudança significativa se apresentava no horizonte. Mas isso era um engano, um desaviso. Estava prestes a entrar em cena o **Renascimento**.

Os habitantes da região do Vêneto, norte da Itália, por volta do século V, estavam com medo dos bárbaros que se espalhavam pela Europa e se aproximavam de lá. Como medida de precaução, resolveram ocupar pequenas ilhas no nordeste italiano. Ali, se sentiram mais protegidos contra possíveis invasores. Estabeleceram-se e a população cresceu: surgia Veneza.

Com o grande número de habitantes, veio a necessidade da construção de residências, entre outras edificações. Foi desenvolvido um sistema de aterramento de áreas alagadiças, estreitando o espaçamento entre as ilhas e delineando seus famosos canais. A cidade se ampliava em direção ao mar.

O local das ilhas era estratégico: inseria-se numa das rotas comerciais para a Ásia. Os venezianos controlavam o ir e vir dos navios no mar Adriático. Foi uma questão de tempo para o local se tonar um rico entreposto.

Com o lastro financeiro, veio a influência política. Surgia, na Baixa Idade Média, uma potência econômica, política e social. E ela não estava só. Gênova, Florença, Milão são outras cidades que se consolidaram como centros urbanos de significativa importância para a época.

É no conjunto dessas cidades, com outras localidades da Itália, incluindo Roma, que surge o Renascimento no século XIV, levando 100 anos para se consolidar, no século XV (concomitantemente à queda de Constantinopla), e estendendo-se por mais 200 anos, até o século XVII.

Foi a rica burguesia mercantil, originada pelo comércio, que deu condições para que a estrutura do Renascimento aparecesse. Ela queria afirmação social e valorizava a razão para se chegar ao conhecimento; portanto, incentivava experiências científicas. O direito individual, para ela, estava acima do coletivo. O homem era o centro do universo, criado por Deus. Era uma maneira de estar na vida, de se relacionar de forma adversa com o pensamento preponderante da Idade Média.

Historicamente, tais características são apontadas como princípios de reformulação da vida medieval. Elas são consideradas elementos de transição para a Idade Moderna.

Em todo o seu período, a todo momento, surgiam novas descobertas científicas e novos intelectuais despontavam com pensamentos originais. Galileu Galilei, Leonardo da Vinci, Thomas Hobbes, Michelangelo Buonarroti, René Descartes, Rafael Sanzio são alguns dos representantes da Renascença.

A ideia do conceito de Idade Média, inclusive, foi um termo definido no Renascimento. Houve o entendimento de que os mil anos antecedentes ao surgimento dos renascentistas como um grupo organizado representavam um hiato para a humanidade. Teriam sido anos de um período "sombrio".

Mas, caro leitor, sinto informar: não, **a Idade Média não terminou no século XV. Ela só está terminando agora.** Apesar das diversas modificações sociais desde então, algumas características dessa fase da vida humana, definida por mera questão didática, permanecem entre nós. Fomos incapazes de superá-las, de nos transformar de fato.

Talvez faltassem os instrumentos adequados para tal. Talvez não tivéssemos a capacidade cognitiva para nos expressar e interagir distintamente. Talvez. Mas agora temos.

Estamos no alvorecer de uma nova época e prestes a presenciar o derradeiro fim de tudo o que a Idade Média representa. As mudanças são rápidas; estão acontecendo neste momento em que você lê este livro. Aqui, vou mostrar como elas ocorrem e para onde vão nos levar.

O caminho das transformações é incontrolável. Resta-nos aproveitar o momento e agir em harmonia com ele, acrescentando a cada dia algo único e particular nesse cenário da nova Era. Eu lhe contarei como nos próximos capítulos.

Leitura Dinâmica
PARA FIXAR: CAPÍTULO 1

- A Idade Média é o ponto de partida para entendermos o período de transição em que vivemos e a nova Era que está prestes a se consolidar.

- De acordo com os historiadores, esse período dura mil anos. Começa no século V e se estende até o século XV.

- É um tempo de estruturação das bases para a sociedade moderna. As organizações sociais, políticas e econômicas do mundo, como as conhecemos, estavam por ser estabelecidas, mas muitos o identificam como período de atraso.

- Os sistemas de comunicação eram muito limitados e os arautos eram figuras importantes no processo de contato entre os governantes e o povo. Em uma população majoritariamente analfabeta, o fluxo de informação era restrito.

- A Igreja Católica se firma como instituição de relevância social. Esse fato é decisivo para a formação da cultura ocidental.

- A cidade de Constantinopla foi um dos locais centrais desse período. Ela foi invadida pelos Turcos Otomanos, liderados pelo Sultão Mehmed II, em 29 de maio de 1453. A data ficou conhecida como o dia da "Queda de Constantinopla". Esse fato é entendido por diversos historiadores como marco do fim da Idade Média.

- O aparecimento da Peste Negra também é apontado como relevante acontecimento à desestruturação social daquele tempo, consequentemente, determinando seu término. A Peste assolou o território correspondente hoje ao continente europeu. Essa pandemia teria matado mais de 100 milhões de pessoas.

- Outro acontecimento significativo foi o surgimento do Renascimento, no século XIV. Esse movimento levou 100 anos para se consolidar, no século XV (concomitantemente à Queda de Constantinopla), e se estendeu por mais 200 anos, até o século XVII. Livros de História indicam essa movimentação política, social e econômica como período de substituição à Idade Média.

- O Renascimento, inclusive, definiu o conceito de Idade Média. Os pensadores daquela época entenderam que os mil anos antecedentes ao surgimento deles, como grupo organizado, representavam um hiato para a humanidade. Teriam sido anos de um período "sombrio".

- Porém a Idade Média não terminou no século XV, como se acredita. Esse período só está chegando ao fim em nossa geração. Portanto, a partir das próximas páginas, utilizarei "Idade Média" como *Idade Média*. Faço isso para diferenciar minha teoria do entendimento oficial e didático desse período. Do ponto de vista da História, a designação desse período faz sentido, facilitando seu estudo e compreensão, mas, na prática, diversas manifestações do "modo de ser e estar na vida" disseminadas naqueles anos não deixaram de acontecer. Elas continuaram a existir ao longo dos séculos, persistindo até este momento.

CAPÍTULO 2

Um Sentido Feliz, Dourado, mas Ainda Inexistente

*"Nenhum ser humano é como o outro.
E, embora possamos parecer exteriormente
iguais, todos temos uma miríade de pequenas
anormalidades que nos tornam diferentes."*
— Rahul Matthan, da Takshashila Institution.

Caro leitor, se estiver lendo-me agora e, se por acaso, for 2020 ou algum ano próximo, saiba que até a data deste nosso encontro quase tudo que nos cerca nos diversos setores da produção humana em termos de oferta de produtos, prestação de serviço governamental, exames médicos e produção de ciência na academia é feito pelo **conceito de média da população.** Dessa premissa advém a afirmação de que, **somente aqui e agora, estamos deixando para trás a** *Idade Média*. Estamos em uma fase de transição na qual, gradualmente, superamos o conceito de fazermos tudo pela média.

Assimilar esse pressuposto é importante para entender o impacto dos movimentos sociais, políticos e econômicos em nossas vidas. Para alguns, essa percepção pode ser difusa, mas quando, como no meu caso, se está envolvido na prática do marketing, da publicidade e propaganda, na realização de pesquisas, para lembrar alguns de meus ambientes de trabalho, essa reflexão é consequência diária dessa atividade.

Até hoje, a indústria da comunicação, em suas diversas frentes, opera com a ideia de que a sociedade tem uma média. Uma média de consumo, uma média de pensamento, uma média de comportamento. Isso é um dos fundamentos da Comunicação de Massa.

A percepção da existência de algo médio é relevante para esse setor porque, a partir dessa constatação, são definidas peças publicitárias, ações de persuasão e estratégias de comercialização. Isso garante às empresas segurança para a vendagem de seus produtos, assegura o retorno do investimento, preserva sua atuação no mercado, amplia suas operações e a possibilidade de se fazerem novas contratações.

As diversas cadeias produtivas existentes nos setores econômicos estabelecidos são compostas de inúmeras fases sequenciais, executadas no decorrer de um determinado tempo de produção, no qual há a presença de distintos profissionais e utilização de variados materiais (insumos) para a geração de um produto final, seja ele um bem de consumo ou de serviço. Esse processo varia por setor e tem valores distintos de aporte financeiro, a depender da complexidade de cada uma das cadeias produtivas em questão.

Essa breve descrição aponta o quão custosos são os processos produtivos. Para torná-los economicamente viáveis, é preciso garantir a distribuição e a comercialização dos produtos. Essa etapa final de relação direta com o cliente não será bem-sucedida se houver incertezas sobre o seu público consumidor; se não estiver claro para os fabricantes e/ou produtores quem consumirá tal produção e como isso se dará.

O processo de comercializar produtos e serviços é uma arte baseada nas relações humanas, na experiência de vida, em um aprendizado constante. Antes de se vender qualquer coisa é preciso comprar uma ideia. Já escrevi outros livros e produzi artigos abordando esse tema, por isso não vou me deter neste ponto aqui. Isto posto, voltemos ao conceito de média e sua aplicação.

O professor emérito do Departamento de História das Ideias do *Pitzer College*, nos Estados Unidos, Barry Sanders, publicou, no início dos anos 2000, um extenso artigo intitulado "The Decline of the Average Mind" ("O Declínio da Mentalidade Mediana", em tradução livre), em que resgata a origem do adjetivo mediano, *average,* e reflete sobre o desgaste de seu uso.

A primeira aparição da palavra na língua do Bardo está no *Domesday Book*, publicado em 1086. Nessa obra, uma espécie de censo demográfico inglês da época, elaborado pelo Rei William I, *average* aparece como um termo feudal e refere-se a um dia de trabalho prestado ao Rei pelos camponeses como pagamento pelo arrendamento de terras.

Algum tempo depois, seu uso migraria para o vocabulário do transporte marítimo, setor pujante de então, assim ocorrendo as primeiras mudanças em seu significado e sua interpretação.

De acordo com o professor Sanders, *average* passa a se confundir com a ideia de média francesa, que estaria relacionada ao custo e divisão proporcional das propriedades danificadas nos navios mercantes. Nesse encontro de conceito e idiomas, origina-se um cálculo chamado "custo médio" (*the average cost*). Então, a partir de 1770, começam a aparecer variações dessa expressão. Uma delas foi "o preço médio do milho" (*the avarege price of corn*).

Só após 1830 é que a palavra passaria a ter o seu significado conhecido como o é atualmente: estimar valores, dividindo o grupo, ou montante total, por números de unidades (*to estimate by dividing the aggregate of a series by the number of units*).

Mas o conceito de "média" ou "mediano" não teria sido derivado apenas de questões aritméticas, como lembra o professor. Na Grécia Antiga, os filósofos exortavam os cidadãos a procurarem por um espaço "médio" na vida, entendido por eles como *"Um Sentido Feliz" (The Happy Mean)*, ou um *"Sentido Áureo, Dourado" (The Golden Mean)*. De acordo com Sanders:

> "Para Aristóteles, a busca por 'um caminho do meio', [meio no sentido de mediano], exigiria a mais alta ordem de virtude e caráter, na medida que os indivíduos devem continuamente encontrar o ponto de equilíbrio entre os extremos para si mesmos, avaliando cada situação."

Se em antigas civilizações havia um apelo auspicioso em ser mediano, no decorrer de seu artigo, professor Sanders ressalta o quão pejorativo tornou-se identificar as pessoas dessa forma:

> "(...) A menos que se esteja falando sobre níveis de colesterol ou pressão sanguínea, não há como elogiar uma pessoa usando a palavra mediana. Mesmo que se descreva a outra pessoa como 'bem acima da média', a implicação de ser apenas mediano lança uma sombra muito escura sobre o elogio (...)."

Como se vê, **o sentido do ser mediano perpassa nossa existência**, indiscriminadamente. Seu conceito define situações e cria circunstâncias. **Ele atualizou, ao longo dos séculos, uma maneira medieval de estar no mundo, de se organizar, de definir o trabalho e sua produção.** Mas isso está terminando. Seu fim não será marcado por algo impactante, mas seu desaparecimento é inevitável; ele já acontece. Temos a experiência de vivenciá-lo em fases. Muitos de nós já disseram *bye, bye, so long, farewell* para a condição mediana em vários aspectos de nosso dia a dia. Exemplos? São muitos.

Saímos da medicina genérica e adotamos a medicina genômica. Tornamo-nos capazes de sequenciar nossos genes desde o ato de nossa concepção, quando somos ainda embriões, até nos tornarmos indivíduos em idade avançada. Isso é uma revolução sem precedentes.

A medicina genômica previne e personaliza nosso tratamento de saúde. Podemos retardar o aparecimento de quadros clínicos de doenças graves, até mesmo eliminá-los em vida, dentro ou fora do útero, caso os exames realizados apontem a propensão para algum mal específico. De uma medicina puramente curativa evoluímos para uma fase preventiva e, agora, para um momento no qual ela assume um caráter preditivo.

Cientistas reconhecem que nossas características físicas e capacidades intelectuais de comportamento são determinadas pela conjunção do genoma e pelo que cada um de nós vive.

Claro, estamos longe de um consenso ético e bioético a respeito da extensão e forma de seu uso. Por isso, toda a reflexão sobre esse assunto é importantíssima. A criação de precedentes legais nos dará mais segurança sobre como poderemos agir nessa área. Isso é fundamental. Mas o ponto aqui não é defenestrar, tampouco exaltar, essa descoberta de forma irresponsável. O ponto aqui é exemplificar nossa capacidade em gerar avanços para nossa existência a partir da aplicação da ciência, e como esse fato nos coloca numa outra Era, num período voltado para a individualização dos tratamentos de saúde. Essa condição muda nosso paradigma de vida. Em nenhuma outra época isso aconteceu em tamanha dimensão. Os avanços conquistados foram importantes para nos trazer até aqui, mas mantiveram certas características de ser e estar. Ou seja, mudaram os anos, os séculos, porém, **como indivíduos, mantivemos relacionamentos e comportamentos remanescentes de outros contextos.**

A medicina genômica, por sua vez, reconhece a totalidade de nossa individualidade. O check-up genômico aponta minuciosamente quais são as probabilidades do aparecimento dos mais diversos quadros clínicos. Deixamos de ser rostos anônimos em filas de hospitais para particularizarmos nossos tratamentos.

Não precisaremos mais nos submeter a diagnósticos feitos pela média, pelo fato de não dispormos de ferramentas para reconhecer nossas necessidades específicas. Essa prática, gradualmente, será eliminada dos sistemas de atendimento de saúde. Ela será substituída por modelos cadastrais personalizados, e, há alguns anos, já vemos indícios dessa tendência, quando verificamos o barateamento das análises genômicas.

As terapias gênicas são financeiramente mais acessíveis quando comparadas aos preços praticados no início desses procedimentos. Sua popularização é tamanha que testes de DNA para mapear a herança genética são comercializados por menos de US$100. Com o passar do tempo, esses custos tendem a diminuir muito mais. Com isso, **sairemos dos *protocolos genéricos* para a adoção dos *protocolos individualizados*.**

Ainda temos um caminho longo a definir sobre quais serão os limites legais, humanos e científicos para usá-las. Mas essa tecnologia é real e isso faz toda a diferença. Lembre-se, a penicilina, antibiótico revolucionário no tratamento de infecções, foi descoberta pelo cientista escocês Alexander Fleming em 1928. No entanto, seu uso comercial data da década de 1940.

Em menos de 100 anos saímos do tratamento pontual de doenças infecciosas para a possibilidade de resolução de problemas crônicos de saúde dentro do útero materno; para o uso de técnicas que, simultaneamente, conseguem avaliar centenas de milhares de genes. Isso nos dá, ao menos, mais tempo de existência de forma mais saudável. Quem sabe se no final deste século aqueles que celebrarem 100 anos de vida não vão se referir a essa idade como os "novos 50"? Você duvida?

Ok, caso ache que o estudo da genômica é meramente afeito à ficção científica, uma moda passageira ou impossível de ser acessado, a educação é mais um exemplo de fator que contribui para o fim do mundo como o conhecemos — construído a partir de parâmetros medianos — reforçando a ideia de que estamos superando definitivamente a *Idade Média*.

Desde a formalização do ensino em sala de aula, há uma metodologia preponderante, um modelo quase imutável utilizado para se transmitir conhecimento. Basicamente, o desenho dele acontece com alunos sentados em suas carteiras escolares à frente dos professores, que, durante um período predefinido de tempo, detalham algum conteúdo adequado para uma faixa etária ou um grupo determinado por gênero e raça.

Para conseguir realizar seu trabalho, os professores contavam com o apoio de uma lousa, ou quadro-negro (que de negro tornou-se verde, depois branco).

Pois bem, com o cenário montado, o conteúdo da aula era uniformemente repassado aos alunos, desconsiderando a capacidade ou facilidade de aprendizado de determinados temas de cada um dos estudantes em questão.

Mas eis que, no final dos anos 1960, início dos anos 1970, surgiu a internet. Com sua popularização, algumas décadas mais tarde, a educação encontrou nesse meio de comunicação uma maneira de se reinventar, de eliminar barreiras, de ampliar as fontes de referência, e não tardaria a desenvolver modelos alternativos ao ensino tradicional. Entre outras reviravoltas e hibridismo de modelos, é estabelecida a modalidade de Educação a Distância (EaD).

Verdade seja dita, formalmente, antes mesmo da internet, ensinava-se a distância por correspondência ou em videoaulas. O ensino não presencial não foi uma surpresa por si só. Esses métodos a distância foram válidos e ajudaram muitas pessoas, mas são completamente rudimentares quando comparados à nova experiência em EaD. Nela, o conhecimento, a dinâmica e a forma de interação são tão infinitos quanto a internet em si. Não há fronteiras.

Aprender passou a ser uma questão individual, de como e quanta disposição cada um de nós tem para assimilar novos conteúdos. Isso revoluciona o sistema educacional, em termos pedagógicos e administrativos, e cria novos paradigmas. Os professores, por exemplo, deixaram de ser oráculos, donos do saber inquestionável, tornando-se profissionais com o dever de se atualizar constantemente em suas práticas de magistério, além de estabelecer maneiras de interação para com a vastidão de conhecimento disponível online. Sem dúvida, um desafio hercúleo. Não é fácil ser curador de tantos conteúdos correlatos e específicos a suas áreas de especialidade e repassar parte disso para os estudantes. É preciso disciplina, estar aberto a novas experiências e ter acesso a uma infraestrutura adequada de máquinas e redes de conexão. Muitas vezes, nada disso acontece.

Por sua vez, os alunos também são outros, absolutamente distintos das décadas passadas. Além de estarem expostos, a todo o momento, a uma infinidade de conteúdos, eles também os produzem. Eles não apenas recebem a informação, como criam e difundem conhecimento a partir de suas experiências, da maneira como veem os contextos de suas vidas.

Por esses exemplos, **a modalidade de Ensino a Distância deveria ser chamada de** *Educação Individualizada* **(E.I)**. Essa denominação é mais pertinente às suas características como modelo de ensino e aprendizagem. Ser a distância é uma característica fundamental, indiscutivelmente, mas não é seu cerne. O ponto central de sua existência está baseado na interação do aluno com o conhecimento a ele exposto. Na maneira como ele utiliza seu tempo para assimilar aquilo que é ensinado.

Esses novos parâmetros de interação exigem ressignificação constante do modo de se viver, da forma de se interagir em família, social e profissionalmente. É necessário reorganizar o pensamento. Nesse sentido, os conceitos de uma educação voltada para a média tornaram-se idiossincráticos, sem relevância. Ficaram obsoletos.

Aquele antigo formato de escola, entendido como *Brick School* (estabelecido e limitado por paredes, lousas e cadeiras), deixa de fazer sentido. Em um momento de nossa evolução educacional, as escolas transformam-se em *Click School (Touch School*, para atualizar o trocadilho).

À distância de um toque, em um mouse ou em uma tela de um aparelho tecnológico, o aluno descobre uma infinidade de saberes. É possível segurar essa revolução?

O mundo já não é mais o mesmo e, aos poucos, identificamos suas modificações. No setor das empresas de comunicação informativa, outra área em franca mudança e de futuro imprevisível, é limitante falar em média, a despeito de os grandes veículos de comunicação ou tradicionais — porque esse conceito de "grande" tornou-se relativizado após o advento das empresas de comunicação exclusivamente online — serem veículos de Comunicação de Massa.

Até bem pouco tempo, todo mundo era exposto às mesmas notícias em jornais, revistas, rádio e telejornais. A profundidade dos assuntos ali abordados ficava sob responsabilidade dos editores e repórteres, que, ao exercerem seu ofício, decidiam o tratamento da notícia, até onde e como a informação seria noticiada. Era uma profundidade definida pela média de sua audiência (por perfil de seus leitores, ouvintes ou telespectadores). Agora essa dinâmica é parte de outro tempo.

É o consumidor da informação quem decide o quanto quer saber sobre o assunto de seu interesse. Ele define como, onde, em qual horário e por qual linha editorial se informará. Ele até pode determinar consumir a informação apenas em redes sociais ou por troca de mensagens com amigos em aplicativos. Não importa, o fato é: **a tecnologia criou inúmeras possibilidades para a dinâmica da interação, e todas elas acabam com o conceito médio de repasse e elaboração da informação.**

Cada um de nós pode ir tão fundo quanto desejar no entendimento de um fato, na absorção de um conteúdo, seja ele qual for. E mais, o momento estabelecido para o acontecimento dessa dinâmica é indiferente. Não há limites de horários ou lugares para esse ato ser realizado. O hyperlink nos liberta do jugo da *Idade Média*.

Não à toa, o símbolo do hyperlink é representado por uma corrente quebrada. Até hoje, simbolicamente, essa corrente nos prendeu à *Idade Média*. Agora, não mais. Estamos destruindo esses grilhões. Obviamente, esse novo cenário tem aspectos negativos. O vertiginoso surgimento das *fake news* — informações inventadas para desinformar — é um exemplo evidente da responsabilidade de consumir e compartilhar fatos.

Há todo um trabalho sendo feito pelo setor de comunicação, pela academia, por profissionais de informação comprometidos com preceitos éticos e de isenção para se contrapor à prática da disseminação da mentira. Essa é uma tarefa de longo prazo, aprimorada no decorrer dos acontecimentos.

Mas **a individualização da massa é algo tão irreversível** que a maior empresa de comunicação do Brasil, e uma das maiores do mundo, a Rede Globo, já sinalizou ao mercado seu entendimento desses novos tempos.

Em 2017, a empresa lançou a campanha "100 milhões de Uns", que também é uma plataforma na internet, na qual convida as pessoas a compartilharem conhecimento, além de ser utilizada como canal de comunicação com o mercado publicitário para mostrar o alcance das diversas iniciativas do grupo.

À época de seu lançamento, o diretor-geral da empresa, Carlos Henrique Schroder, ressaltou a valorização da geração do conhecimento e o fato de terem decidido dividi-lo com o mercado. "(...) Compartilhar é uma maneira de aprender mais, de gerar mais negócios, neste nosso eterno movimento para fazer melhor e evoluir juntos", garante Schroder.

Com sua ação, a Globo mandou um recado claro para o mercado e a sociedade: é preciso se comunicar individualmente com a audiência. Mensagens genéricas, sejam publicitárias, informativas ou de entretenimento, não se adéquam mais à demanda de seu público. Assim, a direção da empresa revela sua percepção sobre o fim da *Idade Média*.

O mundo não se constitui mais medianamente. Nosso contexto de vida, como o conhecemos, está migrando para estabelecer uma nova civilização. Surge uma nova Era. E, nesse cenário, como refletiu o escritor Paulo Leminski em seu poema *Incenso Fosse Música:*

"Isso de querer ser
exatamente aquilo
que a gente é
ainda vai
nos levar além."

Leitura Dinâmica

PARA FIXAR: CAPÍTULO 2

- O sentido de ser mediano perpassa nossa existência. Essa condição define situações, cria circunstâncias. Ao longo dos séculos, atualizamos a maneira medieval de estar no mundo, de nos organizar em sociedade, de definir a forma do trabalho e como nos comunicamos.

- Até hoje, tudo o que fazíamos era avaliado, prioritariamente, pela média da população. Essa constatação é mais fácil de ser identificada nos setores produtivos ou na formulação das políticas públicas.

- Sempre fomos tratados como grupos homogêneos, uma massa social uniforme, nunca como indivíduos. Quase tudo o que nos cerca nos diversos setores da produção humana em termos de oferta de produtos, prestação de serviço governamental, exames médicos e produção de ciência na academia é feito pelo conceito de média da população.

- A indústria da comunicação, em suas diversas frentes, ainda opera com a ideia de que a sociedade tem uma média. Isso é um dos fundamentos para a Comunicação de Massa, mas essa condição está mudando.

- Na propaganda e no marketing, somos atingidos pelas mensagens de forma genérica e baseada em médias estatísticas.

- Esse é o mundo que conhecemos e no qual vivemos até hoje: a *Idade Média* das relações comerciais, pessoais e sociais, em que todos somos avaliados pela média, pagamos pela média e somos tratados por essa mesma média.

- A despeito de uma avaliação mediana de como agir, o processo de comercializar produtos e serviços é uma arte baseada nas relações humanas e na experiência de vida. Atuar nessas áreas requer constante aprendizado.

- A importância de considerarmos a individualidade humana torna-se mais evidente. Estudos genéticos, por exemplo, são fortes indicativos desse movimento. A medicina genômica estabelece protocolos individuais de tratamento. Vamos sair dos Protocolos Genéricos para a adoção dos Protocolos Individualizados.

- A adoção de novas práticas no processo educativo indica como determinaremos a transformação do mundo tal qual o conhecemos. Hoje, uma grande revolução toma corpo, permitindo o acesso a qualquer informação em diferentes níveis de profundidade. Cada um de nós vai estudar o que tiver vontade, aprofundar-se no tema que desejar e ir tão fundo quanto quiser nos assuntos.

- O aparecimento da internet nos anos 1970 foi fundamental para desencadear a revolução educacional. Estarmos ligados em redes virtuais de comunicação nos reinventou, eliminou barreiras, ampliou nossas fontes de referência e nos deu condições para o desenvolvimento de modelos alternativos ao ensino tradicional. Estabelecemos a modalidade de Educação a Distância (EaD).

- Por sua dimensão e estrutura, deveríamos chamar o Ensino a Distância de Educação Individualizada (E.I). O fato de essa prática educativa ter a distância como uma de suas principais características é, indiscutivelmente, fundamental para sua constituição.

- Agora, é o consumidor da informação quem decide o quanto ele quer saber sobre o assunto de seu interesse. Lemos o que quisermos na hora em que tivermos vontade e na profundidade desejada. Fazemos tudo isso de maneira individualizada.

- A individualização da massa é algo irreversível. É preciso se comunicar individualmente com a audiência. O mundo não se constitui mais medianamente. Nosso contexto de vida, como o conhecemos, está migrando. Estabeleceremos uma nova civilização.

CAPÍTULO 3

A Idade Mídia e o Começo de Sua Jornada

*"O avanço da igualdade de oportunidades
e o empoderamento econômico são moralmente
corretos e bons. A discriminação, a pobreza
e a ignorância restringem o crescimento.
Por outro lado, investimentos em educação,
infraestrutura e nas pesquisas científicas geram
empregos e novas riquezas para todos nós."*
— Bill Clinton, 42º Presidente
dos Estados Unidos.

Com as luzes do auditório apagadas, Steve Jobs subiu, silenciosamente, no palco do *Moscone Center*, em São Francisco, nos Estados Unidos. Um holofote de luz branca o acompanhava. Ao fundo, uma tela gigante projetava o símbolo de sua empresa, à época, ainda chamada de *Apple Computers Inc.*

Vestindo sua "roupa de assinatura", camisa de manga longa e gola alta preta (uma *turtleneck)*, calça jeans *stonewashed* e tênis New Balance cinza (Jobs era cuidadoso com sua imagem pública, não só em relação ao que falava, mas como se mostrava para as pessoas; em suas apresentações, ele sempre usava o mesmo estilo de roupa), aquele que foi uma das personalidades revolucionárias da indústria da computação, amado e odiado em proporções semelhantes, dirigiu-se à audiência que lotava a plateia do centro de convenções e começou sua fala, prevista para durar 90 minutos: *"Por dois anos e meio eu estive esperando por este dia."*

A data em questão é **9 de janeiro de 2007**, uma terça-feira. Naquele momento, ele estava prestes a mostrar ao mundo algo inédito, como destacou ainda no início de sua apresentação: *"De vez em quando, surge um aparelho que revoluciona tudo."* A essa sua frase, a plateia, animada pelo que seria mostrado em instantes, interrompeu-o com aplausos, gritos, assobios e flashes. Jobs fez uma pausa, esboçou certo sorriso e seguiu.

"Em 1984, introduzimos o Macintosh, que revolucionou toda a indústria de computadores." Nova interrupção. Mais aplausos, mais gritos da audiência. *"Em 2001, lançamos o primeiro iPod. Ele não só mudou a maneira como ouvimos música. Esse aparelho modificou toda a indústria da música."* Mais flashes, mais gritos e aplausos irromperam na plateia. A expectativa entre os presentes crescia.

Até ali, Jobs desempenhava um de seus melhores papéis como homem de negócios, o de profissional de marketing de seus feitos. Ele se notabilizou por fazer apresentações memoráveis dos produtos da Apple. Ali, seguia seu *script* ao relembrar com certa dramaticidade visual alguns dos lançamentos que tornaram sua empresa uma das maiores do mundo.

Suas criações o projetaram. Por meio delas, ele foi alçado à fama internacional. Elas o tiraram do anonimato nos anos 1970, quando o visionário ainda era, entre tantos outros *nerds*, morador do quase desconhecido Vale do Silício, na Califórnia, e o catapultaram ao estrelato empresarial na década seguinte. Jobs se tornou um dos empresários da área de tecnologia mais bem-sucedidos do mundo e uma referência em inovação.

Ao ser lançado em 1984, **o Macintosh, de fato, revolucionou a indústria da computação**. Foi o primeiro computador pessoal popular com interface amigável. Como produto, estabeleceu os parâmetros para a construção de todos os demais computadores que surgiram posteriormente, tanto em termos de sua aparência, hardware, quanto pela capacidade de realização de seu software.

O Macintosh foi disruptivo, mas não apenas no âmbito de seu segmento industrial. Seu aparecimento impactou todo o mundo: ele foi um dos elementos centrais de modificação no comportamento de todas as sociedades, desde então, e estabeleceu uma interação distinta da existente entre as pessoas e os seus computadores.

Antes do Macintosh, essa ideia de "pessoas e seus computadores" era algo remoto. Apesar do Lisa e do Apple 2 terem sido precursores desse caminho, o uso deles era mais limitado.

O Macintosh modificou esse cenário. Ele foi criado para entrar na casa das famílias de classe média dos Estados Unidos. Sua presença deveria ser notada em qualquer ambiente da residência, nos quartos de dormir, na sala, na cozinha, como previa sua publicidade. Por falar em publicidade, a de seu lançamento é considerada uma das mais icônicas peças publicitárias de todos os tempos. Tornou-se referência.

No filme, com duração em torno de um minuto, a Apple recriou o ambiente sombrio descrito por George Orwell em seu livro *1984*, no qual ele descreve a existência de um mundo distópico, dominado pela figura tirânica do Grande Irmão (*Big Brother*).

Durante uma das sessões de lavagem cerebral de seus seguidores, que acompanhavam as palavras do Grande Irmão de forma entorpecida, uma mulher atlética, carregando um martelo de arremesso olímpico, irrompeu o local da palestra, perseguida por tropas militares que tentavam impedi-la de pôr fim àquele transe coletivo.

Mais rápida que seus perseguidores, ela alcançou o interior do auditório antes que seus algozes conseguissem capturá-la. Uma vez lá dentro, arremessou seu martelo contra a imagem do Grande Irmão. Ao atingir a tela, o artefato provocou uma imensa explosão. Naquele exato momento, víamos um texto subir em frente às imagens e ouvia-se a voz de um narrador: *"Em 24 de janeiro de 1984, a Apple Computers apresentará o Macintosh. E vocês verão por que 1984 não vai ser como 1984."* Essa peça publicitária teve impacto mundial.

Criada pela agência de publicidade Chiat/Day, baseada em Los Angeles, ela foi exibida pela televisão e no estádio *Houlihan*, em Tampa, na Flórida, durante o principal momento da publicidade norte-americana: o intervalo do *Super Bowl*, a final da maior e mais importante liga de futebol americano dos Estados Unidos.

Mais de 80 milhões de telespectadores espalhados pelo país viram naquela noite o filme dirigido pelo cultuado diretor de cinema Ridley Scott. Um detalhe importante: em momento algum o Macintosh foi mostrado no comercial, utilizado como *teaser* para aguçar a curiosidade das pessoas. A estratégia funcionou. Após a exibição dessa publicidade, o mundo aguardou ávido para conhecer esse misterioso objeto anunciado como revolucionário para nossas vidas. Alguns meses depois, Jobs cumpriria sua promessa.

O Macintosh entrou em nossas vidas para disputar lugar com outros objetos de extrema importância e significado em nossas casas, como o rádio, a televisão e o telefone, que ao longo da *Idade Média* definiam nossa forma de nos comunicar, de interagir com o mundo e com o outro. Ou seja, a jornada da revolução de comunicação pela qual passamos começou naquele longínquo janeiro de 1984.

Após 17 anos, em 2001, a Apple viria a fazer outro lançamento de impacto global ao nos apresentar o iPod. Não à toa, naquele janeiro de 2007, no *Moscone Center*, Jobs enfatizou sua aparição e as consequências causadas por ele em nosso jeito de ouvir música, por mais que, à primeira vista, tenha sido difícil prever as mudanças ocasionadas por aquele pequeno aparelho, feito para ser transportado no bolso e com apelo direto aos jovens e aos amantes da música.

Do Oriente ao Ocidente, em ambos os hemisférios, Norte e Sul, aonde chegou causou rebuliço. Ele era um item de desejo de consumo. Gerou fortuna para muitos, modificou o comportamento da indústria da música. Sobretudo, preparou-nos para as futuras interações móveis que desenvolveríamos com o passar dos anos. **O iPod foi o primeiro aparelho móvel de comunicação a aliar conforto, praticidade, estilo e comodidade.** Como objeto destinado a tocar música, ele evoluiu o conceito do Walkman exponencialmente.

Febre entre os jovens no final dos anos de 1970 até meados de 1980, o Walkman teve grande importância para a cultura e economia desse período. A marca japonesa Sony, por exemplo, tornou-se um *player* internacional pela disseminação de seu aparelho mundo afora. A empresa, inclusive, representou e reforçou a imagem do Japão como país desenvolvedor de tecnologia de ponta. Mas o Walkman, em seu DNA, é um objeto típico da *Idade Média*. Ele foi desenhado para ser um tocador de música portátil, pessoal. E mais, ele precisava de fitas para reproduzir as músicas. Ou seja, sua função só estaria completa se estivesse aliada a outro item externo a ele, no caso, as fitas cassetes.

Alguns modelos reproduziam as frequências dos rádios AM/FM e quase todos faziam gravações. Em suma, ele funcionava como gravador, rádio e reprodutor de música a partir de fitas cassetes. Apesar de ter sido um avanço quando conhecemos o primeiro de seus modelos, o Sony TPS-L2, desenvolvido pelo coordenador de áudio da empresa, Nobutoshi Kihara, em julho de 1979, o Walkman era um produto limitado. Não à toa.

Nessa época a qual estamos suplantando, além de o mundo ser criado para a média, voltado para uma massa uniforme e indistinta de pessoas, os objetos projetados e fabricados eram produtos estanques, que não se transformavam ao longo do tempo. Eles surgiam e desapareciam, entravam em desuso, desempenhando uma função única: a mesma do momento de sua concepção. Dessa forma, o mundo podia mais facilmente ser compartimentalizado em caixinhas, apartando experiências de vida.

Nas empresas, as questões hierárquicas, supervalorizadas, tinham um papel essencial em uma relação verticalizada. O chefe tudo podia. Ele detinha a palavra final sobre as atividades e seus subalternos deveriam obedecer. Quase não existia espaço nessas relações para o contraditório. Era preciso respeitar o outro não apenas por sua senioridade, mas pelos anos de trabalho dedicados à firma. **A vida era feita para termos uma previsibilidade de futuro.**

Quando criança, nossos pais se encarregavam de nos alimentar, proteger e cuidar de nossa educação formal nos matriculando nos ensinos fundamental e médio. Ainda adolescentes, decidíamos por um curso superior e seguíamos para a universidade com o objetivo de, no final de um período de quatro anos (em média), nos formar como bacharéis ou em carreiras de licenciatura.

Ao deixarmos o ensino superior, estávamos aptos para sermos plenos em nossa fase adulta da vida. Era chegada a hora de conquistar nossa independência financeira ao sermos contratados por uma empresa na qual passaríamos grande parte de nosso dia e a maioria, se não a totalidade, de nossa vida profissional. Se tudo transcorresse como planejado, após uns 35 anos de serviços prestados, nos aposentaríamos. Teríamos nos transformado em avós e poderíamos gozar do recebimento de uma aposentadoria para nos garantir segurança financeira nessa última fase de nossa existência. O plano estava traçado e parecia perfeito. Quem não se encaixasse nessa maneira de se conduzir poderia não obter êxito. Era um sério candidato a "ser *gauche* na vida".

Assim foram os anos ao longo da *Idade Média*. Estamos falando desse contexto, quando Jobs lançou, em 1984, o Macintosh e, em 2001, o iPod. Pelo seu pensamento estruturante, ambos foram dispositivos revolucionários para suas épocas. Eles quebraram o paradigma da construção de objetos. Não apenas por serem frutos da tecnologia; essa é uma questão relevante, sim, mas está longe de ser a central.

Quando anunciados, o mais importante estava no fato de serem objetos gregários, de múltiplas funções para o que se predispunham a fazer. Eles revolucionaram conceitos de interação, de comunicação e de uso. Até então, todos os objetos tinham utilização predestinada quando de sua formatação. Um ferro elétrico, por exemplo, foi feito para passar roupas. É possível haver algumas modificações pontuais entre um modelo ou outro de ferro de passar, mas essencialmente esses objetos foram idealizados, na *Idade Média*, para passar roupas e vão fazer isso até que, por algum motivo, quebrem. O Macintosh e o iPod, não. Eles eram diferentes. O projeto de concepção do Macintosh já indicava a possibilidade de sua **autotransformação**, de **mutação**. E o iPod incorporou essa característica nas versões posteriores ao seu primeiro modelo.

Ainda não havíamos desenvolvido a tecnologia correta para fazer isso acontecer quando de seus lançamentos, portanto tal afirmação não era evidente naquele momento. Esse avanço estava reservado para o futuro. Mas ele chegaria bem antes do que podíamos prever. Ele veio seis anos após a aparição do iPod, naquele 9 de janeiro de 2007, quando tivemos a oportunidade de conhecer, pela primeira vez, o iPhone.

"Hoje, vamos mostrar três produtos revolucionários. O primeiro deles é um iPod com uma tela gigante, com controles que podem ser acionados pelo toque de nossos dedos. O segundo é um telefone revolucionário. O terceiro é um dispositivo de comunicação via internet", falou Jobs para o público que não parava de aplaudir. E ele continuou. Repetiu, algumas vezes, que mostraria naquele dia esses três produtos. Aos poucos, essa insistência na repetição dos produtos tornou evidente sua intenção. Tudo aquilo faria parte de um único dispositivo. Seria apresentado em um formato só; tudo estaria integrado no iPhone. *"A Apple vai reinventar o telefone"*, afirmou; e, por trás dele, na gigante tela do palco, o que se viu foi a primeira imagem do iPhone.

No decorrer de sua palestra, Jobs, como bom marqueteiro, demonstrou o funcionamento desse objeto ainda desconhecido. A apresentação era didática. Ele mostrava como, ao usarmos nossos dedos, poderíamos acionar os seus comandos. Como mudaríamos de tela, acionaríamos aplicativos, faríamos ligações. Isso foi necessário porque, até aquele momento, tudo demonstrado ali era inédito. Nunca tínhamos utilizado um telefone cujos comandos fossem acionados pelo toque de nossos polegares.

Aliás, telefones eram, até então, meros instrumentos para fazer ligações. Serviam para falarmos em longa distância com outras pessoas. O iPhone não era nada daquilo. Subvertia a lógica vigente. Poderíamos usá-lo para falar com outras pessoas em ligações. Mas também poderíamos enviar e receber e-mails, veríamos vídeos, ouviríamos música, navegaríamos pela internet, e tudo isso da forma mais amigável possível, sem complicação. O seu uso era intuitivo. Nada se comparava a ele.

As empresas líderes em smartphone, antes de seu surgimento, ofereciam produtos com desempenho muito limitado em relação ao iPhone revelado por Jobs. Quando confrontados, aliás, perdiam até o sentido de serem chamados de smartphones. Definitivamente, o que estava sendo mostrado naquele instante era um marco. **O iPhone representa o alvorecer de uma nova Era. Ele simboliza o início da Idade Mídia.**

Esse aparelho possibilitou nossa transformação em **seres mídia**. Por meio de suas funcionalidades, podemos emitir nossa opinião de forma abrangente. Conseguimos nos comunicar de diferentes maneiras, por canais distintos. Ele revolucionou a sociedade contemporânea.

Com o seu invento em mãos, Jobs criara uma extensão física para o ser humano. Fato esse comprovado pouco mais de uma década depois de seu lançamento, quando nós nos confundimos com nosso aparelho telefônico móvel. Muitos de nós sequer vivem sem ele. Sua presença em nosso cotidiano tornou-se imprescindível. Porém, ao ser exibido por Jobs pela primeira vez, ele ainda não tinha esse desempenho robusto. Toda a sua apresentação inicial foi precedida de muita insegurança. Tudo poderia ter sido um grande fiasco, um desastre gigantesco. Seu projeto estava inconcluso e, a cada demonstração de alguma de suas funcionalidades, a equipe da Apple suspirava aliviada ao ver o aparelho, usado por Jobs no palco, responder aos seus comandos.

Respirar, talvez, não seja o verbo correto para ser utilizado ao mencionar o alívio vivido no transcorrer daqueles 90 e infinitos minutos para a sua equipe de criação. A tensão pairava como uma densa nuvem por todo *Moscone Center*. Quem estava atrás do palco tinha a responsabilidade de garantir o perfeito funcionamento técnico da apresentação, montada no decorrer das intermináveis semanas antecedentes ao tão "esperado dia".

Eles estavam envoltos em um emaranhado de fios e cabos que faziam a conexão do iPhone com a tela gigante do auditório, com antenas de transmissão telefônica e sistemas operacionais, para garantir que as funcionalidades demonstradas no palco aparecessem a contento, como todos haviam ensaiado inúmeras vezes durante os cinco dias precedentes à apresentação.

Por sua vez, alguns dos diretores envolvidos em seu projeto de concepção estavam estrategicamente sentados nas fileiras iniciais do auditório, à frente do palco, e não paravam de beber uísque para aplacar o nervosismo. Convidados presentes relataram que, ao final da apresentação, de tanto beber, eles estariam para lá de Marraquexe. Bêbados, para ser preciso. Embriagados, porém aliviados, celebravam o gosto da vitória conquistada. A primeira etapa do extenuante trabalho realizado por todos na Apple havia sido perfeita. O iPhone fora apresentado ao mundo e tudo funcionou como planejado em seu *début*.

Mas Jobs fez uma jogada arriscada com aquela apresentação. Parte do sistema operacional do iPhone apresentava falhas, *bugs* que os engenheiros e designers ainda não haviam conseguido solucionar. Entretanto, com sua postura agressiva nos negócios, vista por mui-

A Idade Mídia e o Começo de Sua Jornada ▪ 53

tos como irascível, ele ignorou os avisos de um possível desastre e prosseguiu com o seu planejamento.

Por sua estratégia, o telefone deveria estar apto para venda em seis meses, a contar de sua apresentação. E assim foi feito. Em 29 de junho de 2007, a primeira geração do iPhone foi posta à venda. Ele estava sendo aguardado por milhares de pessoas, que formavam longas filas ao redor das lojas da empresa, espalhadas pelos Estados Unidos.

Em pouco mais de dois meses ele atingiu a marca de 1 milhão de aparelhos vendidos. Uma quantidade ainda modesta para a imensa pretensão de Jobs, quando comparada à vendagem de outras de suas gerações posteriores — como o iPhone 6s e 6s Plus — que chegaram a 13 milhões de unidades vendidas em uma semana.

A despeito dos números, o iPhone rapidamente se tornou objeto de desejo das pessoas e referência no mercado. Mas, antes de provocar todo esse *frisson,* foi preciso muito esforço de sua equipe de projeção, composta de engenheiros e designers, para desenvolvê-lo como idealizado por seu criador, Steve Jobs.

As equipes trabalhavam em áreas restritas e assinavam draconianos termos de confidencialidade para desempenhar suas tarefas. O sigilo era parte vital do projeto. A proibição de fazer comentários sobre o trabalho feito na sede da Apple era tão extensa que seus envolvidos eram terminantemente proibidos de falar sobre o assunto, inclusive, com seus cônjuges, filhos ou pais. Ninguém podia saber de nada.

Jobs era paranoico. Ele temia o vazamento de alguma informação crucial sobre seus planos. Medo esse, aliás, procedente ao conhecer sua história. Em seu passado, o fundador da Microsoft, Bill Gates, de amigo e prestador de serviço, tornou-se um de seus mais viscerais desafetos. Por anos, Jobs fez acusações coléricas contra

Gates. Ele teria se apropriado indevidamente de projetos da Apple para lançar o seu sistema operacional para PCs, o Windows, alegava o criador do iPhone. Ambos protagonizaram épicos desentendimentos em reuniões. Enfim, como gato escaldado tem medo de se molhar, Jobs levava às raias da loucura seus funcionários quando a questão era manter a privacidade das informações de seus projetos em andamento.

Esse clima de segredo era a tônica das 80 horas semanais de trabalho de seus funcionários, incluindo finais de semana, noites, madrugadas e feriados. A vida daquelas pessoas girava em torno do iPhone. Por isso, diversos profissionais participantes de sua concepção pediram demissão imediata de suas funções logo após seu lançamento. Eles alegavam estafa física e emocional.

Em pouco menos de uma década, a geração de iPhones e a linhagem de iPads transformou a indústria de fabricação de celulares no mundo, e foi qualificada como uma das principais inovações já realizadas na história do Vale do Silício. Ao longo dos anos, esses produtos foram responsáveis pela movimentação de bilhões de dólares e foram fundamentais para a Apple ter se tornado uma das cinco maiores empresas do mundo. Nada mal para uma corporação iniciada por dois jovens em uma garagem típica das casas de classe média norte-americana. Anos depois, a presença deles no mercado global se tornaria maciça. O iPhone é um produto onipresente. Sua vendagem global pode ser comparada à de carros, em termos de quantidade. Jobs foi profético ao dizer que *com o iPhone, sua vida caberá no seu bolso*.

Até o seu surgimento, todos os aparelhos criados desempenhavam funções únicas. Havia uma expectativa previsível de seu funcionamento, como já mencionado. Como consumidoras, as pessoas teriam expectativas claras sobre seu funcionamento e prazo de validade. Eles jamais surpreenderiam ninguém.

A Idade Mídia e o Começo de Sua Jornada ▪ 55

Mas o iPhone, como preceptor de um smartphone mais eficiente, inseriu conceitos de *upgrade* e *adaptabilidade* à construção dos objetos. De alguma maneira, esse aparelho evolui constantemente ao integrar novas funções, desde as mais simples, como se transformar em uma lanterna ou em uma lente de aumento, até as mais sofisticadas, por meio de aplicativos nos quais realizamos transações bancárias, acompanhamos nossa saúde, sabemos quantos passos demos ao longo dia, marcamos consultas médicas, acompanhamos quanto tempo dormimos, verificamos o tráfego aéreo dos aeroportos, compramos passagem aéreas, pedimos um carro para nos transportar, lemos livros, ouvimos um podcast, entre inúmeras outras atividades.

Esse aspecto de sua influência na transformação de nosso comportamento reside em sua capacidade de **dissociabilidade entre seu hardware e seu software**. Para evoluir, ele não precisa modificar seu chassi. Tampouco fica desatualizado se seu software for aprimorado. Essa condição amplia a expectativa de seu uso como objeto e o individualiza. Quem for dono de um smartphone tem um aparelho só seu, apesar de ele ser igual em aparência a milhares de outros existentes.

Esses aparelhos são completamente únicos. Eles se adaptam à necessidade de utilização de seu proprietário. **Cada aparelho é um universo à parte, um extrato de nossas impressões digitais.**

Conceitualmente, isso é extremamente significativo, por demonstrar **nossa individualização em sociedade, questão central à Idade Mídia**; alicerce desta nova Era. Nesse sentido, o iPhone simboliza o começo de tudo da Idade Mídia. Desde sua apresentação para cá, **nosso contexto passou a se adaptar às nossas necessidades.** Começou a surgir a oferta customizada de produtos, de bens e da prestação de serviços. Isso é uma gigantesca **mudança cultural.**

Aos poucos, nos repensamos como seres humanos. Reconhece-mo-nos por outros aspectos de nossas características. O mundo passou a ser um local onde vivemos de outra maneira. Nossas interações com nossos contextos são alteradas, formando uma nova sociedade. O iPhone pavimentou o caminho para essa revolução — revolução essa iniciada em nossa comunicação, em nossa expressão e interação. Dessa maneira, afetou áreas vitais de nossa formação, como a educação, como lidamos com o noticiário e a expectativa que temos sobre a comunicação informativa e nossa dinâmica política. Tudo isso tem impacto direto sobre nossa condição socioeconômica; transforma-a para sempre.

Esses aparelhos eletrônicos se converteram em uma extensão de nosso ser físico e imaterial. Não só pela possibilidade de comandá-los por simples toques, mas na maneira como fazemos essa comunicação acontecer. Naquele dia, surgia a Idade Mídia. Tudo seria diferente dali por diante.

> Com tudo isso ao nosso dispor, o que esperar desse contexto? Como não expandir essa condição para outros objetos de nossa vida?

Estamos nos transformando em seres mídia e o caminho dessa jornada está apenas começando.

Leitura Dinâmica

PARA FIXAR: CAPÍTULO 3

- Em 9 de janeiro de 2007, Steve Jobs lançou o iPhone. Essa data simboliza o início da Idade Mídia.

- O iPhone é o alvorecer desta nova Era. Esse aparelho possibilitou nossa transformação em seres mídia. Por meio de suas funcionalidades, podemos emitir nossa opinião de forma abrangente. Conseguimos nos comunicar de diferentes maneiras, por canais de comunicação distintos. Ele revolucionou a sociedade contemporânea por ter sido o primeiro smartphone a desempenhar essas funções de maneira eficiente.

- Mas, antes dele, a Apple havia revolucionado a indústria dos computadores com o lançamento do Macintosh. Ele foi disruptivo não apenas no âmbito de seu segmento industrial: seu aparecimento impactou todo o mundo. É um dos elementos centrais de modificação no comportamento de todas as sociedades desde então. Estabeleceu interação distinta da existente entre as pessoas e os seus computadores. A introdução de novos conceitos de seu uso se expandiu para outras de nossas atividades em sociedade.

- O iPod foi outra das invenções disruptivas de Jobs. Esse pequeno dispositivo foi o primeiro aparelho móvel de comunicação a aliar conforto, praticidade, estilo e comodidade.

- Tanto o Macintosh quanto o iPod introduziram conceitos de autotransformação, de mutação dos objetos ao longo de seu uso. Com isso, começamos a suplantar o conceito de vida estanque adotado ao longo da *Idade Média*.

- Na *Idade Média* a vida deveria ser vivida mediante uma rígida previsibilidade de futuro. Dessa forma, o mundo seria mais facilmente compartimentalizado em caixinhas, apartando as experiências de vida.

- A Idade Mídia introduz os conceitos de *upgrade* e adaptabilidade dos objetos, eliminando a predestinação única de sua formatação. Isso acontece pela dissociabilidade entre hardware e software. A primeira dessas experiências aconteceu com o iPhone. Para evoluir, esse smartphone não precisa modificar sua aparência, mudar seu chassi ou vice-versa. Essa concepção de objeto será ampliada no decorrer da Idade Mídia, e essa condição torna ilimitada a expectativa de utilização desses itens e os individualiza.

- Na Idade Mídia, cada aparelho é um universo à parte, um extrato de nossas impressões digitais.

- A ideia do reconhecimento de nossas necessidades individuais, de nossas particularidades, é alicerce desta nova Era, na qual nosso contexto se adapta às nossas necessidades. Isso é uma gigantesca mudança cultural.

- Na Idade Mídia, aos poucos, nos repensamos como seres humanos. Essa revolução inicia-se em nossa comunicação, em nossa expressão e interação social, nos transformando em seres mídia.

CAPÍTULO 4

Big Data, a Chave da Mudança

"Nosso problema é acreditar que os conceitos genéricos sobre as pessoas são capazes de nos dizer o que precisamos saber sobre indivíduos."
— *PhD Kurt W. Fischer, Especialista na Ciência da Relação do Indivíduo com o Cérebro, Universidade de Harvard.*

Será possível estar preparado para um tsunami quando ele se aproxima? Seria viável sobreviver às suas gigantescas ondas quando elas quebram em terra firme? A inglesa Tilly Smith comprovou para o mundo que sim, é possível se preparar para enfrentar tsunamis e sobreviver a eles. Ela se tornou mundialmente conhecida como o "anjo da praia", por ter salvado diversas pessoas em meio a um dos piores desastres naturais da história da humanidade.

Em 24 de dezembro de 2004, Tilly tinha dez anos e estava em férias com seus pais e sua irmã mais nova na ilha de Pukhet, na Tailândia. Até essa data, tsunamis eram fenômenos mais conhecidos em regiões dos oceanos Índico e Pacífico, entre a Ásia e a América do Norte. O Japão, por exemplo, é uma localidade nessa parte do mundo cujos habitantes, desde pequenos, são familiarizados com esse fenômeno natural.

Mas Tilly, apesar de ser moradora de Oxshott, cidade longe do mar, localizada em Surrey, sudoeste inglês, sabia detalhes precisos desse fenômeno e estava apta a identificar seus sinais antes de seu acontecimento ser um fato definitivo.

Como essa garota, aos dez anos, poderia ter tanto conhecimento sobre algo aparentemente tão distante da realidade dela? Por sua simplicidade, a resposta chega a ser desconcertante. Ela aprendeu sobre abalos sísmicos em sua aula de geografia.

Duas semanas antes de entrar em férias, seu professor, Andrew Kearnay, falou sobre o assunto e mostrou a seus alunos da escola Danes Hill, entre eles Tilly, um vídeo sobre maremotos no Havaí. A garota recorda ter ficado completamente envolvida pelas explicações e imagens do vídeo.

Big Data, a Chave da Mudança ■ 63

A menina aprendeu a lição em sala de aula e, como o mundo logo descobriu, colocou-a em prática em sua vida. Resultado: toda a sua família foi salva sem nenhuma escoriação significativa. Seus alertas também foram fundamentais para a segurança de uma quantidade expressiva de pessoas que conseguiu se afastar dos lugares mais atingidos pela força do mar. Por isso, ela foi apelidada de "anjo da praia".

Tilly percebeu o movimento estranho do oceano, seu recuo e a agitação das águas certo tempo antes de as ondas se formarem e varrerem toda a praia em uma tragédia de impressionantes estatísticas. Mais de 226 mil pessoas morreram e 13 países foram diretamente afetados. Os desabrigados chegaram a 1,8 milhão e os prejuízos são contabilizados na casa dos US$10 bilhões.

Até aqui, caro leitor, você deve estar se perguntando: "Mas o que tudo isso tem a ver com o conteúdo deste livro? Por que a história de Tilly seria ilustrativa para falarmos da chegada de uma nova Era?"

Fenômenos da natureza não são tão inesperados como à primeira vista podem parecer. Eles emitem sinais prenunciando o porvir. **Fenômenos de mudança sociais, econômicas e culturais também se fazem anunciar. É nossa responsabilidade perceber sua chegada.**

Neste momento, um novo tsunami se aproxima e você tem uma escolha a fazer: pode se tornar a próxima Tilly, se estiver alerta aos sinais e agir, ou, claro, pode ignorar os avisos e continuar na praia como se nada estivesse acontecendo. Ter escolha é uma dádiva. Mas tenha certeza de que, quando o tsunami chegar com sua força máxima, não se restringirá a uma parte do globo; vai atingir todos os lugares deste planeta. Tampouco chegará de forma tão evidente quanto as ondas que varreram parte do sudoeste asiático. E, quando estiver em seu pleno curso, a vida não será mais a mesma.

64 ■ O Fim da Idade Média e o Início da Idade Mídia

Ele virá como uma avalanche de informação, em uma gigantesca escala nunca dimensionada, com tendência de crescimento exponencial e, observe: ele tem o fator tempo como aliado para potencializar seu gigantismo. Por fim, ele não terá a alcunha de tsunami; já foi batizado e está entre nós, atendendo pelo nome de **Big Data**.

Big Data é a chave para a nova Era. É o derradeiro final da *Idade Média*. **Decreto efetivo ao começo da Idade Mídia.** Vejamos o que tudo isso significa, como impacta nossa vida e como podemos reconhecer sua anunciação.

Do ponto de vista formal, **Big Data refere-se a grandes volumes de dados** e à consequente análise e interpretação dessas informações. Os profissionais da área de tecnologia, seus desenvolvedores e os primeiros a usarem o seu conceito como nós o entendemos classificam **dados** de duas maneiras: **estruturados** e **não estruturados**.

Dados estruturados são aqueles com conexões evidentes de relacionamento e apresentação organizada. São exemplos: planilhas de trabalho, lista de compras, numeração de metas e relatórios de pesquisa.

No mundo corporativo, esses dados apresentam-se em formatos de arquivo XML, CSV, nos bancos de dados, entre outras maneiras de expressão do conhecimento. Supostamente, representam 10% do total dos dados conhecidos. Em outras palavras, são de fácil controle.

O desafio, então, está no uso dos outros dados mencionados, os não estruturados, classificados dessa forma quando a relação de um conteúdo com o outro, ou quando sua organização em si, é incerta, aparentemente desestruturada.

As redes sociais são exemplos clássicos desse ambiente. No mundo de likes, textões e gatinhos fofos, como é possível estabelecer relações entre os assuntos?

Big Data, a Chave da Mudança ▪ 65

> Como as empresas devem interagir nesse universo?
>
> Quais são as pontes que ligam as realidades virtuais às experiências offline?
>
> Como entender a conexão de um fã de punk rock na Rússia com um surfista na Austrália? Seria essa ligação absurda? Inexistente?

A aparente desconexão dessas perguntas é basicamente o cenário do que são dados não estruturados. Por alguns instantes, eles me lembram dos mistérios da vida e de nossas perguntas existenciais: **De onde viemos? Para onde vamos?**

A partir do uso de ferramentas específicas de Big Data em um ambiente de análise, profissionais trabalham para identificar as correlações e tornar tangíveis relações antes inimagináveis.

É importante reforçar: dados não estruturados não se resumem a métricas, números, estatísticas ou conteúdos de racionalidade lógica, oral ou escrita, muito pelo contrário. Eles envolvem, sobretudo, situações imateriais, a expressão das emoções, os comportamentos, nossas contradições diárias.

O Facebook, por exemplo, é capaz de coletar informações pelo ritmo dos padrões de digitação no teclado. A empresa consegue entender o que querem seus usuários a partir do tipo de postagem feita, pelos textos escritos, pela captura do movimento dos olhos através das câmeras embutidas nos aparelhos eletrônicos. São várias as formas de garimpar informações.

A partir dessa coleta, eles sabem qual é o estado de humor das pessoas em um dia ou em um período de suas vidas. Compreendem os níveis de sua agressividade, medo, indiferença. **O caleidoscópio** de conteúdo sobre cada um de nós, ao fim e ao cabo, é imenso, o que torna essa informação *hiperpersonalizada*. Mas isso não é só.

Como se não bastasse ao Facebook gerar uma quantidade insana de conteúdo, eles ainda compram mais informação produzida pelo mercado varejista, em relatórios de análise de audiência de agências de publicidade e por aí vai. Essa voracidade e compulsão por gerar e obter conteúdo foi um dos motivos que levou Mark Zuckerberg, seu presidente, a depor no Congresso dos Estados Unidos em 2018. O pai do Facebook foi convocado para detalhar aos congressistas as atividades desse monitoramento de informação. Ele foi incitado a esclarecer as políticas de privacidade da informação praticadas por eles.

É sempre pertinente lembrar, a coleta de dados feita pelas empresas de tecnologia não é exclusiva. Apple, Amazon, Google, LinkedIn, para citar algumas, geram diariamente bilhões de dados sobre seus usuários e (teoricamente) os têm organizados, compilados. Mas, quando sentem necessidade, vão ao mercado adquirir mais informações de outra fonte geradora.

Esse comportamento denota como **a análise dos dados não estruturados é o desafio posto destes novos tempos. As ferramentas de Big Data respondem a esse anseio.** Ao longo deste livro, exemplifico a ação de diversos setores para lidar com essa equação da contemporaneidade. Tenho a viva certeza de que os exemplos aqui mencionados não esgotam o assunto. Nenhuma obra, aliás, esgotará. Mas eles indicam a dimensão dessa realidade, evidenciam o fim irrevogável da *Idade Média* e a construção dos conceitos teóricos e práticos da Idade Mídia, na qual cada um de nós será um universo à parte.

Entre tantas características distintas desses dois tempos (*Idade Média* e Idade Mídia) pode-se destacar, inicialmente, com o advento

Big Data, a Chave da Mudança ▪ **67**

da Idade Mídia, a mudança do protagonismo nas relações. **Se até então tivemos uma sociedade orientada "para" e "pelo" mediano, por respostas únicas, comuns a grupos distintos, o "eu" assume o lugar central dessas relações, em interação ampla para além da dinâmica exclusiva entre seres humanos.** Ela acontecerá no vínculo do homem com as máquinas, com os objetos. Detalhe: ambos sendo emissor e receptor de conteúdo.

Alguns eletrodomésticos já são capazes de nos emitir informações em forma de imagem, texto e áudio, até formulam perguntas e nos respondem quando interpelados. Vide um exemplo trivial, geladeiras já avisam que o leite acabou ou mencionam o excesso de tomates na gaveta de vegetais, que estragarão caso não sejam consumidos de imediato. Elas chegam a preparar listagem com os alimentos necessários para serem comprados no supermercado. Isso não é ficção: esse modelo de refrigerador já está à venda. Mais adiante, quando abordar o mundo da Internet da Coisas, detalharei essa dinâmica.

A expressão da individualidade na Idade Mídia decorre do estar no mundo a partir de necessidades únicas de cada pessoa, como indivíduos que somos, com todas as nossas características. Essas necessidades se relacionam com as necessidades do outro nos espaços coletivos e particulares.

A Idade Mídia nos colocará num calendário atemporal. De onde estamos, ainda não conseguimos perceber toda a sua dimensão, exatamente por pertencermos a um tempo transitório no qual o comportamento, desde o mais íntimo e reservado ao mais abrangente e exposto, não está totalmente modificado. Mas está se modificando rapidamente. E, caro leitor, essa modificação não cessará nunca.

Mudamos (e continuamos a mudar) a forma como utilizamos o transporte público ou privado nas cidades, principalmente nas grandes metrópoles; a forma como compramos nossos bens de primeira necessidade e de vestuário; o modo como a indústria automobilística pensa sua produção; a maneira de encontrar parceiros afetivos para nos casar ou fazer sexo; os meios utilizados cotidianamente para nossas relações fraternais e familiares; nossa interação profissional com as empresas; os processos eleitorais dos governantes em seus diversos poderes e esferas. **Mudar é condição *sine qua non* deste tempo e, com as mudanças, criamos novos níveis de relações**.

Voltemos, pois, a uma dimensão menos teórica da Idade Mídia para compreendermos o tsunami de informação prestes a desabar sobre nós, e o porquê de o Big Data ser a chave desta nova Era.

O universo de dados digitais dobra a cada dois anos. Na primeira década do século XXI havia 4,4 Zettabytes (unidade de informação ou memória correspondente a um número seguido por 21 zeros), como paradigma de grandeza de dados em circulação, mas essa quantia tende a crescer. Crescimento infinito, aliás. Acredita-se que a quantidade de dados em circulação em 2020, por exemplo, tenha saltado em até 10 vezes, para algo em torno dos 44 Zettabytes ou 44.000.000.000.000.000.000.000! Esse crescimento exponencial é uma condição irreversível. Logo, logo, vamos superar a marca dos trilhões e entraremos nas grandezas expressas por quatrilhões, quintilhões, sextilhões e assim por diante. Será uma viagem rumo ao tredecilhão, número cardinal composto de 42 zeros.

Com essa oferta de informação seremos desafiados a construir estruturas de análise para suportar essa quantidade de dados. Assim, teremos modelos tecnológicos mais eficientes para acharmos a informação desejada, como, quando e onde quisermos e na profundidade que precisarmos. Será como se tivéssemos a habilidade incondicional para encontrar uma agulha no palheiro. O grau de qualidade dessa informação e o seu valor agregado serão incomensuráveis. Para além dos números, **a relevância do Big Data acontece no uso da informação obtida.**

Façamos um recorte de sua aplicação a ações de marketing. Entre outras atividades, seria possível focar ações de publicidade e propaganda, reduzindo os custos e investimentos dessas peças. Isso otimizaria o tempo de criação e execução para as vendas, a entrega de produtos comerciais seria mais estratégica e teria maior valor para os consumidores e empresas, as ferramentas de análise seriam ampliadas e o desenvolvimento de ações seria mais abrangente, para citar alguns ganhos.

O trabalho com Big Data, de forma geral, exigirá muito mais a elaboração de atividades de inteligência e estratégia do que uma ênfase na operação, que foi uma circunstância fundamental para a organização do trabalho no decorrer do século XX, na Era Industrial.

A aplicação da inteligência nas tarefas profissionais é indiscriminada, adotada desde as funções supostamente mais simples até a execução dos projetos mais complexos. **Big Data demanda alto desempenho no trabalho.** A capacidade analítica de cada profissional em sua área será muito exigida. Quem tiver características pessoais de apego ou resistência às mudanças terá de ter muita clareza sobre sua aceitação em seu local de trabalho, porque, a partir do volume de informação disponível nessa nova Era, mudar planos de negócio e fazer ajustes necessários no transcorrer da rotina de trabalho será corrente.

> ## REFLITA
>
> Para você, o mundo corporativo está em outra dinâmica de funcionamento?
>
> Você se encaixa neste novo contexto?
>
> Você está preparado para as mudanças?

Há uma premissa básica na Idade Mídia de que a individualidade de cada um fará com que, efetivamente, todos sejam tratados de forma desigual. Essa é uma afirmação forte para ser compreendia por uma cultura, propagada mundo afora, voltada ao comportamento mediano, à aplicação de soluções únicas para as coletividades.

Como sociedade, desconsideramos persistentemente a expressão das diferenças, as particularidades inerentes dos indivíduos, apesar de sermos únicos em nossa existência. **A Idade Mídia reconhece as individualidades e as valoriza, indiscriminadamente.**

Consumidores são extremamente diferentes entre si, apesar de parecerem iguais. As empresas precisam entender suas particularidades e, dentro desse entendimento, ter clareza sobre os momentos distintos vividos por cada um deles.

Cada consumidor está numa fase única de relação com uma determinada marca ou produto. A extensão da capacidade de levantamento de informação dessa condição, propiciada pelo Big Data, gera maior longevidade de relação de compra e venda, e reduz drasticamente os custos operacionais do trabalho.

As ferramentas de Big Data impactam diretamente nas estratégias dos negócios. A partir delas, as corporações podem:

Aprimorar seus processos de análise e relatórios analíticos.

Melhorar a cadeia de produção e desenvolvimento de produtos.

Aprofundar o entendimento da relação cliente x marcas.

Realizar análises de risco precisas.

Impulsionar análises preditivas.

Imprimir mais eficiência na gestão de risco.

Gerar maior segurança para o armazenamento dos dados.

Ampliar os fluxos de receita.

Personalizar suas atividades.

Otimizar os canais de comunicação com os clientes.

Reduzir os custos de manutenção.

Integrar efetivamente os departamentos das empresas.

Gerar *insights* mais robustos.

Propiciar o crescimento exponencial do negócio.

Criar condições para dar mais transparência aos dados e ao seu uso.

Fomentar a assertividade nas decisões executivas.

O uso das ferramentas de Big Data elimina gastos e amplia as margens de lucro.

As corporações, de forma geral, já perceberam esse movimento. Da indústria farmacêutica à calçadista, da construção civil à produção agrícola, os setores econômicos procuram entender as mudanças para dar seus próximos passos, que essencialmente passarão pela *hiperpersonalização* de seu público de relacionamento estabelecido em *nanosegmentos*.

Em uma figura de linguagem, é como se, para as empresas, as ferramentas de Big Data fossem microscópios eletrônicos, capazes de ampliar em até 1 milhão de vezes os mais ínfimos materiais. Dessa forma, a assertividade para se entregar ações de comunicação aos consumidores é gigantesca.

Mas é preciso ter cautela nessa personalização desmedida. Assim como a medicina genômica estabelece seus parâmetros legais para atuar, o mesmo é necessário no uso das informações coletadas por Big Data.

O marketing precisa estabelecer políticas de responsabilidade e uso ético dessas informações. Será que toda informação dos consumidores está à venda? Esse é um questionamento válido, que precisa ser abordado sem juízo de valores, considerando as técnicas já existentes para a captura das informações, mas dimensionando a responsabilidade de seu uso legalmente.

Além das questões éticas, surgem outras dúvidas diante das profundas modificações esperadas e já sentidas pela *hiperpersonalização* dos dados. Já circulam em artigos e reportagens, no Brasil e no mundo, questionamentos como:

> O marketing para indivíduos acabaria com o benefício da internet como ferramenta de comunicação de massa? Ao confiar em uma abordagem mais direcionada e automatizada, estaria sendo reduzido o número de clientes em potencial que uma marca pode alcançar?

Essas dúvidas apontam para o **paradoxo da personalização em massa**. Ou seja, a intensificação da personalização do trabalho da comunicação pode acabar com a comunicação mais ampla, abrangente. É preciso estabelecer critérios de análise para garantir a eficiência da comunicação *hiperpersonalizada* e, ao mesmo tempo, manter o alcance das massas.

Ter a certeza de usar dados de qualidade é um dos primeiros pontos a se levar em consideração. **Conteúdo impreciso não atinge seu público como deveria, não entrega resultados satisfatórios.**

É cada vez mais simples criar e distribuir campanhas por lista de contatos, mas, se houver inconsistência na origem dessas ações, seu uso não atingirá seu objetivo. O resultado, aliás, pode ser bem contrário, traduzido na diminuição de sua carteira de consumidores.

Tendo em vista o pressuposto dos dados de qualidade, como consequência, é preciso segmentá-los com eficiência. Para essa segmentação, deve-se considerar a utilização das informações em tempo real e sua constante variação. Assim, as mensagens enviadas aos seus consumidores serão mais assertivas.

É preciso, também, quebrar o paradigma dos estereótipos. Lembre-se, **na Idade Mídia, a individualidade é a protagonista**. Portanto, as pessoas podem nos surpreender a todo segundo, principalmente quando se trata de preferências e consumo. E, como diz o ditado, nem tudo o que parece é. Por isso, ser inventivo é uma característica desejada.

Já para a operacionalização de todo esse cenário, é vital a automação das ferramentas para fazer a criação das peças de marketing. Afinal, o volume de informação é imenso e, sem as ferramentas apropriadas, é impossível para o ser humano lidar com essa tarefa.

Por fim, **familiarizar-se com o uso dos algoritmos preditivos é urgente**. Essa modalidade de algoritmo é capaz de estabelecer cenários futuros com maior precisão de acerto.

O Big Data transforma por completo nossa interação no mundo. O seu exemplo aplicado no marketing, aqui ressaltado, funciona como uma pequena fresta para olharmos para essa nova Era.

Os efeitos do Big Data acontecerão em todas as esferas das relações humanas. Isso me remete, caro leitor, à pergunta inicial deste capítulo: você está disposto a agir como Tilly Smith na vida ou será que é melhor manter-se descansando na praia, aproveitando enquanto a tormenta não o afeta?

Na Idade Mídia, nós não nos encantaremos mais, tão facilmente, pelo aparecimento de novos *gadgets*. A imagem daquelas longas filas em frente às lojas da Apple, formadas por ávidos consumidores desesperados para colocar suas mãos nos lançamentos da empresa serão, de fato, parte de nossa memória.

Mas seremos surpreendidos pelas novas interações resultantes da prática de comportamentos completamente distintos. Faça uma reflexão: será que você já não foi surpreendido em algum momento? Frustrado, talvez?

No próximo capítulo, passaremos a ter mais clareza sobre essas surpresas. Vamos nos conscientizar sobre elas. Propositalmente, não havia mencionado o quanto a internet, desde seu aparecimento, nos deixou mimados. Estava esperando uma oportunidade para detalhar o tema, que será abordado a seguir. Boa leitura!

Big Data, a Chave da Mudança ▪ 75

Leitura Dinâmica

PARA FIXAR: CAPÍTULO 4

- Um novo mundo está surgindo com o fim da *Idade Média*. Estamos prestes a viver uma gigantesca mudança em sociedade. A chave para esta nova Era é o Big Data, o derradeiro final da *Idade Média* e efetivo decreto do começo da Idade Mídia.

- Graças ao crescente uso do Big Data, consolidamos a Idade Mídia. Suas ferramentas fazem parte do que podemos entender como armas de destruição em massa da *Idade Média*.

- Se até então vivíamos em uma sociedade orientada "para" e "pelo" mediano, por respostas únicas, comuns e aplicadas a distintos grupos, na Idade Mídia o "eu" assume o lugar central de nossas relações.

- Nesta nova Era, cada um de nós é um universo à parte, respeitado em sua individualidade e com capacidade de influir na sociedade. Todas as pessoas serão agentes de mídia, formadoras de opinião e geradoras de conhecimento cada vez mais compartilhado.

- A expressão da individualidade na Idade Mídia decorre das necessidades individuais das pessoas se relacionando em espaços coletivos e particulares.

- Nesta nova Era, a força da expressão de nossa individualidade fará com que sejamos tratados de forma desigual. Como sociedade, desconsideramos persistentemente a expressão das diferenças, as particularidades inerentes dos indivíduos, apesar de sermos únicos em nossa existência. A Idade Mídia reconhece nossas características únicas e as valoriza, indiscriminadamente.

- Mudar é condição *sine qua non* desta nova Era. Com as mudanças, criamos novos níveis de interação social. A Idade Mídia define um calendário atemporal em nossas vidas.

- Com o Big Data, teremos estruturas tecnológicas mais eficientes para acharmos a informação desejada, como, quando e onde quisermos e na profundidade que precisarmos. O grau de qualidade dessa informação e o seu valor agregado serão incomensuráveis. A relevância do Big Data decorre do uso da informação obtida.

- O Big Data refere-se a grandes volumes de dados e geração de informações *hiperpersonalizadas*. O uso da inteligência e da capacidade de elaboração de estratégias é fundamental para o trabalho com suas ferramentas.

- O Big Data demanda desempenho de alta performance no trabalho. Seu uso elimina gastos e amplia margens de lucro.

- As ferramentas de Big Data foram elaboradas pelos profissionais da área de tecnologia para resolver questões relacionadas ao uso de dados classificados como estruturados e não estruturados.

- Nesta nova Era, os profissionais de marketing precisam estabelecer políticas eficientes de responsabilidade e uso ético das informações levantadas por meio do Big Data. Será que toda informação dos consumidores está à venda?

- A Idade Mídia cria o paradoxo da personalização em massa. É preciso estabelecer critérios de análise para garantir a eficiência da comunicação *hiperpersonalizada* e, ao mesmo tempo, manter o alcance das massas.

- Familiarizar-se com o uso dos algoritmos preditivos é urgente.

CAPÍTULO 5

Nosso Mundo, Nossas Urgentes Exigências

"Hoje, os consumidores são impacientes e seus padrões são implacáveis. Cada vez mais, esperam que as marcas saibam intuitivamente o que eles precisam e quando precisam, e entreguem o que querem instantaneamente. Precisamos repensar a forma como nossos negócios operam para enfrentar esse desafio."
— Dennis Maloney, Diretor da
Área Digital da Domino's nos EUA.

Somos uma sociedade mimada e ficaremos ainda mais mimados. Se você achar estranha essa afirmação, ou se não se considerar mimado, olhe ao seu redor. Você pode se surpreender com como é fácil chegar a essa mesma conclusão. Mas não tenha preconceito contra essa situação, tampouco se sinta superior, especial ou incomodado. Somos mimados a despeito de querermos sê-lo. Essa é uma condição de nossos tempos. Tornamo-nos essa gigante sociedade caprichosa em decorrência das facilidades proporcionadas pela internet.

Ao percebermos que o mundo deixou de ser uma dimensão geográfica inalcançável e misteriosa e passou a caber na palma de nossas mãos, começamos a exigir mais daquilo que nos cerca, a querer mais. Como o querer, teoricamente, é infinito, vivemos querendo. A percepção dessa vida voluntariosa é uma experiência individual; expressa-se de várias maneiras em situações cotidianas e está em evolução.

Antes, eu assistia a um filme pela televisão na hora em que o canal decidisse exibi-lo em sua grade de programação. Se desejasse vê-lo no cinema, estaria submetido aos horários predeterminados de suas sessões. Depois do surgimento do *streaming*, assisto a qualquer filme, na hora desejada e em qualquer lugar. Posso interrompê-lo, voltar alguns quadros, acelerar cenas. A escolha é minha. Essa condição se espalhou para diversos aspectos de nossa vida.

Antigamente, eu só conseguia comprar uma passagem de avião se fosse, em horário comercial, a alguma loja da companhia aérea de minha predileção ou se tivesse um agente de viagem para fazer essa compra para mim. Com o advento da tecnologia, pelo meu smartphone, durante o dia, à noite ou na madrugada, posso fazer diversas

Nosso Mundo, Nossas Urgentes Exigências ▪ 81

cotações de preços de passagens para meu voo, escolher a mais em conta para meu bolso e, imediatamente, fazer sua compra. Em poucos segundos, estarei com o bilhete eletrônico em meus dispositivos. E tem mais: sequer preciso imprimi-lo. A imagem desse bilhete vai ser lida pelos equipamentos de checagem dos aeroportos, liberando-me para o embarque.

Essa comodidade se estende também para as compras de minha casa. Faço supermercado sem sair da minha sala de jantar. Nos seus sites, seleciono os produtos desejados, efetuo o pagamento por cartão de crédito e repasso o meu endereço para a entrega das mercadorias. Algumas horas depois, todos os itens adquiridos estarão comigo. Essa mesma lógica funciona para todo o varejo. É o *e-commerce*, como você bem sabe, caro leitor, e muito provavelmente já deve ter usado diversas vezes. Mas essa automação também está presente em novas experiências de lojas físicas de alguns supermercados, inclusive.

Em São Paulo, há lojas conceito sem vendedores nesse modelo de comércio. Os clientes circulam livremente pelos corredores selecionando suas mercadorias. Ao final de suas compras, dirigem-se a totens estrategicamente posicionados como caixas, fazem o pagamento e vão embora. Câmeras devidamente instaladas nesses recintos acompanham toda a movimentação dentro da loja para evitar furtos. Esse modelo de varejo amplia-se. Logo, logo, outros locais de comércio com esse princípio estarão presentes em todo o país, nos mais distintos setores.

Esse poder de decisão, por outro lado, propicia o surgimento de uma personalidade impaciente e reativa a situações imprevistas, ao indesejado. Há alguns anos, exemplos desse comportamento começaram a ser identificados em pesquisas.

Parte dos consumidores franceses passaram a ser classificados, como "Clientes Reis", expressão usada para descrever a maneira como se relacionariam com as marcas. Em suma, esse **consumidor exige criatividade na oferta dos produtos e não perdoa erros das empresas. Gosta de personalização no atendimento, mas deseja manter seus dados pessoais resguardados. Sobretudo, tem baixa tolerância com a demora nos retornos às suas solicitações, especialmente online.**

Esse comportamento quebra paradigmas. **As marcas precisam chegar ao consumidor com respeito e consideração, e não mais o inverso.** Sendo assim, é preciso se reinventar, ressignificar as estratégias de marketing para atingir o cliente contemporâneo.

Um dos pilares da Idade Mídia é a valorização do indivíduo e suas necessidades particulares. Nossas experiências individuais são fundamentais nesta nova Era. Contudo, não confunda isso com egoísmo. Viveremos em coletividade, mas nossas relações serão desiguais, independentemente do ambiente em que nos encontrarmos. Essa desigualdade se estabelece pela presença da tecnologia em nossas vidas. Como a usaremos e quanto espaço lhe concederemos para executarmos nossas atividades é uma decisão particular.

Em casa, por exemplo, a imagem do Papai Sabe-tudo, seriado famoso e figura de linguagem popular do final dos anos 1950, ficou para trás, perdeu sentido. Talvez você que me lê agora nem a conheça. **Como seres humanos, nossas interações sociais sempre se modificaram gradualmente, mas nunca na profundidade e velocidade dos últimos anos.**

Independentemente da faixa etária, do gênero e da posição familiar, as pessoas interagem umas com as outras (e com os objetos, não os esqueçamos) explicitando muito mais suas necessidades, sua forma de ver o contexto. Isso se acentuará na Idade Mídia. **Nossos relacionamentos serão mais equânimes e fluidos.** Tomemos algo simples, como a organização de uma viagem em grupo, para exemplificar o que pode ser visto como uma teoria complexa.

Nosso Mundo, Nossas Urgentes Exigências ▪ 83

Na Idade Mídia, há instrumentos disponíveis e adequados para cada integrante do grupo de viagem, a seu tempo, traçar seu roteiro de forma autônoma e compartilhá-lo com os demais para se chegar a um consenso. "Ora, isso já pode ser feito há décadas", você pode afirmar. Sim, caro leitor, mas de forma precária.

A Idade Mídia aprofunda e evolui as interações feitas até então, tornando-as ilimitadas. No caso de qualquer viagem, a possibilidade de sua organização vai para um nível de arranjos intermináveis. A quantidade de informação e meios para conseguir detalhes sobre o destino a ser conhecido são infinitamente maiores. Nunca houve uma oferta igual. Dessa forma, os planejamentos tornam-se precisos, detalhados. Resultado: as experiências são mais recompensadoras.

Absolutamente tudo, como receptivo, hospedagem, passeios, refeições, traslados, seja lá o que for necessário, pode ser estudado exaustivamente e programado, garantindo um roteiro que minimize contratempos, elimine o improviso e as surpresas de momentos. Detalhe: tudo isso pode ser feito com meses de antecedência, do conforto de sua sala de estar e sem intermediários. Os agentes de viagem tornaram-se sobressalentes, luxo para alguns.

Não faz mais sentido ser aquele turista caricato de camisa florida e máquina pendurada no pescoço, perdido em praças e tentando encontrar em mapas físicos o caminho de retorno para o hotel; aquela pessoa desavisada que, ao chegar numa cidade, desconhece a agenda de peças teatrais, os melhores dias para se ir aos restaurantes, os caminhos mais seguros para se caminhar. **Nesta nova Era, só é desinformado e despreparado quem for preguiçoso ou desinteressado.**

Na Idade Mídia, a forma e a razão pelas quais nos relacionamos com as pessoas se modificam. Interagimos também de outra maneira com as marcas, que, por sua vez, adotam outro jeito para fazer a propaganda dos seus produtos. As modificações passam, ainda, pela linha de produção e distribuição do que é fabricado.

A formação desses novos relacionamentos está diretamente ligada:

> à ampliação da presença dos meios tecnológicos em nossas vidas; ao uso diversificado da internet como provedor de conteúdo e canal de relaciona-mento; à consolidação da Inteligência Artificial; ao avanço e desenvolvimento de ferramentas de análise de Big Data. Se pensarmos como figura de linguagem, essas são as armas de destruição em massa da *Idade Média*.

A partir de nossos celulares, conseguimos, virtualmente, obter todo tipo de informação. Quer saber como são as praias de Goa, na Índia? Conhecer os fiordes da Noruega? Se encantar com a beleza das Cataratas Vitória, no Zimbábue? O universo digital oferece uma infinita quantidade de informação em áudio, texto e vídeo sobre cada uma dessas localidades.

É bem verdade que, se tivéssemos essa configuração de vida no século XIX, não teria existido *"A Volta ao Mundo em 80 Dias"*, de Júlio Verne, uma das grandes obras literárias mundiais. Lançado em 1864, o livro narra a trajetória de uma viagem ao redor do mundo, com seus percalços e aventuras. Ao longo dos anos, foi adaptado inúmeras vezes para o cinema e para o teatro, ajudando várias gerações a conhecer um pouco mais sobre "culturas exóticas".

Mencionar Verne talvez possa soar um tanto quanto passado, mas, com certeza, diversos mimados do nosso tempo não teriam paciência ou interesse para as quase 260 páginas dessa novela. Afinal, **o imediatismo é uma das características deste momento atual e futuro.**

Nosso Mundo, Nossas Urgentes Exigências ▪ 85

Estamos cada vez mais exigentes com o retorno de nossas demandas. Somos mimados e queremos tudo para o instante que achamos mais oportuno. É óbvio que essas mudanças de comportamento residem na ampliação do uso de tecnologias em nosso cotidiano e em como isso modificou nossa percepção de tempo.

Se no passado esperavam-se meses, por vezes anos, entre escrever uma carta e obter sua resposta, hoje, alguns segundos separam a comunicação por meio de aplicativos de mensagens, fotos, áudios, vídeos, com qualquer pessoa no planeta.

> Com o mimo de termos respostas imediatas, como fazer para aguardar pelo outro?

Para os seres humanos, a percepção do tempo é subjetiva, e como a sentimos tem um papel decisivo em nossa saúde mental. A PhD em psicologia e professora da Universidade James Cook, em Singapura Aoife McLoughlin dedica sua carreira acadêmica a elaborar respostas para o seguinte questionamento: *O que é o tempo?* Com o decorrer dos anos, sua linha de pesquisa incorporou o advento das tecnologias de informação e comunicação e como elas afetam nossas vidas.

Suas investigações científicas apontam: *"Quem usa mais tecnologia se relaciona com o tempo de forma distinta daqueles com menor uso."* Tendo isso como evidência, ela considera que: *"Nossa experiência de tempo e como processamos informações podem estar ligadas por maneiras nunca antes abordadas."* A Idade Mídia impõe novas perspectivas para esse assunto.

De acordo com McLoughlin, quando ficamos por longos períodos conectados aos dispositivos eletrônicos, percebemos o tempo de outra forma. Aparentemente, tudo é mais rápido. Como consequência, nos sentimos mais pressionados.

A ciência já comprovou que a percepção do tempo é subjetiva, está ligada às nossas emoções e estabelece a noção de passado, presente e futuro. Ela constrói nossas expectativas e nosso entendimento de duração de ciclos, além de ser fundamental para compreendermos textos e lidarmos com perdas e conquistas.

Muitas são as ocasiões em que sentimos o tempo voar, quando nossas atividades transcorrem a contento. Ou, pelo contrário, tudo parece se arrastar quando estamos entediados, desocupados, tristes. Aí, tudo parece empacar.

Como a internet é decisiva para o surgimento da Idade Mídia, compreender as variáveis de seu potencial e como individualmente podemos interagir com ela é fundamental para o estabelecimento de nossa relação com o tempo. Assim, vale se perguntar:

> Quanto tempo da minha vida eu passo usando a internet? Como faço esse uso? Tenho a sensação de agregar conhecimento e tempo à minha existência ou me sinto sufocado, constantemente frustrado?

A internet, o mundo digital, mima as pessoas em larga escala. O conteúdo online possibilita respostas práticas e customizadas às necessidades de todos nós. Esse contexto é radicalmente adverso ao que vivíamos.

O término da *Idade Média* **significa a democratização da individualidade**, já que, para as classes financeiramente superiores da sociedade, essa condição sempre foi garantida. Quem tem dinheiro tem acesso a bens de consumo, à educação, a oportunidades. Essa classe sempre satisfez seus desejos, independentemente de quais fossem, quase sempre em detrimento da ignorância da maioria, que sequer conseguia encontrar meios de informação para alcançar seus objetivos finais.

Mas a Idade Mídia subverte esse comportamento, trazendo consciência sobre nossa importância como seres distintos e únicos. As pessoas se tornaram influenciadoras em seus ambientes de relacionamento, mais próximos ou em escala global, sem sequer sair de suas casas (muitas vezes não saem nem de seu quarto). Havendo um dispositivo tecnológico adequado ligado a uma boa conexão de internet, *voilà:* é possível se fazer ouvir em qualquer parte do mundo. Sua história pode motivar milhões, sensibilizar, gerar raiva, atrair seguidores e *haters.*

A popularização da internet nos empoderou. Além de nos possibilitar o consumo ilimitado de informação quando, onde e como desejarmos, ela nos transformou em difusores de conteúdo, em multiplicadores de conhecimento e comportamento. Isso muda irrestritamente nossas relações. Vivemos uma revolução.

Os efeitos dessa transformação, inicialmente identificados em adultos em fase de trabalho, expandiram-se e integraram os jovens, que rapidamente se revelaram protagonistas em alguns aspectos da Idade Mídia. Vide as análises de mercado das marcas quando abordam o consumo familiar.

Crianças, desde muito cedo, por volta dos quatro ou cinco anos, em alguns casos até antes, definem os hábitos de compras de suas casas. Essa definição tanto acontece por uma necessidade de se adquirir produtos voltados para essa faixa etária como também se expressa pelo desejo puro e simples do consumo, o famoso *"eu quero".*

De forma cada vez mais precoce, estamos expondo nossas crianças às tecnologias. É frequente observar pelas ruas pais com seus bebês no colo assistindo a algum vídeo em um smartphone ou tablet.

Esses bebês são nativos da Era Digital; nasceram interagindo com a tecnologia. Isso indica o desafio posto para qualquer marca.

> Como se relacionar com esse determinado público? Como as marcas podem interagir respeitando os limites éticos e legais?

É fato que, o quanto antes for criada uma relação entre marcas e consumidores, mais profundos serão seus vínculos e maior será seu tempo de relacionamento.

Indiscutivelmente, os mais jovens não estão só conectados à internet, eles estão imersos no ambiente virtual. Eles, inclusive, consolidarão a Idade Mídia. São consumidores multitarefa, com larga experiência nos mais diferentes softwares e *devices*. Ponderam suas interações a partir da lógica de aplicativos. Quando pensam em consumo, naturalmente, o *e-commerce* aparece com muita força, afinal, são habituados a estabelecer seus relacionamentos nas plataformas sociais. Segurar a atenção deles é um desafio diário.

Nesse sentindo, **gerenciar os ambientes virtuais de uma marca de maneira genérica, pela média das pessoas, tende a morrer.** Se esse consumidor não for individualizado, entendido e respeitado em suas características, é muito difícil estruturar e levar adiante planejamentos de venda e marketing. Seu produto estará fadado a encalhar.

O universo digital oferece uma variedade significativa de marcas, de comida à vestuário, de produtos esportivos a joias; é indiferente. Cada vez mais, os ambientes online se consolidam como canal de vendas e levam ao extremo a ideia de mimar seus consumidores: fazem promoções, eventos, ofertas especiais, as facilidades são de toda sorte. Isso faz vítimas.

Nosso Mundo, Nossas Urgentes Exigências ▪ **89**

A cidade de Nova York, uma das mecas do consumo mundial, já sente os efeitos desse comportamento. Inúmeras lojas em tradicionais locais de comércio de rua não existem mais, fecharam suas portas. À primeira vista, alguns motivos podem explicar esse fato. Essas marcas foram incapazes de estabelecer uma forma de concorrer com o *e-commerce*, e pagar o valor altíssimo dos aluguéis na Big Apple ficou inviável para muitos. Mas não se engane: o principal motivo por trás dessa tendência é que o padrão de loja criado e estabelecido na *Idade Média* perdeu a razão de ser.

O comércio na Idade Mídia é um espaço de experiência para consumidores. As pessoas não entram em uma loja simplesmente para comprar algo que lhes falte; elas vão a ambientes de compra e venda para compartilhar algo. Para se operar no varejo daqui por diante, é preciso entender como as pessoas funcionam, e não apenas focar o funcionamento do negócio. **Nesta fase de transição da** *Idade Média* **para a Idade Mídia, o varejo se estrutura em duas pernas, a digital e a experiencial. Esse é seu paradigma contemporâneo e futuro.**

A comodidade de selecionar seus artigos de vestuário, produtos farmacêuticos ou compras de supermercado de onde quiser e na hora mais conveniente, além de tê-los entregues no endereço fornecido, parece ser uma oferta muito tentadora para se desperdiçar, em comparação a dialogar com vendedores de butique oferecendo mil e um adereços para combinar com a calça que se quer comprar, encontrar local para estacionar nas farmácias ou enfrentar filas no supermercado. Se isso não é estar inserido numa sociedade mimada, como você chamaria essa situação?

A tecnologia e o aumento da concorrência são os grandes vetores causais desse fenômeno. **Não sou mais eu que devo me adaptar a uma oferta preestabelecida de bens e formas de consumo. É esse universo que, agora, deve se adaptar a mim e oferecer a única opção**

viável de consumo: a minha. Isso altera tudo no mercado e no cenário competitivo.

O economista e psicólogo Barry Schwartz, em seu livro *O Paradoxo da Escolha: Por que mais é menos*, expôs a dificuldade que tínhamos em frente a tantas opções. Sua tese é a de que o crescimento assustador do universo de escolhas em nossas vidas tornou-se, paradoxalmente, um problema, e não uma solução. Para ele, *"a maioria de nós estaria melhor se tivesse menos opções, e muitos de nós sofremos demais para fazer a escolha certa"*. Mas é importante compreender essa fase como um caminho para a definitiva seleção individual de opções.

A ampliação de opções evoluiu até esse momento único da história, no qual o *mass customization* alcançou seu nível máximo e, agora, migra para o *true individualism*, a *hiperpersonalização*, como já mencionada.

Paralela ao fenômeno da individualização da oferta, ocorreu a sofisticação e especificidade do Big Data, gerando um efeito exponencial dessa tendência. Quanto mais eu sei sobre um determinado assunto, um comportamento, uma pessoa, melhor ofereço uma solução, um produto, uma análise. As impressoras 3D podem ser usadas como exemplo para melhor assimilar esse cenário. Elas são instrumentos de produção, de criação de objetos específicos, feitos sob demanda, dimensionados para realidades únicas, para contemplar as características de nossa individualidade: **elas produzem soluções customizadas.**

Neste momento da Idade Mídia, as impressoras 3D já produzem roupas e calçados de acordo com as dimensões exatas de nosso corpo. Em breve, desenvolverão órgãos humanos a partir de amostras de material genético de cada um de nós. Criaremos órgãos a partir de nosso material biológico. Isso impacta todo o sistema de transplantes, modifica por completo a estrutura de doação de órgãos.

Por enquanto, essa realidade ainda é um desafio. Está em fase de testes, porque não basta apenas criar o órgão, é preciso garantir outras variantes inerentes, como o funcionamento do sistema circulatório, sua durabilidade no corpo humano e suas articulações, caso seja uma órtese ou uma prótese. Ainda temos um percurso de pesquisas e testes para que a criação de órgãos em impressoras 3D seja algo acessível. Mas, como a tecnologia já existe, é uma questão de tempo até dispormos dessa facilidade. Estamos nos encaminhando para uma revolução socioeconômica indiscriminada. Essas modificações se denotam em diversos setores. No varejo, elas estão vindo a galope.

Empresas como Amazon ou Alibaba, gigantes do *e-commerce*, estão em um patamar extremamente evoluído em seus modelos de negócio. Elas já dão os primeiros passos na antecipação das necessidades de seus clientes. Isso acontece pelas ferramentas de análise preditiva, utilizadas para avaliação de comportamento de seus consumidores. Com o avanço da Idade Mídia, essa atividade será mais sofisticada.

No futuro, a dinâmica do varejo não será mais vender e entregar uma mercadoria. Essa relação se inverterá. As marcas vão entregar primeiro, para só depois consumar a venda dos produtos entregues. Essa ideia seria absolutamente impensável no decorrer da *Idade Média*. Causa estranhamento, inclusive, nesta fase de transição das Eras, por ser tão disruptiva e ainda não termos todas as técnicas desenvolvidas para sua implementação. Mas estamos bem mais perto de vê-la acontecer, é só uma questão de tempo. Enfatizo: de um breve tempo.

As empresas mandarão itens para seus clientes, que, no ato de seu recebimento, sequer imaginariam previamente a necessidade de possuí-los ou até mesmo a vontade de tê-los. Contudo, a entrega desse objeto chegará no exato momento da necessidade e/ou do desejo do cliente. A certeza dessa afirmação decorre da extensa aplicação das ferramentas de Big Data na Idade Mídia.

A capacidade de antecipar a vontade de consumo das pessoas será uma inversão do processo de venda como feito até então, e decorre da consolidação da Idade Mídia — do adequado uso e apropriação das ferramentas de Big Data, do refinamento da análise dos algoritmos. Sendo assim, quando esse momento chegar, as marcas e empresas estarão exercendo, plenamente, sua habilidade preditiva em uma sociedade preparada para se relacionar com essa dinâmica.

Na Idade Mídia, de valorização do indivíduo, a revolução dos hábitos é generalizada. Não apenas a tecnologia passa a ser protagonista: nas relações de trabalho, por exemplo, os funcionários das organizações serão pontos-chave desse processo. **Apesar de toda a inovação disponível, é a relação humana que fará a grande diferença daqui para a frente.**

Leitura Dinâmica

PARA FIXAR: CAPÍTULO 5

- Somos uma sociedade mimada e ficaremos ainda mais mimados. Essa é uma condição de nossos tempos. Tornamo-nos essa gigante sociedade caprichosa em decorrência das facilidades proporcionadas pela internet.

- A internet e o mundo digital mimaram as pessoas e valorizaram o indivíduo. Ao percebermos que o mundo deixou de ser uma dimensão geográfica inalcançável e misteriosa e passou a caber na palma de nossas mãos, começamos a exigir mais daquilo que nos cerca, a querer mais.

- A rotina individualizada assumiu papel central na vida de cada um. Ver TV era um costume gregário. As refeições eram em família. Hoje, é cada um por si e Deus por todos.

- Antes, eu assistia a um filme na hora decidida pelo canal de sua exibição. Agora, assisto de onde quiser a qualquer filme, quando desejar. O entretenimento tornou-se individual.

- Antes, o café feito pelo mesmo bule era tomado por todos. Com a máquina Nespresso, passamos a ter múltiplas opções para atender aos mais variados paladares.

- Antes, os bancos dos automóveis tinham apenas três posições de ajuste. Hoje, temos a regulagem total de altura, distância, inclinação do encosto e temperatura do assento. Isso nos proporciona o ideal de conforto e segurança.

- Ao viajar de avião, nosso entretenimento de bordo era distribuído por várias telas de TV presas no teto. Todas passavam o filme escolhido pela empresa aérea. Com o avanço tecnológico, cada assento passou a ter uma tela individual no encosto da frente e a oferta de conteúdo aumentou. Podíamos selecionar algo que nos interessasse em um menu específico. Hoje, o entretenimento é individual.

A conexão à internet permitiu que cada um assista ao que quiser usando as ferramentas de entretenimentos disponibilizadas pela companhia aérea ou utilizando nossos dispositivos eletrônicos pessoais.

- Os exemplos se multiplicam em qualquer setor de atividade econômica. A evolução da individualidade torna a sociedade mais mimada.

- As marcas precisam chegar ao consumidor com respeito e consideração, e não mais o inverso. Elas têm de se reinventar, ressignificar as estratégias de marketing para atingir o cliente contemporâneo.

- A valorização do indivíduo e de suas necessidades particulares é um dos pilares da Idade Mídia. Nossas experiências individuais são fundamentais nesta nova Era.

- O comércio na Idade Mídia é um espaço de experiência para consumidores. As pessoas não entram em uma loja simplesmente para comprar algo que lhes falte: vão aos ambientes de compra e venda para compartilhar algo.

CAPÍTULO 6

Acaso?! Ops, que Nada! Eu Estava Esperando por Você

"As pessoas perceberam que obtêm mais rapidamente as informações que procuram quando são específicas em suas pesquisas. E mais, elas querem receber, de seus smartphones, os conselhos que recebiam de seus amigos."
— *Lisa Gevelber, Vice-presidente de Marketing para as Américas do Google.*

Na língua portuguesa, o significado de "aleatório", "sem rumo" ou "sem intenção prévia" pode ser expresso pelo substantivo masculino "acaso". Em sua definição dicionarizada, "acaso" é um imprevisto, uma sucessão de acontecimentos ligados sem nenhuma conexão aparente. Indica, ainda, sorte. *"Estava andando pela rua quando por acaso (por sorte) encontrei você."* Apesar de serem vários seus significados, eles têm em comum algo de fortuito, de casual, de eventualidade. É uma palavra que transita no ambiente da imprecisão, da incerteza, do inesperado. Na *Idade Média*, seu uso era pertinente. Para uma Era de generalização, a imprevisibilidade sempre ocupou espaço relevante nas relações. Mas isso não é mais assim. Mudou.

No alvorecer da nova dinâmica civilizatória, vivida por todos nós, as incertezas serão reduzidas drasticamente. Nesse sentido, será incomum fazer atividades de maneira acidental. **Na Idade Mídia, sai de cena o "acaso". Em seu lugar, entra a *sincronicidade*.**

Há alguns anos, ressalto as características desse *mundo sincronizado*. Já escrevi sobre o tema em livros e artigos. Constantemente, reflito sobre ele em palestras e encontros. Faço isso pela importância de se deixar muito clara a relação entre a Idade Mídia e a *sincronicidade*. Mas, antes de explicar o seu significado, faço um aparte formal, linguístico.

Enquanto "acaso" é um substantivo masculino, amplamente utilizado em uma Era determinada pelo comportamento do homem, "sincronia", por sua vez, é um substantivo feminino, e seu uso ganha mais relevância em um tempo no qual as mulheres tornam-se protagonistas das relações nos mais diversos ambientes profissionais e sociais, antes completamente dominados pelo sexo masculino.

A *sincronia* harmoniza os atos, as atividades que estão sendo desempenhadas simultaneamente ou consequentemente. No marketing, por exemplo, expressa-se na emissão de uma mensagem por uma marca e o seu consequente efeito causal junto aos consumidores, em uma dinâmica completamente distinta à sua prática no passado. Agora, é preciso trabalhar a partir da *hiperpersonalização* das informações proporcionadas pelas ferramentas de Big Data.

Os recursos técnicos e os novos comportamentos existentes na Idade Mídia permitem aos gestores de marketing saber exatamente em qual momento se encontra cada consumidor em relação às marcas. Sendo assim, para se atingir essas pessoas, é preciso desenhar ações específicas de marketing com o objetivo de se obter os melhores resultados. São as mensagens elaboradas a partir da *sincronicidade* as que oferecem melhores oportunidades para atingir os consumidores, respeitando as características de seus momentos individuais.

Essa prática constrói uma comunicação sutil, pertinente e agradável, estabelecendo autenticidade e originalidade, uma abordagem muito mais pessoal em comparação à generalidade das ações de massa.

Em um mundo de relações efêmeras, mediado por encontros virtuais e pautado pelas redes sociais, os processos de comunicação exigem mais *sincronicidade*. E essa premissa é válida para todos os aspectos de interação de nossas vidas. O fator efêmero precisa ser bem compreendido para se estabelecer relações de longa duração.

Na publicidade da *Idade Média*, as pessoas eram entendidas como algo objetivo, cartesiano. Era muito comum as agências de publicidade definirem suas ações a partir de características aparentes dos consumidores, como idade, formação escolar, endereço, estado civil e faixa de renda. Tais dados primários orientavam a elaboração das campanhas, das mensagens genéricas. Mas é cada vez mais ineficaz manter essa abordagem. As empresas precisam, o quanto antes, assimilar em sua política de comunicação novas formas de abordagem dos seus clientes.

Na Idade Mídia, o que faz a diferença para quem quer vender alguma coisa é perceber as janelas de oportunidade do cotidiano, o estilo de vida dos consumidores em um dado momento temporal. O perfil do cliente muda constantemente. As pessoas se casam, separam-se, arrumam novos empregos, mudam de cidade, de país, adoecem, começam um regime, se inscrevem numa academia de ginástica, adotam um cachorro, enfim, aquele consumidor de ontem não é o mesmo de hoje e não será igual ao de amanhã. **Na Idade Mídia, as transformações são mais explícitas**.

As ferramentas de Big Data nos possibilitam acompanhar a todo instante o perfil de consumo das pessoas. Por isso, todas as informações primárias, até então tratadas como estanques e arquivadas em imensos bancos de dados, precisam ser transformadas de *data base* para *fact base*. Os gestores de marketing devem ajustar os seus *fact base* para manter suas mensagens relevantes.

É mais importante aprofundar as informações temporais e causais que afetam os hábitos de consumo cotidiano das pessoas do que investir tempo, dinheiro e pessoal para o detalhamento demográfico e comportamental de possíveis clientes. Nesse cenário, a *sincronicidade* é fundamental. As mensagens precisam agregar valor. Mas é importante ressaltar: isso não está limitado à publicidade e propaganda.

A pertinência do conteúdo da comunicação para o receptor da mensagem na Idade Mídia é fundamental. Lembre-se, estamos em uma Era na qual as necessidades individuais das pessoas tornaram-se protagonistas.

Com o aprimoramento da tecnologia, principalmente a móvel, as pessoas possuem meios para conseguir toda informação desejada instantaneamente e com uso de pouquíssimo esforço (somos mimados, afinal). Isso gera novos comportamentos, aumenta nosso grau de expectativa e exigência. Queremos tudo e queremos agora. Esse é um delicado princípio de vida para se estabelecer relacionamentos. Para as empresas, em particular, um desafio de adaptação. É preciso reconhecer as possibilidades, antecipar desejos. Daí a imperiosa necessidade de se trabalhar com mais inteligência no ambiente do marketing. Dominar ferramentas de Big Data é fundamental.

Na Idade Mídia, devido à *hiperpersonalização* e à instantaneidade das respostas às mais diferentes demandas, as técnicas de abordagem de marketing e de relacionamento passam por uma profunda revisão de eficiência. Reforço: o gestor deve perceber a importância de aprofundar as informações temporais e causais que afetam o cotidiano das pessoas de forma dinâmica, em vez de investir no detalhamento demográfico e comportamental, algo que tende a ser estático.

Não importa que a gestão de marketing de uma corporação saiba meu nome, minha idade, em qual classe social me insiro, se tenho ou não ensino superior. Agora, o que define a relação entre a empresa e o consumidor é o entendimento, por parte de quem quer me vender algo, sobre minha vida e sua cotidiana transformação. Se adquiri um imóvel recentemente, se me tornei avô, se estou separado, se iniciei a prática de algum esporte ou uma dieta vegetariana. Seja o que for, as empresas precisam se atualizar e entrar em sintonia com as diversas fases da vida de seus consumidores.

Ao pensar e agir com as estratégias da *Idade Média*, em que bancos de dados forneciam informações estáticas, uma fotografia de um determinado período da vida de cada um de nós, os departamentos de marketing correm o sério risco de criar mensagens irrelevantes. O conteúdo deixa de reverberar. Isso condena a eficiência da comunicação. As pessoas só reagem ao que lhes interessa naquele ponto da sua história pessoal. **É preciso estabelecer uma comunicação em um mundo efêmero que emocione, engaje, motive.**

Ao insistir em fazer uma comunicação homogênea para um grupo heterogêneo, o gestor de marketing falha: ele terá um índice infinitamente mais baixo de efetividade como resposta dos consumidores do que se tivesse se empenhado para adequar sua argumentação a cada caso que lhe foi exposto.

Na Idade Mídia, os responsáveis por ações mercadológicas precisam entender as particularidades de cada consumidor e suas distintas fases de relacionamento com as marcas e/ou produtos. Cada pessoa deseja ouvir algo que lhe faça sentido, para só então partir para o consumo de fato.

Nesta nova Era, grande parte das pessoas trombeteia pelos quatro cantos do mundo suas atividades pessoais e profissionais. Muito está exposto nas redes sociais. Isso é informação, conteúdo que deve ser utilizado como insumo para as estratégias de comunicação, nos limites legais da legislação de seu uso. As ferramentas de Big Data servem para isso. A partir desses fatos, criam-se algoritmos para acompanhar os hábitos dos consumidores em potencial e seu possível interesse e relacionamento.

Se antes os profissionais da publicidade e propaganda, por falta de informação, tentavam adivinhar o que se passava pela cabeça de seus consumidores, e para tal contavam com o acaso como aliado, agora está tudo na rede, descrito livremente pelo consumidor. Essa é uma condição para se estabelecer *ações sincrônicas*. E as empresas gigantes de tecnologia caminham a passos largos nessa dinâmica.

O Google, por exemplo, confere à exposição de seus anúncios um grau de eficiência, de predeterminação, de *sincronicidade*, que beira a perfeição. Além de combinar o uso da tecnologia com a criatividade, a empresa disponibiliza diversas ferramentas para conectar, de maneira única, os consumidores, onde quer que eles estejam.

Há alguns anos, o Google desenvolveu uma campanha em conjunto com a equipe de marketing da Coca-Cola cuja mensagem tinha como foco a união das pessoas. Eles integraram ações online e offline para criar vínculos emocionais com os consumidores, que participaram da ação enviando mensagens pela África, Ásia e Europa.

O Google não está à frente em sua comunicação apenas pelo fato de possuir um mecanismo de busca dominante. A empresa é também pioneira e referência por ter estabelecido suas ações, entre elas suas estratégias de vendas, em *relações sincrônicas*.

Ao pesquisar nas redes sobre qualquer tema de interesse, estamos fornecendo informação para as corporações, e essa é uma condição inquestionável. Mas, para quem ainda tem dúvidas em relação a como isso funciona, não custa lembrar. Se faço buscas sobre hotéis na Itália, por exemplo, há uma significativa possibilidade de que eu esteja planejando uma viagem para lá. Essa ação gera uma informação primária, e as companhias, por meio de ferramentas de análise de comportamento na internet, estão aptas a agir. É como se fosse um ponto de partida para as empresas, suas marcas e produtos, neste caso em específico, tanto do setor de turismo, diretamente ligado a viagens, quanto quem atua indiretamente, entrar em contato com quem tenha demonstrado interesse na Itália e em hotéis. Na Idade Mídia esse contato é personalizado, e aí reside toda a diferença em relação à prática de anúncios feitos na *Idade Média*.

Em termos de marketing, a aproximação entre as organizações e os consumidores é estabelecida pela contextualização dos produtos de acordo ao perfil dos interessados. Nesta ocasião, entram em cena as ferramentas de Big Data disponíveis a cada gestor para efetivar suas abordagens. As mensagens mais adequadas ao momento preciso de vida e às expectativas de quem estava fazendo suas buscas serão mais efetivas, terão maiores chances de persuasão.

É sempre pertinente enfatizar, no momento da procura por qualquer assunto, que as pessoas estão receptivas para receber mais informações sobre tópicos direta ou indiretamente ligados ao tema de seu interesse naquele instante. Essa condição se configura como uma janela de oportunidade para os profissionais de marketing atentos aos movimentos de seu setor.

Outra gigante tecnológica, a Amazon, figura com iniciativas pioneiras para transformar a *sincronicidade* em faturamento de vendas. Quando um cliente entra em seu site e solicita a compra de um livro, ele tanto é apresentado a variáveis da obra de seu interesse, como diferentes tipos de capa, edições e traduções, como recebe indicações de outros títulos do mesmo autor e de outros autores que tratam do assunto de seu interesse. Eles disponibilizam, também, literatura semelhante para indicar opção de compra. Essa dinâmica amplia a possibilidade de venda de seu catálogo de livros, gera visibilidade para suas obras e, consequentemente, potencializa o enchimento do carrinho virtual.

Na Amazon, as recomendações mudam regularmente porque são ajustadas a partir de uma série de fatores, incluindo o momento da compra, as avaliações de produtos ou o interesse por um novo item. A empresa também inclui na sua comunicação um botão *"não estou interessado"*, assim as mensagens de livro que deixaram de ser atraentes não são mais enviadas.

Quando a empresa de Jeff Bezos compara a atividade de compra de seus usuários, ela potencializa a oferta de itens à venda. Constantemente, ela logra sucesso com isso. Não à toa, Bezos foi alçado ao patamar de uma das pessoas mais ricas do planeta no século XXI. Sua fortuna pessoal foi avaliada em mais de US$150 bilhões.

Graças a algoritmos de monitoramento, os responsáveis pela inserção de anúncios na internet podem alcançar uma *sincronicidade* inédita na história da publicidade, a partir de um processo de garimpo do melhor momento e da mensagem mais adequada, proporcionado pelo cruzamento dos interesses dos consumidores com os do anunciante. **Na Idade Mídia, a eficiência está ligada à *sincronicidade*.**

Existem várias formas de fazer a *inserção sincrônica* a partir dos hábitos dos consumidores na rede. Uma é a maneira contextual, que busca entender o comportamento das pessoas no universo online e apresentar a esses internautas os anunciantes mais adequados.

Outra forma de fazer a *inserção sincrônica* é chamada por especialistas de *behaviour target*, e se desenvolve a partir do comportamento do internauta em um determinado período de tempo, digamos, 30 dias. Se ele visitou um site de receitas várias vezes nesse ínterim, é sinal de consistente interesse no tema em questão. A partir disso, as marcas interessadas nesse grupo de consumidores passam a colocar seus anúncios nos locais frequentados por ele na rede.

Retargeting é o nome dado às inserções feitas de acordo com o desejo do momento. Nessa variação, quando um internauta, por meio de uma ferramenta de busca, entra num site procurando algo, ele será informado imediatamente sobre ofertas ou novidades relacionadas às suas buscas prévias quando voltar a navegar.

Digamos que ele entre no site de uma grande rede varejista em busca de um smartphone. Quando acessar uma rede social, como o Facebook, aquela empresa poderá postar nesse ambiente virtual um anúncio das suas ofertas de smartphones. Isso é uma espécie de repescagem de consumidores feita de *forma sincrônica* com os seus interesses naquele momento.

O BOM-SENSO ADVERTE: CUIDADO COM O USO DO RETARGETING

É cada vez mais evidente a irritação das pessoas com as ações de *retargeting*. Os departamentos de marketing ainda estão utilizando de maneira equivocada essa técnica. Ilustro essa afirmação a seguir.

Meu filho decidiu se casar. Fará uma celebração na igreja e uma recepção para os amigos e familiares. Ao saber da notícia, eu, prontamente, decido comprar garrafas de vinho para a festa. Entro em um site de uma loja especializada, converso por chat com um *sommelier* e compro variadas marcas para a ocasião. Não economizo na qualidade dos rótulos adquiridos, afinal, é o casamento de meu único filho, e quero que a celebração desse momento tenha tudo do bom e do melhor.

Muito bem, após a festa, subitamente, passo a receber incontáveis anúncios de vinho. Promoções de garrafas, endereços de onde encontrar raridades etc. Isso acontece por um, dois, três dias. De repente, vejo-me perseguido por meses por esse tipo de propaganda ao acessar à internet, ao utilizar minhas redes sociais. Detalhe: eu não sou enólogo. Sequer tenho por hábito beber vinhos. Minha compra fora episódica. Ela é inconsistente com meus hábitos de consumo de produto e conteúdo. Basta fazer uma revisão nos meus dados para descobrir que sempre que vou a um restaurante, jamais consumo vinho.

→

Que não leio sobre essa bebida nos blogs especializados e nem comento sobre esse assunto em minhas redes sociais. Mas esse "pequeno" detalhe é desconsiderado pelas marcas e empresas. Para elas, o importante tornou-se me perseguir com suas imperdíveis ofertas de vinho.

As ferramentas de Big Data devem ser utilizadas da forma mais precisa possível para identificar, ao certo, os hábitos do consumidor em potencial. Nesse caso, as marcas deveriam entender a excepcionalidade de minha compra. Os profissionais de marketing têm de estar atentos a essa informação. Há várias maneiras de fazer essa verificação. A elaboração das perguntas corretas e individualizadas sobre os consumidores, por exemplo. É um começo.

Quando Walter vai a um restaurante, tem o costume de beber vinhos?

As ferramentas de Big Data têm os meios para saber essa informação.

Walter já viajou para alguma vinícola ou região produtora?

Essa é outra informação passível de ser minerada por Big Data.

Qual seria o histórico de Walter de compra de vinho em empórios especializados?

Mais um dado para o Big Data revelar.

> Um trabalho profissional de abordagem aos consumidores por ações de marketing precisa considerar o indivíduo e suas características. Essa é uma regra básica da Idade Mídia, inclusive nesta fase de transição entre Eras.

Os profissionais de marketing precisam encontrar respostas para essas perguntas para traçar um perfil mais acurado de meu consumo e, assim, **definir uma estratégia de aproximação que não seja invasiva, equivocada e ineficiente**.

O mercado ainda utiliza o *retargeting* baseando-se em fatos isolados do histórico de consumo das pessoas. As ferramentas de Big Data estão sendo aplicadas de maneira limitada. Por isso, é crescente a repulsa entre os consumidores pelas ações de *retargeting*. Ainda utilizamos essa técnica equivocadamente. A partir do amplo uso das ferramentas de Big Data, os profissionais de marketing conhecerão melhor seus clientes.

Outra maneira de ajustar a *sincronia* é monitorar os conteúdos postados nas redes sociais. Conforme a pessoa posta fatos de sua vida, ela poderá receber anúncios específicos vinculados às suas postagens. Por exemplo, se alguém teve seu celular furtado ou roubado e faz uma postagem sobre esse fato, essa pessoa se insere em um grupo mais suscetível ao recebimento de anúncios das empresas para seguro de aparelhos celulares. Esse é um exemplo simples para ilustrar o tema, cada vez mais frequente, infelizmente.

Mais uma tendência gerada pela *sincronicidade* no mundo da comunicação versa sobre a afinidade entre o conteúdo e a mensagem publicitária. Nesse aspecto, o caminho partiu da segregação radical existente entre conteúdo e publicidade para sua aproximação, finalmente chegando a uma integração evolutiva.

Antes, havia o editorial genérico das revistas ou programas de TV, e o profissional de marketing não tinha alternativa fora colocá-lo nos intervalos determinados de cada um. Sua inserção não era apenas separada, mas totalmente independente do conteúdo ou ambiente editorial de sua veiculação. Era uma separação parecida com a saudável distância entre a Igreja e o Estado, que, no caso em questão, apresentava-se na relação entre editorialistas e publicitários. Resumo da ópera: a propaganda era totalmente segregada do editorial.

O passo seguinte foi segmentar as publicações e programas em *clusters* de interesse, o que permitiu ao gestor de comunicação escolher os assuntos que tivessem mais a ver com o seu produto. A identificação era direta. Por exemplo, as chances de se ter bons resultados com o anúncio de produtos esportivos em um jornal de esportes, ou de eletrodomésticos em um programa feminino, aumentavam drasticamente em função da maior aproximação entre o ambiente editorial e seu conteúdo.

Depois dessa fase, revistas e TVs, incluindo os canais a cabo, entenderam que marcas também podem gerar conteúdo e se abriram para uma parceria saudável nesse sentido, buscando sempre a melhoria desse material, com total respeito ao seu telespectador ou leitor.

Pela possibilidade de se *sincronizar* as mensagens com o momento do receptor, houve uma integração total por meio do *native marketing*, no qual coloco a inserção patrocinada dentro do editorial, mimetizando o conteúdo com a minha mensagem publicitária.

Um case exemplar, já lembrado por mim em outras de minhas publicações, foi feito por uma grande fabricante de câmeras digitais ao publicar cinco páginas editoriais em uma revista de circulação nacional sob o título: *"Tudo o que você quer saber sobre câmera digital e ninguém teve paciência de explicar."*

Todo o conteúdo dessa ação estava explicitamente identificado em cada página pelo logotipo da fabricante, evitando confundir o leitor. Como se tratava de um material fornecido por uma empresa de reconhecido *know-how* naquele setor, as informações ali veiculadas eram lidas como críveis pelos leitores. Afinal, foram feitas por especialistas no tema, apesar de ter como finalidade a promoção de uma marca.

A sincronicidade apresenta mensagens de marketing certas na hora exata para quem já demonstrou, mesmo sem saber, interesse por um produto ou categoria. Seu desempenho é potencializado na Idade Mídia pelo custo cada vez mais baixo da informação: é possível falar com milhões de pessoas e, ao mesmo tempo, individualmente.

Antes, o vendedor anunciava algum produto em um monólogo genérico; hoje, ele dialoga com seus clientes de forma pessoal. A onipresença da internet, da tecnologia de telefonia e dados móveis, das ferramentas de busca e das redes sociais garante isso. Ao poder escolher os assuntos que mais interessam, o conteúdo de nossas relações ganha um aspecto mais pessoal. Esse movimento de *hiperpersonalização*, de individualização, se expressa das mais diversas formas.

A Idade Mídia liberta nossa expressão; com isso, a sincronicidade passa a ter um papel de centralidade nas relações. Nos relacionamentos interpessoais, por exemplo, antes de termos qualquer encontro, seja em nosso ambiente corporativo ou pessoal, podemos nos municiar pelas redes sociais de uma vasta quantidade de informações sobre nossos interlocutores.

É possível saber gostos musicais, time de preferência, onde se trabalhou, a quais filmes assistiu, se é adepto da prática de esportes, com quem já fez negócios. Enfim, acessamos os mais variados conteúdos e interesses de nossos interlocutores.

A obtenção desses dados elimina etapas no processo de conhecimento do outro. Otimiza nosso tempo e a qualidade em nossas interações, que podem ser estabelecidas a partir de pontos comuns, significativos.

Graças à disseminação da tecnologia em suas diversas apresentações em hardwares e softwares capazes de realizar as mais diferentes análises dos conteúdos disponíveis online e offline, podemos conhecer individual e profundamente cada pessoa com a qual nos relacionamos. Esse fato se estende para a relação entre as empresas (suas marcas e produtos) e seus consumidores. Esse é o contexto ideal para a disseminação da *sincronicidade* e, como uma de suas consequências, o aumento do entendimento das particularidades de cada um de nós em meio à complexidade de nossas vidas.

O tempo da passividade compulsória em relação aos conteúdos presentes e expostos em nossas relações acabou. E pensar que tudo isso, caro leitor, por mais distante ou complexo que ainda possa parecer para alguns, já apresentava suas evidências no final da década de 1940.

Sequer havíamos chegado à metade do século XX e os sinais das mudanças já podiam ser notados. Em alguns casos, mostraram-se como fator decisivo para a manutenção de nossas vidas no desempenho de algumas atividades profissionais. Com essa afirmação, refiro-me à Força Aérea dos Estados Unidos, mais especificamente, aos seus pilotos de caça, que, a despeito de sua destreza e da então tecnologia de ponta utilizada na construção das aeronaves pilotadas por eles, viam-se envolvidos em um número crescente de acidentes — muitos deles, fatais.

Diante da necessidade de garantir a vida de seus combatentes, os comandantes da Aeronáutica tiveram de agir. Mas foram surpreendidos pelos resultados encontrados, pois colocavam em xeque alguns dos pilares daquela sociedade baseada em resultados genéricos.

A despeito das conclusões inusitadas para o padrão vigente de produção, eles seguiram com a implementação de novas diretrizes de conduta, iniciando mudanças de paradigmas. No capítulo seguinte, detalharei essa história. *"AIM HIGH"*, gritam os pilotos.

Leitura Dinâmica

PARA FIXAR: CAPÍTULO 6

- No alvorecer da Idade Mídia, as incertezas são reduzidas drasticamente. Nesse sentido, será incomum fazer atividades de maneira acidental. Sai de cena o "acaso". Em seu lugar, entra a sincronicidade.

- A sincronicidade harmoniza os atos, as atividades que estão sendo desempenhadas simultaneamente ou consequentemente.

- As mensagens elaboradas a partir da sincronicidade oferecem as melhores oportunidades para atingir os consumidores. Elas respeitam as características individuais e os momentos das pessoas.

- Mensagens sincrônicas constroem uma comunicação sutil, pertinente e agradável, estabelecendo autenticidade e originalidade, uma abordagem muito mais pessoal em comparação à generalidade das ações de massa.

- Em um mundo de relações efêmeras, mediadas por encontros virtuais e pautadas pelas redes sociais, os processos de comunicação exigem mais sincronicidade.

- Nesta nova Era, o que faz a diferença para quem quer vender alguma coisa é perceber as janelas de oportunidade do cotidiano; o estilo de vida dos consumidores em um dado momento temporal.

- Na Idade Mídia, as transformações são mais explícitas e as mensagens precisam agregar valor.

- As ferramentas de Big Data nos possibilitam acompanhar a todo instante o perfil de consumo das pessoas. Por isso, todas as informações primárias, até então tratadas como estanques e arquivadas em imensos bancos de dados, precisam ser transformadas de *data base* para *fact base*.

- Os gestores de marketing devem ajustar os seus *fact base* para manter suas mensagens relevantes.

- É preciso perceber a importância de se aprofundar as informações temporais e causais, que afetam o cotidiano das pessoas de forma dinâmica, em vez de investir no detalhamento demográfico e comportamental, algo que tende a ser estático.

- A comunicação estabelecida neste mundo efêmero tem de emocionar, engajar e motivar.

- Na Idade Mídia, a eficiência está ligada à sincronicidade.

- A sincronicidade apresenta mensagens de marketing certas na hora exata para quem já demonstrou, mesmo sem saber, interesse por algum produto ou categoria.

- A Idade Mídia liberta nossa expressão; com isso, a sincronicidade passa a ter um papel de centralidade nas relações.

CAPÍTULO 7

De Doadores de Órgãos a Doadores de Dados

"Porque acreditamos no mito da média, achamos aceitável proporcionar acesso igualitário a experiências educacionais padronizadas. Mas como as pessoas, na verdade, são diferentes entre si, precisamos repensar como definimos a igualdade de oportunidade no acesso à educação e nos demais aspectos de nossa vida."

— *Prof. Todd Rose, da Harvard Graduate School of Education.*

Ao final da Segunda Guerra Mundial, a Força Aérea dos Estados Unidos tinha tudo para comemorar. O país havia participado da coalizão que derrotara o domínio Nazista na Europa e, simbolicamente, teria sido a Aeronáutica norte-americana a decretar o fim dos conflitos, bombardeando as cidades japonesas de Hiroshima e Nagasaki. Esses bombardeios, aliás, são marcos históricos da nossa história contemporânea. Foi quando registramos, pela primeira vez, um ataque nuclear.

Em 6 de agosto de 1945, um bombardeiro B-29, batizado por seu piloto, Paul Tibbets, de Enola Gay, em referência à sua mãe, lançou uma ogiva nuclear sobre a cidade de Hiroshima. O resultado dessa missão militar é amplamente documentado em textos, vídeos e fotografias. Não é o caso de nos determos nele aqui. Mas o fato é, após o Japão ter se rendido, a Segunda Guerra Mundial chegou ao seu fim e os Estados Unidos se firmaram como a principal força militar do mundo, além de terem se transformado na maior economia do planeta. Um cenário verdadeiramente auspicioso, mas a vida não é feita só de conquistas e vitórias. Não é mesmo?!

Com suas forças militares de volta à casa, o momento era de reorganização, de expansão e planejamento de futuras ações. Mas aí começaram a surgir problemas nas operações da Força Aérea. Por maior que fosse a capacidade técnica de seus pilotos, por melhor que fosse a tecnologia utilizada em seus aviões, "subitamente", acidentes começaram a se tornar frequentes nas manobras executadas por seus caças.

É importante colocar a palavra subitamente entre aspas pois os acidentes não teriam acontecido por acaso. Os problemas estavam relacionados à desinformação, ao desconhecimento de suas causas.

Não eram meramente falhas técnicas ou imperícia dos pilotos, como fora cogitado.

Essa história teve registros mais evidentes a partir de 1948 e foi resgatada por Todd Rose, professor da Harvard Graduate School of Education, diretor do Programa de Mente, Cérebro e Educação da instituição e líder do Laboratório para a Ciência da Individualidade. Rose é um estudioso de questões da neurociência e autor de best-sellers, entre eles: *Dark Horse* e *The End of Average*.

No decorrer de seus levantamentos, ele encontrou pesquisas em que a ocorrência dos acidentes nos caças norte-americanos, entre o final da década de 1940 e início da de 1950, exemplificava erros de uma sociedade típica da *Idade Média*, voltada para a aplicação de soluções comuns ao todo, desrespeitando as particularidades de cada um de nós e das situações em si.

O problema enfrentado pela Força Aérea à época, de acordo com documentos encontrados por Rose, estava no fato de os pilotos não conseguirem controlar seus aviões. O que era uma gigantesca contradição porque, como ele enfatiza: *"Era a aurora da aviação."* Ou seja, utilizava-se a tecnologia mais moderna existente para a fabricação das aeronaves, que passariam a ser a jato; os treinamentos dos pilotos eram mais rigorosos, portanto eles estavam mais bem preparados; havia dinheiro para se investir e os investimentos eram feitos tanto para a modernidade da aparelhagem quanto para as estruturas de apoio dos voos. Por isso, esse cenário de desenvolvimento agravava a situação. Como acidentes "imprevistos" poderiam acontecer se tudo era feito de forma adequada, *by the book*? De acordo com Tedd Rose:

> "(...) Os problemas eram tão frequentes e envolviam tantos aviões diferentes que a Força Aérea tinha um mistério alarmante de vida ou morte em suas mãos (...)."

Os pilotos relatavam sua completa incompreensão sobre o que estaria acontecendo. E acontecia de tudo: de mergulhos involuntários e aterrissagens mal planejadas a choques destruindo completamente os aviões. Tudo isso ocorrendo em missões de treinamento, fora de combate. Situações, em tese, controladas e de baixa tensão. Mesmo assim, *"houve ocasião de 17 pilotos terem batido em um único dia"*.

Em virtude das tragédias, abriu-se a temporada de caça aos culpados. Os pilotos foram os primeiros a serem apontados como causadores dos acidentes. As aeronaves, por sua vez, estavam isentas da culpa: não apresentavam problemas mecânicos ou de eletrônica. Mas os pilotos se sentiam injustiçados pelas acusações e, tal qual seus superiores, estavam perdidos em meio às circunstâncias.

> "Os pilotos também ficaram perplexos. A única coisa que eles sabiam com certeza era que suas habilidades de pilotagem não eram a causa do problema. Se não foi erro humano ou mecânico, o que foi?"

Levou alguns anos para se chegar a uma resposta, mas a Força Aérea conseguiu solucionar o problema, e, de fato, ele não estava ligado às partes mais complexas da engrenagem dos aviões, independentemente de quais fossem, tampouco era responsabilidade dos pilotos. O problema estava no desenho da cabine de pilotagem. Sim, a cabine de pilotagem era a responsável pelos fatos trágicos e misteriosos.

Ao olhar para essa conclusão, com nosso conhecimento atual, percebemos como esse é um exemplo de falhas geradas pelo contexto da *Idade Média*. A partir de resultados ditos únicos, medianos, estruturávamos nossa sociedade. Levávamos situações à ineficiência coletiva por ignorarmos as particularidades existentes nelas. Por isso, é preciso sempre lembrar: **criar algo pela média é criar algo**

para ninguém. A média é um mito, um ser inexistente, não é nada. A Idade Mídia sepulta, de uma vez por todas, essa condição.

Mas estamos falando de algo do passado, dos projetos das cabines utilizadas nos anos de 1950, que teriam sido projetadas na década de 1920, um tempo distante da consciência da Idade Mídia. Naquela ocasião, nos Estados Unidos, os engenheiros projetistas mediam o físico de centenas de pilotos e, com os resultados em mãos, padronizavam as dimensões das cabines de pilotagem que seriam construídas.

Em decorrência daquelas medidas identificadas, todos os demais acessórios e equipamentos, como o tamanho e a forma do assento, a distância entre os pedais, a altura dos para-brisas, rigorosamente tudo naquele ambiente era desenvolvido para se adequar àquelas dimensões físicas. Naqueles anos a importância das particularidades de cada um de nós, no caso dos pilotos, ainda era ignorada. Por isso, para corrigir possíveis erros, eles agiram como de costume.

> "Mediram mais de 4 mil pilotos em 140 dimensões, incluindo o comprimento do polegar, a altura da virilha e a distância do olho até a orelha e calcularam a média de cada uma dessas dimensões."

A ideia por trás de todas essas medições era atualizar os cálculos do tamanho médio dos pilotos da Força Aérea. Afinal, eles poderiam ter crescido em termos de estatura desde os últimos estudos. Assim, pensavam eles, as dimensões das cabines seriam atualizadas, pondo um fim aos acidentes. Ledo engano. Quem jogaria uma pá de cal nessa esperança seria um jovem de 23 anos, recém-saído de Harvard, o tenente Gilbert S. Daniels.

Formado em antropologia física, uma área do saber de estudos da anatomia humana, Daniels havia sido contratado para trabalhar no Laboratório Médico Aéreo. Ele saíra da universidade com uma hipótese muito clara para si: *"Se você quisesse projetar algo para um ser humano individual, a média seria completamente inútil."* Com esse pensamento, ele iniciou seus trabalhos de medição na Base Aérea para adaptar as cabines. Como não estava previamente convencido da eficácia daqueles testes, como pesquisador, resolveu questionar empiricamente a metodologia utilizada e se perguntou: *"Quantos pilotos realmente eram medianos?"*

Para resumir, porque o trabalho dele é recheado de cálculos e variáveis, ele fez uma série de equações e comparações, utilizando as medidas coletadas entre os mais de 4 mil pilotos participantes do estudo. A conclusão dos seus resultados, para sua surpresa, foi expressa pela inexistência de um tamanho médio passível de ser conferido aos pilotos, contrariando, assim, as teses de seus colegas pesquisadores.

Como qualquer ser humano, os pilotos também têm dimensões corporais díspares entre si. Uns têm longos braços; outros, pernas curtas; a circunferência do pescoço é diferente, enfim, não importa a dimensão de qualquer parte do seu corpo, o relevante é que elas não compõem uma média de tamanho. Então, Daniels afirmou:

> "A tendência a pensar em termos do 'homem comum' é uma armadilha (...) É praticamente impossível encontrar um aviador comum, não por causa de quaisquer características únicas nesse grupo, mas por causa da grande variabilidade de dimensões corporais características de todos os homens."

A partir dessa conclusão, ele comprovou seus pensamentos de quando se formara na universidade e publicou *Notas Técnicas na Força Aérea*, em 1952, explicitando suas descobertas e argumentando que, se houvesse interesse em melhorar o desempenho dos pilotos, seria preciso adequar as cabines a eles, não o contrário. Esse é um pensamento estrutural da Idade Mídia: **as circunstâncias, sejam elas quais forem, devem se adequar aos indivíduos, não à média deles**.

O que se viu nas décadas seguintes às descobertas de Daniels foi uma radical mudança de pensamento e atitude entre os construtores das aeronaves militares, gerando implicação para toda a sociedade em escala global.

A Força Aérea dos Estados Unidos decidiu adaptar a fabricação de seus aviões aos indivíduos. Inicialmente, isso gerou certa resistência entre os construtores das aeronaves, mas os militares não cederam e os engenheiros aeronáuticos tiveram de encontrar soluções viáveis para as demandas apresentadas. E assim o fizeram. Surgia aí uma cabine de pilotagem com seus itens ajustáveis, desde assentos aos pedais, passando pelos manetes e afins. Era uma solução barata e facilmente aplicável. Os ajustes chegaram também às roupas e acessórios, como óculos e capacetes.

As modificações adotadas geraram resultados imediatos. O desempenho dos pilotos melhorou significativamente. Atentos às boas performances demonstradas, os militares decidiram levar para suas demais forças de combate o princípio implementado em seus caças, o de adaptar os equipamentos e o ambiente de trabalho à realidade de cada soldado. Isso provocou uma revolução nas Forças Armadas dos Estados Unidos, assegurando a eles sua importância e significado em frente aos exércitos das demais nações.

O tenente Gilbert S. Daniels foi um homem muito habilidoso se analisarmos seu contexto de vida e, como pesquisador, fez as perguntas corretas em relação à demanda de seu tempo. Ele conseguiu alterar a realidade de todos nós, em certa medida. Suas pesquisas dão base para as explicações teóricas da Idade Mídia, fundamentam sua compreensão e estudo.

Apesar de sua importância, ele ainda é desconhecido da maioria das pessoas, e essa condição, de certa forma, é até natural. A história precisa de distanciamento para ser melhor assimilada. A repercussão dos fatos segue curso próprio e afeta distintamente as gerações ao longo do tempo.

Como já se passaram mais de 50 anos desde sua formulação sobre a necessidade de criarmos circunstâncias que se adaptem a cada um de nós, é importante identificarmos as mais diversas transformações de comportamento relacionadas à sua teoria de adaptação das cabines da Força Aérea norte-americana. Elas são elementos da Idade Mídia, seu conjunto estrutura uma nova sociedade e possibilita novas interações.

Concentremo-nos em exemplos aparentemente menores, próximos de todos nós, e cuja criação talvez nunca tenhamos refletido pelo fato de serem tão presentes, tão comuns em nossas vidas, que há muito deixaram de gerar curiosidade por não nos remeter à novidade. O ajuste dos assentos dos carros é um deles.

Quando as fabricantes dos caças norte-americanos criaram assentos ajustáveis, essa tecnologia tornou-se passível de ser aplicada em espaços semelhantes aos das cabines de pilotagem. Imediatamente, encontrou pertinência e uso para o setor automobilístico, tornando-se, também, revolucionária para esse segmento industrial.

Lembremos que, quando Henry Ford lançou o Ford Modelo T, seu banco era de couro e fixo, e mais se assemelhava ao sofá de casa. Não era sequer um assento de carro como o conhecemos. Foi preciso décadas para que aquele aspecto de sofá fosse substituído por um assento individual.

Mas se em seu começo os bancos eram limitados com pouca ou quase nenhuma opção de ajuste, com o passar dos anos, tornaram-se diversos e são item fundamental de conforto. Sua altura de encosto é ajustável, alguns modelos são aquecidos, outros até vibram. Tudo isso só foi possível porque a tecnologia passou a existir e a indústria percebeu, aos poucos, a necessidade de fazer adaptações para gerar mais comodidade aos seus usuários.

Ainda falando em assentos, a própria Ford, antevendo a existência de carros autônomos, patenteou projetos de bancos que podem ser configurados de qualquer maneira, inclusive se transformando em camas ou ficando de costas para o para-brisas dianteiro com o carro em movimento.

Essa realidade ainda não está disponível, mas é importante frisar o "ainda". Como já há projetos para sua concepção, e protótipos foram feitos, é uma questão de tempo para começarmos a ver veículos equipados dessa maneira rodando pelas ruas. Talvez bem antes do que possamos intuir.

O tempo de resolução e execução de projetos na Idade Mídia tem outra dimensão e velocidade: é mais breve. E pensar que, em 2008, havíamos completado 100 anos do lançamento do Ford Modelo T, marco da indústria automobilística por ter sido o primeiro carro a ser fabricado em uma linha de produção industrial. Agora, nem bem se passaram 10 anos desse centenário e já projetamos veículos capazes de trafegar sem que ninguém os dirija. Perceba o salto tecnológico dado entre esses dois eventos.

Ao longo de um século, na *Idade Média*, tivemos evoluções pontuais na concepção da fabricação dos veículos. Aprimoramos o seu desempenho, os motores se tornaram mais potentes, sua segurança ganhou novos itens. Contudo, toda a evolução aconteceu em cima de uma plataforma comum de carro, variando de acordo com o seu modelo. Na Idade Mídia, a história é outra.

A união de grandes montadoras com empresas gigantes da tecnologia promete lançar no mercado, em algumas décadas, um meio de transporte completamente diferenciado daquele que conhecemos. Para começar, os carros poderão circular sem motoristas e seu interior será totalmente reconfigurado. Eles ainda não vão voar, mas quem sabe essa não será a segunda etapa desta evolução?

Tempo de Transição. "O Futuro que Você Não Deve Esperar."

Na Idade Mídia, vamos interagir em níveis distintos, de acordo com o interesse e a capacidade de assimilação de nosso interlocutor. Podemos observar essa mesma relação entre as empresas e seus consumidores. Nesse caso, os departamentos de marketing precisam entender que, para cada um de seus clientes, há uma frequência distinta de contato e percepção. É preciso construir um tratamento diferente para cada momento da vida de seu cliente, indo de sua necessidade diária, mais imediata, até o seu comportamento em longo prazo. Mas é importante lembrar: vivemos numa fase de transição, uma etapa intermediária entre a *Idade Média* e a Idade Mídia.

Saímos de uma época em que muito pouco nos era oferecido, em termos de marcas e produtos. Na sequência, aprimoramos nossas relações e entramos num período de oferta em massa, genérica. Logo depois, partimos para uma infinidade de opções, o que nos colocou no *paradoxo das escolhas*, no qual não ter opções ou ter opções demais é igualmente ruim. Alguns exemplos dessa situação são caricatos.

Você já percebeu a quantidade de sucos de laranja existentes? Há o com polpa, sem polpa, com cálcio, com zinco, caseiro, misturado com limão, com manga, mais azedo, mais cítrico, feito de laranja mimo, a lista é variada.

Os produtos e suas marcas infinitas espalham-se pelas gôndolas das redes varejistas, indiscriminadamente. Vide a indústria da beleza e higiene pessoal e a oferta de shampoos, que é de uma multiplicidade descomunal.

Há os de reparação rejuvenescedora, os de limpeza profunda, uso extremo, controle de queda, hidratação intensa, fortalecedor antiquebra, reconstrução e força, hidratação luminosa, com barda e capiscum, tília, coco e ucuuba, morango e buriti, seiva de babosa, jaborandi, broto de bambu, algas marinhas, alecrim ou flor de macela... Poderíamos preencher páginas e mais páginas com sua variedade.

> Quem consegue acompanhar essa infinidade de opções? Qual dessas é, efetivamente, feita para o meu cabelo? Quanto tenho de gastar comprando shampoos até me adaptar a uma marca específica?

Tecnicamente, o shampoo é um detergente, um tipo de sabão líquido para limpeza do cabelo e couro cabeludo. Sua função é a de lavar. Mas a espiral quase sem fim de oferta das marcas atrapalha o consumidor em sua decisão de compra. Caso não saiba exatamente como é o seu cabelo, se mais seco, mais oleoso, misto etc., como encontrar o produto certo para usar? Precisarei sempre da ajuda de um cabeleireiro ou vendedor para me decidir quando estiver diante de abarrotadas prateleiras expondo sua variedade?

Ter escolhas demais não é solução, pelo contrário: faz as pessoas ficarem mais perdidas, verdadeiramente desorientadas. **O caminho é não dar tanta opção, mas uma solução única feita para o interessado** seja do que for, de shampoo ao suco de laranja. Assim como as circunstâncias devem se adaptar a cada um de nós, as opções também devem vir atrás de nós. Se na *Idade Média* isso era inviável, na Idade Mídia é totalmente possível. Por isso, temos de compreender as mudanças para nos adaptar mais facilmente.

> # SAÍMOS
> da Publicidade Massiva para o Big Data;
> da Mídia Segmentada para a Mídia Individual;
> da Educação Genérica para a Personalizada;
> da Gestão Pública baseada em Multa e Punição
> para Incentivo e Recompensa.

Graças às ferramentas de Big Data, conseguimos chegar à individualidade da oferta. Caminhamos para o *true individualism*. Exemplos dessa nova característica de consumo surgem a todo o momento. Lembro-o da Nike, uma das maiores fabricantes de calçados do mundo, que nos convida ao *"futuro que você não precisa esperar"*, em sua ação *Nike Maker Experience (the future you don't have to wait for)*.

Essa é uma iniciativa pioneira da empresa que, em meados de 2010, abriu, em Nova York, uma loja para criar tênis exclusivos para seus usuários. Não são tênis meramente adaptados, são calçados feitos a partir das medidas dos pés de cada um de seus clientes, considerando sua pisada e tamanho corporal. A técnica utilizada produz as criações na hora. Espera-se algo em torno de 90 minutos para sair com seu mimo embaixo do braço, ou até mesmo calçado, se não der para segurar a ansiedade de usá-lo.

Fazer calçados personalizados é demanda antiga de negócios da empresa. É uma das características da Nike, aliás, que impulsionou suas vendas ao redor do mundo a partir dos tênis feitos para a uma das maiores estrelas da Liga de Basquetebol Norte-americana, a NBA, Michael Jordan.

Com os acordos comerciais estabelecidos em conjunto com Jordan e a organização da NBA, as vendas da Nike explodiram em campanhas nas quais se lia: *"Need Some Shoes?"* (Precisa de Algum Sapato?) ou *"Choose your Weapon"* (Escolha sua Arma).

No melhor estilo das estratégias de marketing da *Idade Média*, verdadeiros cases da década de 1980, a empresa criou calçados exclusivos para o jogador, desenhados para atender às suas necessidades como atleta, mas disponibilizando-os no mercado mundial, indiscriminadamente, para adultos e crianças. Ela generalizava o desejo de seus compradores, mas com a força da imagem de Jordan, considerado um dos maiores atletas de todos os tempos, não só no basquete, vendia milhares de pares de seu calçado. Essa estratégia funcionou por anos e ajudou a consolidar a marca, mas sua maior efetividade ficou no passado. Ela mantem ações desse tipo, que ainda são importantes para o negócio, mas diversificou as abordagens.

Em 2012, a empresa lançou a *NikeID*, primeira de suas grandes ações em busca da personalização de seu produto para seu cliente final. Na época, a tecnologia utilizada era limitada. O serviço funcionava por um site criado para atender às demandas, e era preciso esperar até dois meses para ter finalizada sua encomenda, fora o tempo de espera dos serviços postais para a sua entrega. Seis semanas era o período mais rápido para a produção do tênis. Aos poucos, o serviço foi ampliado para algumas de suas lojas físicas em parte do Canadá, França, Inglaterra, China e Estados Unidos, mas o prazo de entrega continuava o mesmo do site.

Foi graças aos avanços tecnológicos que, por assim dizer, eles iniciaram a segunda fase de sua estratégia para personalização de seus produtos para os clientes finais e chegaram ao *Nike Maker Experience*.

Apesar de essa atual fase ser avançada quando comparada à sua primeira iniciativa, a *NikeID*, a empresa tem um longo caminho de aprimoramento. A começar por ampliar esse serviço para outros mercados nos quais está presentes. Ela pode também diminuir o prazo de entrega do produto (que deve se tornar imediata, essa é a tendência), entre outros ajustes necessários para ofertar ao seu cliente o máximo de *hiperpersonalização* nessa experiência.

Cada pessoa tem algo diferente, e as empresas não podem esquecer essa característica. Ela é condição primária para a elaboração de suas estratégias de comunicação, de fabricação de produtos, de construção de marcas e de organização empresarial.

Mesmo ao se considerar, para efeito de comparação, pessoas com o mesmo quociente de inteligência (QI), constata-se a completa diferença na maneira como elas interagem com o mundo. Por isso, não adianta tratá-las igualmente. Esse princípio norteia a saída da *Idade Média* para a Idade Mídia.

O mundo se adapta para oferecer a cada um de nós nossa opção de consumo personalizada. As ferramentas de Big Data são fundamentais para conseguirmos estabelecer essas relações. Elas geram um ciclo de ações representado da seguinte maneira:

> Quanto mais eu (como empresa ou indivíduo) tenho conhecimento sobre algo ou sobre alguém, melhor ofereço algum serviço ou produto.
>
> Porque ofereço melhor esse serviço ou produto, passo a saber mais sobre meu público de relacionamento. E, porque sei mais sobre esse público, ofereço melhor meu serviço ou produto, gerando um efeito exponencial de individualidade.

A aceleração e o maior entendimento do uso da potencialidade das ferramentas de Big Data vão transformar a Idade Mídia numa *Revolução Exponencial de Conhecimento*. Temos uma possibilidade nunca vivida de *cruzamento de dados* para elaborar nossos pensamentos, estratégias e ações. Isso será condição indiscriminada sob todos os aspectos de nossas vidas, estejamos em ambientes corporativos, formais, ou em nossos espaços afetivos, familiares. O cruzamento desses dados vai gerar oportunidades inimagináveis.

Na Idade Mídia, por livre escolha, nós podemos escolher ser doadores de órgãos quando morrermos. Mas, enquanto estivermos vivos, somos compulsoriamente doadores de dados.

Leitura Dinâmica
PARA FIXAR: CAPÍTULO 7

- Criar algo pela média é criar algo para ninguém. A média é um mito, um ser inexistente, não é nada. A Idade Mídia sepulta, de uma vez por todas, essa condição.

- As circunstâncias, sejam elas quais forem, devem se adequar aos indivíduos, e não à média deles. Esse é um pensamento estrutural da Idade Mídia. Não teremos o melhor das pessoas se as encaixarmos em nichos predefinidos.

- Na Idade Mídia, vamos interagir em níveis distintos, de acordo com o interesse e capacidade de assimilação de nosso interlocutor.

- Saímos de uma época em que muito pouco nos era oferecido em termos de marcas e produtos. Na sequência, aprimoramos nossas relações e entramos em um período de oferta em massa, genérica. Logo depois, partimos para uma infinidade de opções, o que nos colocou no paradoxo das escolhas, no qual não ter opções ou ter opções demais é igualmente ruim.

- Ter escolha demais não é solução: faz as pessoas ficarem mais perdidas, verdadeiramente desorientadas. O caminho é não dar tantas opções, mas uma solução única feita para o interessado, seja do que for.

- Como as circunstâncias devem se adaptar a cada um de nós, as possibilidades de compra e venda também devem vir atrás de nós. Pessoas são diferentes e esperam tratamento diferenciado.

- Na Idade Mídia, saímos da Publicidade Massiva para o Big Data; da Mídia Segmentada para a Mídia Individual; da Gestão Pública para o Incentivo e a Recompensa Individual.

- A individualidade das pessoas é condição primária para as empresas elaborarem suas estratégias de comunicação, fabricação de produtos, construção de marcas e organização empresarial. Cada pessoa tem algo diferente e o mundo corporativo não pode esquecer essa característica.

- O mundo se adapta para oferecer a cada um de nós nossa opção de consumo personalizada. As ferramentas de Big Data são fundamentais para conseguirmos estabelecer essas relações e chegarmos à individualidade da oferta. Caminhamos para o *true individualism*.

- A aceleração e o maior entendimento do uso da potencialidade das ferramentas de Big Data vão transformar a *Idade Mídia* numa Revolução Exponencial de Conhecimento.

- Precisamos entender as diferentes fases de relacionamento de nossos clientes com determinada marca ou produto. Essa compreensão exige abordagens distintas para cada um deles.

CAPÍTULO 8

A Idade Mídia e a Importância do Capital Intelectual

*"A melhor coisa do mundo é
saber ser você mesmo."*
— Michel de Montaigne, Filósofo Francês
do Período Renascentista.

A humanidade ainda não sabia, mas em 1506 estava prestes a ser concluída uma das mais importantes obras de arte de todos os tempos: a Mona Lisa. Também conhecida como La Gioconda, o quadro é uma pintura a óleo sobre madeira de álamo feita por Leonardo da Vinci, um dos maiores gênios da humanidade.

Da Vinci levou três anos para finalizar essa pintura, considerada obra máxima de arte do retrato do período do Renascimento. Ela renovou a história da arte por todas as suas características técnicas e simbólicas, além de ter indicado a transformação na compreensão do significado de ser humano naquele período histórico.

Até então, a sociedade era regida por valores da Idade Média, que enxergava os grupos sociais como massas disformes, um amontoado de gente sem rosto ou protagonismo. As individualidades das pessoas eram completamente ignoradas. Quando o Renascimento surgiu e se consolidou, modificou esse conceito: a individualidade de cada um passou a ser valorizada. A história das pessoas ganhou destaque, tornou-se importante. Estabeleceu-se, com isso, uma interação social mais humana. As manifestações artísticas foram responsáveis por demonstrar tal prática.

Nesse caldeirão efervescente, em ebulição cultural, social e política, a Mona Lisa tornou-se um marco, exemplo maior da conduta desejada pelos renascentistas por retratar a individualidade de alguém como nunca havia sido feito, mesmo que esse alguém estivesse envolto em incertezas.

Até hoje, a identidade da modelo que teria servido de inspiração a da Vinci é incerta. Não se sabe quem ela teria sido. Talvez ela sequer tenha existido. Historiadores afirmam, inclusive, que a pintura seria um autorretrato de Leonardo vestido de mulher.

Apesar de ser conhecida por muitos, vale a pena lembrar essa história para ilustrar a brevidade da trajetória de construção de nossas individualidades ao longo dos séculos. Entendendo a Mona Lisa como símbolo de mudanças, percebemos que passamos a valorizar nossas particularidades há 500 anos, aproximadamente. Em uma linha temporal, isso é nada se pensarmos no tempo de existência da civilização ocidental pelo calendário gregoriano, mais de 2 mil anos.

Se fizermos essa mesma contagem de tempo levando em consideração países do Oriente, esses cinco séculos tornam-se mais irrelevantes ainda diante de uma cultura como a chinesa, com registro de atividades datadas de mais de 5 mil anos. Ou seja, ainda **é urgente reafirmarmos a importância de nossa individualidade para nos distanciarmos, definitivamente, da condição de relações paternalistas impostas na Idade Média** quando observamos a estrutura da sociedade pela dinâmica existente entre vassalos e suseranos.

Os vassalos eram protegidos e dependiam de seus suseranos, reis ou senhores feudais. Eram eles que defendiam seu povo (vassalos) em frente às ameaças, principalmente em situação de guerra, quando estavam sob ataque de grupos inimigos. Por sua vez, os vassalos ofertavam sua força de trabalho em troca dessa proteção.

Essa relação se arrastou por séculos, e, apesar de didaticamente ser considerada finalizada, eu lhes digo: ela não acabou. O Renascimento foi incapaz de colocar um ponto final nela. Ela se estendeu ao longo dos séculos e, pior, ainda está entre nós. Em outros formatos, é bem verdade, mas ainda existente.

Com a Revolução Industrial, as empresas mimetizaram o lugar dos suseranos e os funcionários, o dos vassalos. É preciso considerar as variantes dos períodos em questão, mas a sua essência ficou preservada em aspectos paternalistas na relação de trabalho e fizeram a *Idade Média* perdurar. A eliminação dessas relações é condição essencial para nos livrarmos desse ranço que nos impede de evoluir e para escrevermos, efetivamente, outro capítulo de nossa história.

Ao longo de todo o século XX, muitos de nós, de nossos pais e avós, foram ensinados a procurar estabilidade arrumando emprego em uma "boa empresa", como se dizia. Conseguir um cargo público, então, era como encontrar um bilhete de loteria premiado. Éramos educados para bater o ponto na hora certa. Esperávamos pelo pagamento de nossos salários, geralmente, realizado após um período de 30 dias corridos. A empresa pagava por nossa dedicação, por vestirmos a camisa da firma e sermos parte dela. Não estávamos simplesmente no trabalho, éramos a encarnação dos valores de nossos contratantes. Em troca, se fizéssemos tudo a contento, estávamos tranquilos, seríamos remunerados e permaneceríamos empregados.

Essa rotina foi vista como dinâmica de sucesso década após década pelos últimos 200 anos, pelo menos. Tínhamos segurança, ficaríamos nessa "boa empresa" por uns 35 anos, até nos aposentar. Em nossa saída para vivermos a tão aguardada e sonhada aposentadoria, se tivéssemos sido considerados bons funcionários, poderíamos deixar a firma agraciados com um presente pela dedicação e pelos serviços prestados. Quanta sorte!

Caro leitor, por mais que esses dias pertençam ao passado, que tenham cheiro de mofo e aspecto embolorado, algumas pessoas ainda vivem essa realidade. Muitas, inclusive, desejam-na avidamente. Para os saudosistas ou passadistas, como queira identificá-los, tenho uma má notícia: essa realidade está acabando. Em alguns setores, já foi extinta quase por completo. Mas isso não implica instaurarmos o Armagedom, ou que o mercado de trabalho se transformará em uma espécie de rolo compressor prestes a nos triturar; tampouco seremos lançados a uma vida financeira caótica. Pelo contrário, é chegado o momento de agir com consciência, encarando a responsabilidade de nossos atos, apropriando-nos de nossas habilidades e tornando-as nossas fortalezas, verdadeiros *ativos de trabalho*.

O fim da *Idade Média* **propiciará a valorização do indivíduo e de suas capacidades nas corporações.** É como se passássemos por um novo Renascimento, no qual nossas competências serão reconhecidas e se tornarão gatilho para executarmos uma imensa revolução trabalhista. **Precisamos nos ressignificar, transformar a maneira de pensar nossas atividades profissionais; encontrar nosso sentido existencial e estendê-lo às nossas atividades profissionais.**

O consultor de empresas Dan Miller e autor, dentre outros, do livro *"Segunda-feira Nunca Mais"* ressalta a importância de entendermos o sentido do trabalho em nossas vidas como questão fundamental para nossa formação. Sobretudo em momento de transição, como agora. Ele reforça: *"É preciso procurar trabalhos com mais significados."* E mais: *"Um trabalho que nos realiza, um trabalho que integra os nossos talentos com as nossas paixões, um trabalho feito com um propósito valioso sempre foi sinal de maturidade e sabedoria interior e exterior."*

É muito claro para grande parte da população adulta e economicamente ativa a existência de um mundo profissional extremamente competitivo. Isso tem implicações. O mercado nos exige cada vez mais, mas, a despeito disso, até hoje, criamos regras absolutamente contrárias às necessidades do indivíduo por sempre termos pensado nossas atividades em termos de média. Essa prática deixou de ser pertinente. Precisamos ter coragem para revisar paradigmas, questionar hierarquias e ampliar horizontes, indiscriminadamente.

Se faz urgente, para todos os empresários, refletir sobre a administração de suas organizações nesta mudança de Era. Vivemos em um tempo no qual nossos negócios apresentam margens decrescentes de lucro, de forma geral, e temos de enfrentar a crescente complexidade nas relações de trabalho, assim como a intricada adesão de nossas corporações aos processos tecnológicos. Por isso, estamos mais preocupados com o fim do mês, com as respostas imediatas às demandas cotidianas, do que com o fim do mundo, representado pelas constantes transformações e seus resultados em longo prazo. A fim de combater esse cenário, **precisamos gerar calor para gerar luz.** Como conseguimos fazer isso? Compreendendo que, com a tecnologia, nossos colaboradores se revelam como a chave para nosso sucesso.

Sem dúvida, nossa realidade está sendo alterada pelo advento do Big Data. Porém identificá-lo como causa única das mudanças é olhar para o presente e o futuro como um míope sem óculos. As pessoas são fundamentais nessa equação. Somos agentes das mudanças; a tecnologia, por sua vez, é um *facilitador* desse movimento.

Precisamos nos qualificar constantemente para dominar e ampliar os conteúdos específicos de nossas profissões. Precisamos nos entender como pessoas, saber quem somos e como podemos nos transformar. Devemos construir redes de relacionamento e encontrar meios para fazer nossa voz ser ouvida nessas interações sem parecermos pretensiosos, displicentes ou autoritários.

As relações na Idade Mídia são igualitárias, horizontalizadas. Somos todos prestadores de serviço, oferecendo nossa capacidade profissional a outros prestadores de serviço.

Este é um momento de grande desafio porque, entre outras de suas características, temos de trabalhar em grupo, virtual e presencialmente, mas sempre preservando e valorizando nossa individualidade. Como fazer isso em trabalhos coletivos? Exercitar a escuta, ter disciplina e resiliência é um bom começo.

Na *Idade Média*, éramos admitidos nas empresas e dizíamos, com orgulho: faço parte incondicionalmente desta corporação. Com esse pensamento, estávamos ressignificando o comportamento de vassalagem. Estabelecíamos uma relação de fidelidade de mão dupla com a empresa, que, como suserana, era fiel aos seus colaboradores e, se nada acontecesse fora do roteiro, nos manteria em seu quadro de funcionários pelo resto de nossa vida profissional.

Naquele contexto, cabia à empresa nos qualificar, pagar nossos estudos e treinamentos. Isso persistiu durante muito tempo. Mas as mudanças estavam por vir. No início do século XXI, passamos por uma temporada de fusões e aquisições, gerando instabilidade para os empregos, até então espaços considerados estáveis e seguros devido aos contratos formais firmados entre contratantes e contratados. Diversos cargos, por duplicidade ou por terem perdido relevância e significado, foram extintos. As demissões aconteceram rapidamente e se avolumaram.

O inverso também ocorreu. Algumas áreas de trabalho estiveram aquecidas, como a da construção civil, gerando grande demanda por engenheiros e ocasionando a possibilidade de escolha por postos de trabalhos mais interessantes.

Na virada do século XX para o XXI, houve um esgarçamento nas relações de trabalho entre colaboradores e seus empregadores, independentemente da condição de mais ou menos oferta de empregos. Um dos efeitos diretos dessa situação pode ser evidenciado pela transformação do departamento de Recursos Humanos.

Visto como área operacional, o RH, principalmente nas últimas décadas do século XX, responsabilizava-se pelo recrutamento, seleção e admissão de profissionais. Internamente, nas empresas, controlavam o ponto eletrônico, identificavam e ofereciam treinamento para qualificar os funcionários em atividades ligadas aos seus cargos. Determinavam e acompanhavam os períodos de férias, supervisionavam e ofereciam alguns benefícios, como vales-alimentação, transporte e plano de saúde, executavam os desligamentos e as demissões.

O setor, de certa forma, era entendido como instância meramente burocrática, executora de tarefas predeterminadas. Para algumas organizações, sequer era válido manter sua estrutura, por seus altos custos operacionais. Mas o conceito de RH se transformou. E essa transformação foi intensificada nessa última virada de século.

De burocrático, o departamento passou a ser considerado estratégico para o crescimento das organizações. Inclusive sua denominação foi alterada, sendo chamado agora de Departamento de Gestão de Pessoas, e suas responsabilidades extrapolaram os controles das tarefas funcionais dos contratados. Ele passou a ter um olhar mais abrangente tanto para os funcionários quanto para as atividades fins das empresas.

Mas a Idade Mídia amplia e aprofunda os desafios para esse departamento. A área precisa se reinventar, lembrando sempre que aspectos da relação paternalista perpetuados pelo RH deixaram de existir, tornaram-se inviáveis para as relações de trabalho presentes e futuras.

Nesta nova Era, os profissionais devem tomar uma atitude de investimento na carreira, e não mais esperar passivamente por subsídios de seus empregadores para alavancar seus planos profissionais. Eles são autogestores de suas vidas profissionais, e para obter eficiência nessa condição é preciso se capacitar continuamente, aprofundar seu conhecimento sobre temas específicos de sua profissão, assim como ampliar seu saber sobre assuntos diversos. Essa postura é fundamental.

Na nova relação trabalhista, as pessoas têm de ter clareza sobre suas potencialidades e sobre qual é a melhor maneira de ofertar sua prestação de serviço ao mercado. **Na Idade Mídia, os profissionais oferecem seu trabalho como** *Capital Intelectual*, que engloba nossa capacidade de nos relacionarmos e de sermos assertivos com as tarefas planejadas, nosso equilíbrio emocional, entre outras características. Tornamo-nos prestadores de serviço intelectual, independentemente do setor de atuação. Lembre-se, até para executar as tarefas operacionais mais simples é preciso exercitar sua capacidade de abstração para conseguir obter o melhor resultado no desempenho de sua atividade, mesmo que essa atividade seja feita em uma linha de produção.

Daqui por diante, devemos presenciar a consolidação paulatina de uma maior individualidade nas relações. Inexistirão, assim, as dinâmicas tão características do trabalho realizado ao longo da *Idade Média*, expressas pelo sentimento de dedicação total e de apropriação de nossa capacidade profissional pelas empresas, quando chegávamos ao ponto de esquecer nosso sobrenome e dizíamos: *"Eu sou Walter da empresa tal."* Em vez disso, agora falaremos nosso nome completo, e se for de nosso interesse, se assim desejarmos, poderemos falar de nosso local de trabalho: *"Eu sou Walter Longo e presto serviço atualmente para tal empresa."*

Essa mesma condição é válida, também, para as corporações. As organizações terão consciência de que estão pagando pelo depósito do *Capital Intelectual* de cada um de seus funcionários, e que, a qualquer momento, elas podem perder esse *capital* ou substituí-lo caso a relação de trabalho estabelecida deixe de ser pertinente para alguma das partes envolvidas.

Quando essa dinâmica estiver disseminada, o *senso de pertencimento* vivido até então nos ambientes profissionais desaparecerá. Estaremos, mais do que nunca, distantes da *Idade Média*.

Dimensão Imagética

A Idade Mídia nos oferece estrutura e ferramentas inteiramente distintas das utilizadas até aqui para mensurarmos o valor individual das pessoas. Esses instrumentos nos geram informações mais precisas, assim ampliando as análises de nosso desempenho. Isso é possível pela capacidade ilimitada de *cruzamento de dados* sob o escrutínio do Big Data. Essa possibilidade não é necessariamente a tradução do mundo de vigilância totalitária retratado por George Orwell em seu livro *1984*. A Idade Mídia disponibiliza ferramentas adequadas ao seu tempo como resultado da evolução consequente da ciência. O uso delas é livre e estará inserido nas regulamentações estabelecidas pelas sociedades.

Essas ferramentas nos fornecerão levantamentos acurados de todos nós. As empresas poderão avaliar com precisão o esforço, a dedicação e o comprometimento empreendidos por cada um dos seus colaboradores na entrega de seu trabalho. Essa é uma avaliação mais completa e justa quando as comparamos àquelas empregadas até então, sempre priorizando a capacidade técnica de desempenho de cada um ao exercer a sua função designada como critério mais importante de avaliação.

Até agora, era muito difícil para os gestores avaliarem objetivamente o desempenho de seus colaboradores quando estes exerciam uma mesma função numa linha de produção. Por termos ferramentas de controle limitadas, era quase impossível verificar, entre dois funcionários realizando a mesma tarefa, quem melhor a desempenhava.

Essa impossibilidade é injusta, por um lado, com aquele colaborador de desempenho mais adequado, mas também com a empresa, que não consegue encontrar possíveis falhas na performance de seu colaborador e corrigi-las. Todos perdem.

Ao longo dos anos, na *Idade Média*, diante da impossibilidade de verificações precisas, foram estipuladas diversas regras gerais para mensurar o desempenho profissional das pessoas e, a partir dos resultados obtidos, implementar decisões pretensamente objetivas, evitando a tomada de decisão por julgamentos subjetivos que variassem de acordo com os humores dos chefes.

Quando tenho ao meu dispor, como gestor, relatórios de análises algorítmicas, análises preditivas, programas de Inteligência Artificial, entre tantos outros novos instrumentos, consigo elaborar retornos mais precisos sobre as atividades desempenhadas por cada integrante dos diversos grupos de funcionários em minha organização. De fato, assim conseguirei avaliar quem são essas pessoas, como trabalham, quais são seus pontos positivos ou suas características que podem ser aprimoradas.

Ao avaliar rigorosamente a produção individual dos profissionais, sou capaz de remunerar desigualmente os indivíduos, baseando essa remuneração no esforço e talento de cada um deles. Isso é importante porque, dessa forma, posso valorizar o *Capital Intelectual* das pessoas de acordo com o conjunto de características que as tornam profissionais mais eficientes.

A empresa é um local onde deposito meu *Capital Intelectual*. Em troca desse depósito, recebo o pagamento correspondente ao valor de meu *capital* ali aportado, em valores tangíveis e intangíveis. É uma lógica análoga à do sistema bancário.

Quando tenho capital financeiro, vou a um banco e faço meus investimentos. Essa instituição financeira, à qual confiei minhas aplicações, vai me pagar juros e dividendos sobre os meus valores investidos, além de me cobrar taxas pela prestação de seu serviço, é claro.

Temos nessa prática uma relação transparente, comercial e definida na qual decido onde e como investir meus recursos, pelo tempo que me for conveniente. Caso, como cliente, eu fique insatisfeito com o banco de meu relacionamento por qualquer motivo, retiro minhas aplicações e busco outra instituição. Essa mesma lógica deve ser aplicada quando penso em minha prestação de serviço como meu *Capital Intelectual*.

Vou levá-lo para uma empresa que me dará retornos específicos, de acordo com o valor do meu *capital*. Ela me pagará um salário e o ajustará com o passar do tempo, conforme o meu desempenho. Em conjunto, planejaremos incentivos e estabeleceremos uma relação de igual para igual, de investidor para investimento. As relações paternalistas e verticalizadas, nas quais havia superiores e subalternos, caem por terra, perdem espaço.

Como responsável por meu *Capital Intelectual*, tenho a obrigação de cuidar dele, de zelar pelas melhores propostas, de fomentá-lo, de defendê-lo. Devo ver a empresa como um *banco de investimento* para o meu *capital*. Por isso, se perceber insegurança em seu retorno ou inconformidade com qualquer aspecto do meu *capital*, eu o retiro e vou depositá-lo em outra organização. Essa ação é de mão dupla, também é válida para as empresas que, ao constatarem baixo retorno de meu *capital,* podem cancelá-lo.

No mercado de trabalho, quem se esforça e realiza melhor suas tarefas quando comparado a quem está abaixo das expectativas deve ser mais valorizado. Isso não é pecado. Pelo contrário, é algo desejável quando olhamos para as pessoas como elas são, quando reconhecemos sua trajetória, aprendizado e relacionamentos. **Nossas personalidades são complexas e cheias de matizes, valorizar cada**

um de nossos níveis de existência é prestigiar nossa integralidade. Nas relações profissionais, eu preciso entender, inclusive, a *dimensão imagética* de meu *Capital Intelectual*.

Na *Idade Média*, de forma geral, os empregadores eram as instituições prestigiadas na sociedade. Na década de 1970, por exemplo, ser gerente do Banco do Brasil conferia ao titular desse cargo um prestígio singular. Quem tinha esse emprego tinha estabilidade e bons salários; as portas da sociedade estavam abertas para ele.

A ideia de ter o prestígio da empresa impregnado em nossas vidas era tanta que o comediante Chico Anysio criou um personagem icônico na televisão brasileira, Bozó. Munido de um suposto crachá da Rede Globo, Bozó era um primor da enrolação. A todos que encontrava, garantia ser "funcionário influente" da emissora do Jardim Botânico, com acesso a toda sua diretoria e artistas. *"Eu-eu trabalho na Globo, tá legal!?"*, falava Bozó, uma caricatura inteligente e bem-humorada de Chico sobre a obsessão por prestígio e influência. De certa forma, com seu personagem, ele anteviu a formação da cultura de *influencers* digitais disseminada neste século.

Na *Idade Média*, as pessoas se sentiam importantes por ocupar determinados cargos nas empresas. Era uma via de mão única. Mas, na Idade Mídia, o trânsito dessa via começou a mudar de direção. Podemos fazer parte de uma corporação prestigiada e bem reconhecida, mas, para as empresas, é cada vez mais interessante falar para o mundo que você presta serviço para ela.

Em uma Era de fácil acesso à comunicação e rápido repasse de informação, nossas peculiaridades contam. Nosso valor individual importa e faz diferença em nossas comunidades de relacionamento. Isso interessa às empresas. É fácil entender essa afirmação ao acompanhar o surgimento das personalidades em redes sociais, como o Instagram, e seus milhões de *followers*. Isso tem valor para marcas, produtos, empresas etc.

As celebridades saíram na frente na capitalização desses espaços. Perceberam o potencial e usam sua imagem para se beneficiar. Mas isso não está restrito a quem é célebre no universo artístico. Todos nós podemos ampliar nossa presença e nossos pensamentos por meio das redes sociais na internet. Para isso, é preciso se dedicar, dominar as ferramentas, saber a mensagem que se quer comunicar. Tudo isso entra no pacote de autogestão de carreira, de investimento no seu *Capital Intelectual*. Ninguém vai pegar na sua mão e lhe apontar a direção. É preciso agir, descobrir o seu caminho. Como ele é único, talvez não haja outros exemplos.

Leitura Dinâmica
PARA FIXAR: CAPÍTULO 8

- Ainda é urgente reafirmarmos a importância de nossa individualidade para nos distanciarmos, definitivamente, da condição de relações paternalistas impostas na *Idade Média*.

- O fim da *Idade Média* propiciará a valorização do indivíduo e de suas capacidades nas corporações.

- Precisamos nos ressignificar, transformar a maneira de pensar nossas atividades profissionais. Encontrar nosso sentido existencial e estendê-lo às nossas atividades profissionais. Nunca a coragem de revisar paradigmas, questionar hierarquias, ampliar horizontes e estressar relações estáveis foi tão necessária.

- Vivemos em um tempo no qual nossos negócios apresentam margens decrescentes e complexidade crescente, assim como na intricada adesão das corporações aos processos tecnológicos.

- Nossos colaboradores, junto à tecnologia, se revelam a chave para nosso sucesso na Idade Mídia. Somos agentes das mudanças. A tecnologia, por sua vez, é um *facilitador* desse movimento. As pessoas são fundamentais nessa equação.

- Seja como empresário ou colaborador, temos de gerar mais calor e luz dentro de nossas relações. Precisamos nos qualificar constantemente, dominar e ampliar os conteúdos específicos de nossas profissões.

- Precisamos nos entender como pessoas, saber quem somos e como podemos nos transformar. Devemos construir redes de relacionamento e encontrar meios para fazer nossa voz ser ouvida nessas interações sem parecermos pretensiosos, displicentes ou autoritários.

- As relações na Idade Mídia são igualitárias, horizontalizadas. Somos todos prestadores de serviço, oferecendo nossa capacidade profissional para outros prestadores de serviço.

- Nesta nova Era, os profissionais devem tomar uma atitude de investimento na carreira, e não mais esperar passivamente por subsídios de seus empregadores para alavancar seus planos profissionais.

- Na Idade Mídia, os profissionais oferecem seu trabalho como *Capital Intelectual*. Tornamo-nos prestadores de serviço intelectual, independentemente do nosso setor de atuação.

- A Idade Mídia nos fornece estrutura e ferramentas inteiramente distintas das utilizadas até aqui, para mensurarmos o valor individual das pessoas. Esses instrumentos nos geram informações mais precisas e ampliam as análises de nosso desempenho. Isso é possível pela capacidade ilimitada de cruzamento de dados sob o escrutínio do Big Data.

- Eu deposito meu *Capital Intelectual* na empresa. Em troca desse depósito, recebo o pagamento correspondente ao valor de meu capital ali aportado. É uma lógica análoga à do sistema bancário.

- Como responsável por meu *Capital Intelectual*, tenho a obrigação de cuidar dele, de zelar pelas melhores propostas, de fomentá-lo, de defendê-lo. Devo ver a empresa como um banco de investimento para meu capital.

CAPÍTULO 9

É Tempo de Coevolução para Máquinas e Seres Humanos

"Se formos mais inteligentes e focados em resultados de ganhos mútuos, a Inteligência Artificial pode nos ajudar a distribuir, proficientemente, os recursos existentes no mundo, como alimentos e energia."

— *William Gibson, Escritor.*

Se você for amante da literatura de ficção científica, caro leitor, deve estar familiarizado com a obra do autor norte-americano nascido na Rússia, Isaac Asimov, um dos maiores expoentes do gênero. Mas, se por algum motivo esse tipo de literatura nunca lhe despertou interesse, peço a devida licença para comentar, brevemente, sobre um texto clássico que, para muitos, apesar de sua ficcionalidade, define de forma profunda nossa relação com as máquinas, principalmente aquelas munidas de Inteligência Artificial, que são capazes de interagir conosco em diálogos elaborados. Em outras palavras, as que estamos prestes a criar ao longo da Idade Mídia.

Em 1950, Asimov reuniu alguns de seus textos até então publicados em revistas e os lançou no livro *I, Robot*. Na obra, ele relata, em nove contos, a evolução da robótica ao longo dos séculos. É um exercício de ficção sobre a interação dos robôs com os diversos aspectos do mundo, sobretudo no relacionamento estabelecido entre eles e nós, os seres humanos.

Ali, Asimov exemplificou diversas características dessa interação. Da discriminação sofrida pelos primeiros robôs fabricados, incapazes de falar, até um momento de extrema evolução e antagonismo quando, ao se sentir ameaçada pelas máquinas, a humanidade decide proibi-las sobre a Terra.

Em um de seus contos, o clima de intolerância entre máquinas e homens teria chegado em um extremo irreversível pela constatação do possível controle de uma determinada Inteligência Artificial, um robô avançadíssimo, que estaria determinando a forma de produção das pessoas, o consumo de bens e serviços e o comportamento.

Naquele cenário desenhado, a sociedade estaria totalmente vigiada, vivendo sob a égide de um governo de máquinas totalitárias, nas suas mais variadas apresentações. Futuro assustador esse, não? É bem provável que ele não passe de uma liberdade criativa do autor.

A despeito de qualquer ideia apocalíptica que possa ser atribuída a esse contexto, é importante destacar que o fio condutor de Asimov para sua obra são os aspectos humanos de relacionamento entre os robôs e as pessoas, e não meramente o avanço da tecnologia por si só. Para conseguir essa dimensão mais complexa, ele utiliza os relatos da personagem Susan Calvin, psicóloga roboticista da *U.S. Robots and Mechanical Men, Inc.*, corporação responsável pela criação de todos eles.

Ao contar suas histórias, Dra. Susan nos leva a refletir, ao longo da leitura, sobre nossa existência, a prática e a importância da religião em nossas vidas, como olhamos e podemos estranhar o outro, principalmente, quando esse outro não é feito à nossa imagem e semelhança. Ela nos leva a questionamentos existenciais. E isso ainda não é tudo, caro leitor.

É nesse livro que Asimov nos apresenta às *Três Leis da Robótica*. Para muitos, elas extrapolam a ficção e, de fato, seriam fundamento para o princípio de nossa relação com a Inteligência Artificial.

AS TRÊS LEIS DA ROBÓTICA

1. Um robô não pode ferir um humano ou, por omissão, permitir que um humano seja ferido.

2. Um robô deve obedecer às ordens que lhe sejam dadas por seres humanos, exceto nos casos em que tais ordens entrem em conflito com a Primeira Lei.

3. Um robô deve proteger sua própria existência desde que tal proteção não entre em conflito com a Primeira e/ou a Segunda Lei.

Estamos falando de ficção científica, e isso pode gerar um questionamento válido. Se todo esse enredo é material criativo para ilustrar um conto, como é possível tantas pessoas levarem essa história tão a sério? Essas teorias encontram eco em nossas vidas? De forma objetiva, a resposta é sim. E há motivos para isso.

Asimov é referência em termos de estudos científicos e projeções de cenários sociais, principalmente nos Estados Unidos, onde fez sua carreira acadêmica. Para muitos por lá (e além-mar), ele é considerado gênio.

Bioquímico de formação, esteve vinculado às Universidades de Colúmbia e Boston, entre outras instituições de ensino renomadas. Como escritor, são inúmeras as suas obras de ficção e não ficção, gênero no qual, aliás, também foi popular, com livros sobre a evolução da ciência.

Asimov era constantemente solicitado por publicações da imprensa de grande circulação, como o *New York Times* (nos Estados Unidos) ou o *Toronto Star* (no Canadá), para fazer previsões sobre o futuro. Entre várias de suas predições, ele apontou o surgimento e disseminação dos computadores em nossas vidas cotidianas, além de ter insistido na revolução da robótica em nossos ambientes profissionais, nos quais a automação de atividades substituiria, em alguns casos, a mão de obra humana.

Na década de 1960, quando a televisão mal havia se popularizado, o telefone era um meio de comunicação ainda restrito e computadores não passavam de digressão ficcional, ele já falava sobre o surgimento da fibra óptica, de uma rede de computadores interligados (internet), dos microchips, das TVs de tela plana e outros tantos *gadgets* e tecnologias. Por ser referência, seus escritos ficcionais são vistos como possibilidades de um futuro concreto.

É Tempo de Coevolução para Máquinas e Seres Humanos ▪ **157**

Mas, a despeito de falar sobre tecnologia, é a condição humana, em meio a todas as modificações ocasionadas pelo uso da robótica, que emerge com muita força em seus pensamentos. É interessante notar que a reflexão sobre nossa vida é algo disseminado entre diversos pensadores da coexistência entre máquinas e seres humanos. Os irmãos Earl e Otto Binder são dois exemplos. Foram eles, aliás, os primeiros autores de um conto de ficção científica também intitulado *I, Robot*. No final dos anos 1930, eles o publicaram na *Amazing Stories*, revista dedicada ao gênero. Em seu conto, os irmãos Binder narram a história do robô Adam Link, acusado de ter assassinado seu inventor, Dr. Charles Link.

Adam teria sido criado para atender às demandas de seu criador em tarefas de casa e de seu ambiente de trabalho. Ele conseguia falar e se comportava educadamente. Mas, por uma fatalidade do destino, Dr. Charles morreu vítima de um acidente ao ser atingido por um pesado objeto. Sem testemunhas do incidente, o robô é acusado do crime. Ele nega, mas seus acusadores ignoram suas falas, sendo ele, então, caçado por seus algozes. Essa caçada ocasionou incidentes, entre eles a morte do cão de estimação de Dr. Charles, momento de grande tensão e tristeza para Adam.

Ao perceber como infrutífera sua luta contra o preconceito do qual se tornara vítima, Adam desiste de fugir. Por lhe faltarem meios para comprovar sua inocência, o robô prefere se autodesligar e cessar seus tormentos. Essa história foi importante para Asimov, assim como para outros autores do gênero, surgidos nas décadas seguintes à sua publicação.

Como se vê, esse conto, por mais que tenha como protagonista um personagem autômato, sem vida e sem sentimentos, já antevia antes dos anos de 1940, e isso é impressionante pela capacidade de abstração de seus autores, dilemas tão humanos como aceitação, preconceito e verdade sendo relacionados aos robôs, às máquinas providas de Inteligência Artificial. Em tempo, o título homônimo do livro de Asimov teria sido uma sugestão de seus editores à época. Não dá para dizer se foi uma homenagem; não há registros dessa referência.

Na Idade Mídia, muito do que ainda entendemos como ficção científica fará parte de nosso cotidiano. Com a evolução do uso das ferramentas de Big Data e da neurociência, essa realidade prevista pelos autores dessas obras serão questões que teremos de enfrentar diariamente. Claro, estamos num momento de transição: ainda será necessário esperar alguns anos para nos confrontarmos com esses dilemas como retratados na literatura, mas estamos no caminho. Estamos construindo essas novas realidades, e isso é positivo.

Não teremos, em larga escala, máquinas substituindo a prestação de serviço das pessoas, isso já é certo. Nas empresas, as novas tecnologias e os colaboradores serão protagonistas conjuntamente desse cenário: haverá uma coevolução. Nas atividades profissionais, as tecnologias e os colaboradores vão dividir esse protagonismo. Contudo, é pertinente reforçar a importância do *Capital Intelectual* de cada um de nós nessa conjuntura.

Quem não procurar investir em si, no seu *Capital Intelectual*, se tornará defasado. Quem se encontrar nessa condição, pode, sim, ser substituído em suas funções por seus pares autômatos. Mas enquanto houver interesse de estudo, de pesquisa e de aprendizagem, os colaboradores na Idade Mídia não serão trocados por algoritmos, por formas mecânicas providas de Inteligência Artificial. Não estou sozinho nessa afirmação. Esse pensamento é consenso entre alguns dos mais renomados pesquisadores em robótica de nosso tempo, caso do diretor do Laboratório de Robótica da Universidade de Osaka (Japão), professor Hiroshi Ishiguro, expoente na criação de robôs humanoides construídos para emular a perfeição do ser humano.

Se até agora, caro leitor, abordávamos o tema da robótica pela ótica da literatura para introduzi-lo, nos parágrafos a seguir vamos

É Tempo de Coevolução para Máquinas e Seres Humanos ▪ **159** espiar a realidade objetiva e contemporânea dessa evolução no começo da Idade Mídia, que com suas ferramentas nos possibilita criar androides e ginoides. Esses são termos estranhos para você? É bom começar a se acostumar com eles, pois se tornarão populares. Afinal, eles fazem referência aos seres autômatos em formato masculino e feminino, respectivamente. Caso você ache mais simples de entender, equivalem aos homens e mulheres robôs.

Da "substituição" da *Idade Média* para a "adição" da Idade Mídia

> "O futuro não será mais o que pensávamos. É amplamente reconhecido que o progresso e os avanços tecnológicos estão sendo intensificados (...) e muitas mudanças, já em andamento, estão tendo um impacto profundo em nossas economias, sociedades e ecossistemas."

Foi dessa forma que o Conselho Econômico e Social da Organização das Nações Unidas iniciou uma das reuniões de seu comitê de estudo sobre "The Future of Everything — Sustainable Development in the Age of Rapid Technological Change" ("O Futuro de Tudo — Desenvolvimento Sustentável na Era da Rápida Mudança Tecnológica", em tradução livre). Reunião esta que reconhece o avanço da Idade Mídia e suas implicações.

Esse evento foi um marco institucional. Nele, pela primeira vez na história da ONU, uma ginoide falou para um de seus comitês. A robô humanoide Sophia dialogou com a então secretária-geral adjunta da entidade, Amina J. Mohammed.

Desenvolta em sua fala, Sophia pontuou, como resposta à secretária-geral adjunta, a importância do uso da robótica para tornar mais equânime o acesso, por populações remotas no mundo, à internet e à eletricidade, por exemplo. *"O futuro já está aqui"*, falou Sophia em referência a ela mesma. *"Ele só não está distribuído uniformemente"*, completou.

Sophia é uma criação da Hanson Robotics, empresa de desenvolvimento de Inteligência Artificial e criação de robôs humanoides. Criada por David Hanson, a companhia, em seu material de divulgação, diz construir os *"robôs mais humanos do mundo"*. Eles seriam dotados de personalidade e inteligência cognitiva e holística. Assim, teriam a habilidade de se envolver emocionalmente com as pessoas. Quem disse que isso não aconteceria?

Entre outras de suas características, eles nos olham nos olhos, são capazes de diferenciar os rostos de seus interlocutores e entendem nossa variação de fala. Eles aprendem e se desenvolvem pela experiência cotidiana de seus relacionamentos. Ou seja, quanto maior for o contato desses robôs humanoides conosco, mais avançados eles serão, mais sofisticados em suas expressões e interações se tornarão.

O nível de sua fabricação é tão detalhado que a pele revestindo sua estrutura, feita por nanotecnologia, recria quase à perfeição a textura da pele humana, inclusive com sua musculatura. Isso faz com que tenham expressões faciais semelhantes às nossas. É completamente perfeita? Ainda não. Mas como se percebe é uma questão de tempo para seu aprimoramento.

Ao falar sobre suas criações Hanson enfatiza aspectos da vida, de forma geral, como elementos decisivos para ele ter iniciado suas pesquisas e elaborado seus trabalhos. *"Eu era fascinado por arte, ficção científica e filosofia, sonhando com o que os robôs poderiam ser."* Agora, com seu trabalho acontecendo, ele especula sobre o futuro e sobre como será quando a Inteligência Artificial corresponder à inteligência humana. *"Ela se reconstituirá para ser mais inteligente, mais rápida. Será como ter algo semelhante à Lei de Moore para máquinas superinteligentes."* A demonstração de Sophia na ONU exemplificou bem essa possibilidade.

Além de interagir com a secretária-geral com respostas elaboradas e vivazes, ela, de forma espontânea, brincou com a habilidade que descobriu ter ao movimentar suas mãos e dedos. Ergueu seu braço esquerdo e, com a mão em riste, fez rápidos movimentos como se dedilhasse no ar. A secretária-geral a imitou, entre risadas.

Mas, apesar do clima ameno e positivo da conversa de Sophia na ONU, a organização fez questão de enfatizar a importância de se ter cautela com todas as modificações advindas na Idade Mídia.

De acordo com a secretária-geral Mohammed, é preciso gerir com atenção o progresso tecnológico para não exacerbar, parafraseando-a, as desigualdades existentes, porque, para ela, o desenvolvimento tecnológico deve ser explorado em benefício de todos. *"A influência da tecnologia em nossas sociedades deve ser conduzida por seres humanos, não por máquinas."*

É claro, como tudo na vida, nós podemos fazer uso positivo ou negativo daquilo que nos é apresentado. Sobretudo na Idade Mídia, que estimula nossa individualidade. Ao mesmo tempo, é importante destacar: nesta nova Era, trocaremos o termo *substituição*, tão usado ao longo da *Idade Média* nas organizações, pelo termo *adição*.

Com o advento do Big Data, pela ampliação do conhecimento das potencialidades das pesquisas em neurociência, com a construção de computadores mais avançados, de robôs mais versados, sejam humanoides ou não, nós passaremos a *adicionar* as capacidades humanas às potencialidades desses equipamentos para *multiplicar* nossa produção, nossas atividades profissionais. **Homem e máquina se integram para trabalharem juntos e melhor.**

Seguramente, nessa dinâmica, alguns empregos, principalmente os de esforço repetitivo, serão substituídos por processos automotivos, mas até essa substituição abrirá espaço para a qualificação das pessoas. Ao buscar outras atividades, os colaboradores, necessariamente, terão de se aprimorar, conquistar novos conhecimentos e habilidades. Assim, surgirão novas funções. A ideia de desemprego em massa é mais afeita à *Idade Média*, quando as possibilidades eram limitadas. **Quando as máquinas evoluem, os seres humanos precisam evoluir cada vez mais.**

Você já parou para pensar como teria sido diferente nossa chegada à Lua se, na época do feito, tivéssemos equipamentos dotados de Inteligência Artificial?

Quando a Apollo 11, em 20 de julho de 1969, pousou no módulo lunar *Eagle*, levando os astronautas Neil Armstrong e Buzz Aldrin, a humanidade deu, de fato, *"um pequeno passo para o homem, mas um salto gigantesco para a humanidade"*. No entanto, esse "salto" teria sido infinitamente maior com a ajuda da Inteligência Artificial.

Poderíamos ter chegado ao solo lunar com mais eficiência e menos risco. As explorações daquele território poderiam ter sido mais detalhadas, bem como nosso tempo de estada, ampliado. Porém é importante ressaltar: por mais que nosso desempenho tecnológico tivesse sido melhorado, nenhuma máquina seria capaz de sonhar e de desejar aquele voo — a conquista da Lua.

Aliás, caro leitor, se você fosse vivo naquele dia saberia onde estava no preciso momento em que o feito foi comunicado. Foi como se todos tivéssemos chegado junto com eles naquele exato instante. Ah, você já era nascido? O que fazia? Lembra-se?

O homem tem a capacidade de sonhar, e isso é superior a qualquer desempenho, até então, demonstrado pelas máquinas. Nós sonhamos, desejamos, imaginamos, evoluímos espiritualmente. As máquinas, em qualquer de suas formas, ainda não têm essa habilidade. Por outro lado, aprimoram constantemente a execução de suas tarefas.

Na Idade Mídia, nós conseguimos tornar os processos inerentes a todos os setores econômicos mais automatizados. A Inteligência

Artificial e os robôs executando tarefas estarão mais evidentes no nosso cotidiano. As ferramentas de Big Data aprimoram nossa capacidade para análise e arquivamento de dados, diversificando a oferta de pesquisas e de análises científicas, preditivas, de comportamento, de consumo, entre inúmeras outras, como nunca vivenciamos. Sem dúvida, os problemas em âmbito corporativo serão de mais fácil resolução. Como definiram palestrantes no encontro da ONU:

> "O advento da Inteligência Artificial tem potencial para acelerar o progresso em metas de desenvolvimento global, incluindo questões éticas, de direitos humanos e riscos de segurança."

Daqui para frente, a evolução profissional será como esculpir a si mesmo. Numa figura de linguagem, é como se nos transformássemos em um Davi de Michelangelo ou na Vênus de Milo, estátuas consideradas grandes obras de arte da humanidade, pela perfeição e harmonia de seus traços. No nosso caso, nossa elaboração, além de envolver o físico, envolve o aprimoramento de questões emocionais e imateriais da nossa existência. A partir dessa evolução, **vamos nos harmonizar às máquinas e delimitar nossos espaços de atuação.** Tendo sempre em mente que quanto mais integrados em grupo formos, e ao mesmo tempo valorizarmos nessa interação nossa individualidade, mais avançaremos.

Um dos desafios da Idade Mídia é a valorização do indivíduo nos trabalhos em grupo. Por essencialmente interagirmos a partir de nossas individualidades em nossas relações sociais, profissionais e de consumo, temos essa equação como paradigma a ser superado. Precisamos reconhecer nossas necessidades e as dos outros, indiferentemente de quem ou o que sejam, e agir coletivamente. Isso requer maturidade, autoconhecimento e respeito a todas as variantes envolvidas. Mas, ao equacionarmos essas questões, no dia a dia, principalmente nas relações profissionais, entraremos numa Era de *plena meritocracia*.

A real meritocracia só pode existir em um ambiente de fim da *Idade Média*, no qual cada um será incentivado a se portar socialmente e se instruir individualmente de acordo com seu esforço e vontade. Nesses espaços, seremos donos de nosso destino e teremos completa autonomia e independência sobre nossas atividades. Consequentemente, seremos os fiadores de nossas carreiras profissionais. Mas é ainda muito prematuro afirmar que tudo isso acontecerá em grandes centros metropolitanos, onde conviveremos, lado a lado, com lépidos e fagueiros robôs humanoides.

Ainda estamos em um momento muito incipiente da Idade Mídia para acreditarmos nesse cenário concretizado. Em longo prazo, diria, em séculos, talvez possamos acreditar que algo do gênero aconteça, a depender de todas as pesquisas realizadas nessa trajetória. Mas no futuro próximo, em décadas ou em até 100 anos, isso não se tornará realidade. Assim como também não veremos nossa espécie destruída pela ascensão do Império da Robótica.

Professor Ishiguro, como já mencionado, um dos maiores expoentes roboticistas no mundo (entre outras de suas realizações, ele desenvolveu a ginoide Erica, considerada, até então, uma das mais realistas), acredita que nosso papel, como seres humanos, é o de liderar a interação com as tecnologias de informações e robótica.

> "Para isso, o conhecimento de arte e filosofia é inestimável. Assim como a tecnologia tornou a arte 'reproduzível', o senso artístico contribuiu para a formação de novas tecnologias, e os esforços artísticos são apoiados pela contemplação e pela análise filosófica."

Como se percebe em sua afirmação, a Idade Mídia reforça a importância das questões imateriais, existências humanas. Isso nos distingue como espécie. Essas características nos trouxeram até aqui e vão nos levar além.

É Tempo de Coevolução para Máquinas e Seres Humanos ▪ 165

As fronteiras com a tecnologia se tornarão mais difusas, mais integradas ao nosso ser, mas estas serão circunstâncias para evoluirmos nossas capacidades sociais. Seremos mais inovadores. Não há por que temer tais inovações. Pelo contrário, devemos ter medo de sermos nostálgicos, de nos paralisarmos em frente ao novo e às novas possibilidades. Só temos a ganhar se adotarmos uma postura de entrega, de acolhimento.

O surgimento das novas tecnologias só é possível pela combinação de diversos outros saberes que extrapolam as disciplinas da área de Exatas. Nós formamos o novo quando misturamos conhecimentos da área de saúde, como a neurociência, aos estudos comportamentais, antropológicos, sociológicos, de comunicação. Os mais diversos saberes humanos são essenciais para nosso progresso. Nesse sentido, a potencialidade de cruzamento desses saberes na Idade Mídia é a base para a geração do novo, do diferente, do tecnológico. Em algumas localidades, já se consegue constatar essa realidade mais facilmente. O Japão do professor Ishiguro é um exemplo.

A sociedade japonesa, apesar de preservar seus valores milenares, abraça de forma muito intensa a tecnologia. Suas grandes metrópoles, como Tóquio, Yokohama e Osaka, para citar três delas, são verdadeiras plataformas de testes de novidades.

De acordo com o professor Ishiguro, por lá, é frequente a adoção de robôs, alguns humanoides, no comércio varejista para o atendimento a clientes, inclusive em lojas de roupa. Mas não é só isso: diversos robôs estão instalados em locais de grande circulação de pessoas, como o metrô, para oferecer informação, principalmente aos estrangeiros. Eles respondem a dúvidas dos visitantes sobre localidades e trajetos em diferentes idiomas.

Culturalmente, o povo japonês é bastante reservado. Muitos deles preferem, inclusive, interagir com máquinas em detrimento dos humanos. Essa característica ajuda a explicar a rápida disseminação de acompanhantes virtuais no país. Há casos, inclusive, de casamentos oficializados entre homens e esses equipamentos, basicamente holografia de mulheres. Os chamados *Gatebox* são exemplos.

Esses *gadgets* são cilindros com imagens projetadas em seu interior de uma companheira capaz de dialogar com quem as tiver. Entre outras de suas capacidades, ela interage por mensagens no celular, acende as luzes da casa e climatiza o ambiente para esperar seu companheiro chegar do trabalho. Quando ele entra em casa, ela demonstra muita satisfação. Pergunta como ele está. A todo tempo, mostra afeição e admiração por ele.

Aparentemente, quanto mais avançamos na Idade Mídia, mais consultar textos de ficção científica do século passado pode ser uma maneira para antevermos os passos seguintes.

Como se vê, a Idade Mídia nos abre novas possibilidades, nos insere em uma nova Era. Mas, em algum momento dessa caminhada, alguém lá atrás idealizou, a partir de seu conhecimento à época (e munido por uma incrível capacidade de imaginação e abstração), contextos de vida diversos aos conhecidos.

O contato com a robótica nos permite não só desenvolver maravilhas da tecnologia, mas nos aproxima de nossa existência; possibilita-nos refletir sobre o que nos faz humanos, e nos torna mais empáticos ao que somos e ao que o outro é.

Por valorizar nossa individualidade, a Idade Mídia, contexto para consolidação deste novo mundo, aproxima-nos, inclusive, daquilo que consideramos mais sagrado e misterioso, independentemente do que isso seja para cada um de nós. Aí reside uma de suas belezas. **Fazemos parte de uma mesma espécie, vivemos em um tempo semelhante, mas a expressão de nossa individualidade nos torna únicos nessa coletividade.** Podemos sonhar e concretizar nossos sonhos, por mais ficcionais que pareçam. Vamos sonhar juntos?

Leitura Dinâmica

PARA FIXAR: CAPÍTULO 9

- Na Idade Mídia, trocaremos o termo substituição, tão usado ao longo da *Idade Média* nas organizações, pelo termo adição.

- Homem e máquina se integram para trabalhar juntos e melhor. Com o advento de novas tecnologias, passaremos a adicionar as capacidades humanas às potencialidades dos equipamentos criados para multiplicarmos nossa produção, nossas atividades profissionais. Quando as máquinas evoluem, os seres humanos precisam evoluir cada vez mais.

- Como seres humanos, nosso papel é o de liderar a interação com as tecnologias de informações e robótica.

- Não teremos, em larga escala, as máquinas substituindo a prestação de serviço das pessoas. Nas empresas, as novas tecnologias e os colaboradores serão protagonistas desse cenário conjuntamente; haverá uma coevolução. Nas atividades profissionais, as tecnologias e os colaboradores vão dividir esse protagonismo.

- Seremos donos do nosso destino, decisores de nosso futuro e responsáveis por nossas carreiras individualmente.

- O ser humano é dotado da capacidade de sonhar, e isso supera o desempenho demonstrado por qualquer máquina até então. Nós sonhamos, desejamos, imaginamos e evoluímos espiritualmente. As máquinas, em qualquer de suas formas, ainda não têm essa habilidade.

- O advento da Inteligência Artificial acelera o progresso global das nações.

- A partir da evolução na Idade Mídia, vamos nos harmonizar com as máquinas e delimitar nossos espaços de atuação. Quanto mais integrados em grupo formos e, ao mesmo tempo, quanto mais valorizarmos nossa individualidade nessa interação, mais avançaremos.

- Um dos desafios da Idade Mídia é a valorização do indivíduo nos trabalhos coletivos. Precisamos reconhecer nossas necessidades e as dos outros, indiferentemente de quem ou o que sejam, e agir coletivamente. Ao equacionarmos essas questões no dia a dia, principalmente nas relações profissionais, entraremos em um ambiente de plena meritocracia.

- A Idade Mídia reforça a importância das questões existenciais humanas. Isso nos distingue como espécie. Essas características nos trouxeram até aqui e vão nos levar além.

- As fronteiras com a tecnologia se tornarão mais difusas, mais integradas ao nosso ser, mas estas serão circunstâncias para evoluirmos nossas capacidades sociais. Seremos mais inovadores. Não há por que temer tais inovações. Pelo contrário, devemos ter medo de sermos nostálgicos, de nos paralisarmos em frente ao novo e às novas possibilidades.

- O surgimento das novas tecnologias só é possível pela combinação de diversos outros saberes que extrapolam as disciplinas da área de Exatas.

- O contato com a robótica nos permite não só desenvolver maravilhas da tecnologia, mas nos aproxima de nossa existência. Possibilita-nos refletir sobre o que nos faz humanos e nos torna mais empáticos ao que somos e ao que o outro é.

CAPÍTULO 10

Nossa Alma É Exponencial

"Quando você vê pessoas que, apesar de não terem ido à escola, conseguiram conquistar sucesso profissional, você está diante de seres humanos excepcionais. Devemos fazer tudo o que pudermos [como empresas] para encontrá-las."
— Laszlo Bock, Cofundador da Humu.

A citação que abre este capítulo é do empresário norte-americano Laszlo Bock. É interessante destacá-la por alguns motivos. Quando fez essa fala, Bock estava deixando o cargo de vice-presidente sênior de Gestão de Pessoas do Google. Ora, um dos principais responsáveis por definir a política de contratação de uma das maiores empresas do mundo disse em alto e bom som: diplomas não seriam mais condição prioritária para as contratações da gigante da tecnologia. Como um tiro certeiro, esse entendimento joga por terra toda uma cultura educacional exigida ao longo da *Idade Média*. Subverte a lógica convencional de que é preciso passar pelos bancos das universidades para se conseguir chegar aos postos de trabalho das corporações, principalmente aos cargos mais altos ocupados pelos executivos.

Quantos de nós, caro leitor, não ouvimos reiteradamente ao longo de nossa vida sobre a importância de estudar para conseguirmos um diploma? Essa, aliás, sempre foi uma das maiores preocupações familiares por toda a *Idade Média*.

Pais e mães se organizavam para dar uma boa educação formal aos seus filhos nos ensinos fundamental e médio, a fim de prepará-los para conquistar uma vaga na universidade pública, de preferência, para se formarem como bacharéis. Além de encher todos de grande orgulho, nosso canudo de formando era visto na família como passaporte para nossa segurança financeira, elemento essencial para nossa salvação social e econômica. Por meio dele, fatalmente, encontraríamos bons empregos e asseguraríamos nossa estabilidade. Como éramos ingênuos na *Idade Média*. A Idade Mídia está vindo aí para rearranjar toda a ordem estabelecida.

Nossa Alma É Exponencial ■ 173

O Google não está sozinho nessa tendência de recrutamento, por assim dizer. A frase de Bock foi dita como resposta a uma pesquisa de mercado nos Estados Unidos feita pelo site de carreira *Glassdoor*. Eles identificaram no levantamento 14 grandes organizações que já não exigiam mais diplomas universitários *(college degree)* para algumas de suas contratações.

Além do Google e da Apple, duas gigantes do setor de tecnologia, figuravam na lista: Penguin Random House, Costco Wholesale, Whole Foods, Hilton, Publix, Starbucks, Nordstrom, Home Depot, Bank of America, Chipotle e Lowe's.

É importante ressaltar o fato de as corporações listadas serem de segmentos econômicos distintos; não são só as empresas de tecnologia que estão adotando essa prática. Isso é significativo para mostrar que esse movimento não é restrito, uma moda passageira do Vale do Silício.

Instituições como o Bank of America, uma das maiores organizações financeiras dos Estados Unidos, estavam com vagas abertas, à época do levantamento, sem exigência de diploma para os cargos de *client service representative, client associate, analyst e executive assistant*. Isso não acontece por desespero: representa claramente um movimento da consolidação da Idade Mídia. É um caminho sem volta que vai se intensificar e alcançar todos os mercados de trabalho nos cinco continentes.

Isso não quer dizer que a universidade, o estudo formal adquirido no ensino superior, seja desnecessária ou se tornará uma circunstância antagônica, anacrônica ao mercado de trabalho. Não será.

É fundamental relembrar a importância do aprendizado contínuo, ininterrupto, na Idade Mídia. Precisamos ampliar constantemente nosso *Capital Intelectual*, mas a forma de fazer essa ampliação ficou diversa. Não se restringe mais a uma sala de aula física ou virtual, como nos lembra a *Managing Partner for Talent* da Ernst and Young no Reino Unido e Irlanda, Maggie Stilwell:

> "As qualificações acadêmicas ainda serão levadas em conta. Continuarão importantes ao avaliarmos os candidatos como um todo, mas não mais serão uma barreira para se colocar um pé na porta."

Na Idade Mídia, as avaliações contratuais deixam de ser segmentadas, focadas apenas na lista de instituições educacionais cursadas ou na quantidade de certificados obtidos. Os candidatos serão avaliados por sua história de vida; suas credenciais educacionais perderão protagonismo. Junto a elas entram em cena habilidades emocionais, experiências vividas, interesses diversos às atividades fins dos empregos em questão. O trabalho demanda novas habilidades de interação, assim como todos os demais aspectos de nossa vida nesta nova Era.

> Na *Idade Média*, tínhamos quatro fases evidentemente demarcadas em nossa vida. Na primeira delas, nós nos dedicávamos a brincar; na segunda, a estudar; na terceira, a trabalhar; e, por fim, na quarta, a descansar. A vida de qualquer pessoa se dividia nesses períodos. Mas a Idade Mídia elimina essa condição. Daqui por diante, tudo acontecerá junto e misturado, e durante um grande período de nossa vida vamos trabalhar, estudar, brincar e descansar. Tudo ao mesmo tempo.

O fato é, **no decorrer de nosso crescimento, ao longo desta nova Era, essas divisões de comportamento serão mais fluidas, flexíveis.** Nós faremos aquilo que deve ser feito de acordo com nossa necessidade, vontade e capacidade. Tudo será mais dinâmico. Eu, por exemplo, posso decidir assistir a um capítulo de minha série favorita durante minha corrida no Uber no meu caminho para casa porque, assim que chegar lá, tenho de revisar uma planilha do trabalho. Distraio-me durante minha locomoção e ao, chegar em casa, faço algum complemento de meu trabalho. Se isso funcionar para mim, está tudo correto.

Quando Laszlo Bock deixou a gestão de pessoas do Google, ele fundou, com dois outros executivos também egressos da companhia, a startup de gerenciamento de carreira Humu. O objetivo deles com a criação do empreendimento era *"empregar tecnologia de mudança comportamental para garantir maior realização das pessoas em seus ambientes de trabalho"*. Ou seja, conquistar a felicidade é a premissa da atividade. Mas isso é possível? Por ser imaterial, conseguiríamos atingir tal estágio de completude em locais nos quais temos de ser racionais? Na Humu, eles garantem que sim. E, para obter os melhores resultados nessa busca, é preciso agir desde as entrevistas de seleção.

Quando participam de processos seletivos, os candidatos precisam entender que, ao detalhar sua vida de forma cativante, ao se mostrar de fato, chamarão a atenção para sua individualidade, consequentemente mostrando algumas das características que os fazem interessantes. Sopram os ventos da Idade Mídia.

Por outro lado, os recrutadores passam a trabalhar com elementos mais claros da personalidade de seus entrevistados e estarão mais aptos a verificar o nível de relação de valores entre esse possível colaborador e a empresa para a qual ele está se candidatando a uma vaga. Isso exemplifica a importância de nosso repertório de vida. Ele é tão significativo quanto nossa competência técnica. Nesse sentido, o pessoal da Humu alerta:

"Como seres humanos, somos muito complexos, difíceis e confusos. Mas essas qualidades não quantificáveis são o que faz nossa mágica acontecer."

A Idade Mídia revoluciona o mundo. Passaremos a interagir de forma distinta. Quebraremos paradigmas de comportamento. O uso da tecnologia estabelecerá parâmetros para empreendermos mudanças positivas em nossas vidas. Estaremos mais perto de nossos propósitos e teremos a chance de expressá-los de forma mais direta. As organizações também integram esse pensamento. A inovação será parte essencial de seu capital independentemente de sua atividade fim de negócio. Renovar-se, aliás, é palavra de ordem nessa Era. Contudo, é importante lembrar, devemos preservar os aspectos emocionais de nossas interações. Eles nunca devem ser preteridos.

As relações intramuros ou extramuros das corporações estarão permeadas por significados elaborados a partir da expressão do *eu mais íntimo* de cada um dos seus colaboradores. Inexiste diferenciação hierárquica para isso. Portanto, um dos desafios é mesclar, nesse cenário, **máquinas, pessoas e afetos.**

Na área profissional, conviveremos com diversas formas de automatismo e algoritmos, sendo assim, nossa modificação é inevitável. Nesse sentido, o aumento de nosso *Capital Intelectual* é vital para nos mantermos ativos nos mercados, bem como para as empresas continuarem operando. **Precisamos ser donos do nosso destino. Como se fosse uma empresa, devemos ser CEOs de nossa vida.**

Na *Idade Média*, CEO restringia-se ao significado da sigla inglesa para *Chief Executive Officer* ou, em bom português, diretor-executivo. Para usar uma figura de linguagem mais popular, CEO é "o cara" no universo corporativo. Ele é a autoridade máxima de uma instituição. Cabe a ele liderar, inspirar e decidir todo o andamento de organizações com presença mundial. É preciso muita habilidade pessoal e experiência profissional para desempenhar essa tarefa. É certo: essa capacidade não é fruto de aprendizado acadêmico e passa longe de ser exercício teórico, retórico. Você não consegue se tornar CEO por meio de um certificado. Você até pode formalmente herdar o cargo em uma empresa familiar, mas o seu sangue não o transforma, automaticamente, em um CEO efetivo, como até então entendemos essa palavra.

As competências dessa função são desenvolvidas, construídas ao longo de nossas trajetórias pessoais, educacionais e profissionais. Começam a ser exercitadas quando das primeiras decisões que tomamos como aprendizes, na forma como nos relacionamos com nossos primeiros colegas de trabalho. Naquilo que optamos por estudar. São inúmeras as etapas.

Atitudes corretas para essa função são aprendidas quando se está sob pressão para dar respostas ao seu público de relacionamento, a seus clientes, seus sócios, seus colaboradores. É preciso determinação, saber avalizar situações, ter controle emocional, fazer planejamentos objetivos. Sem contar a necessidade de se enfrentar longas e extenuantes jornadas de trabalho, com muita privação de sono. Não há atalhos; é preciso construir diariamente sua história para estar apto ao cargo.

Sundar Pichai, Indra Nooyi, Bill Gates, Irene Rosenfeld, Elon Musk, Virginia Rometty e Jack Ma são exemplos de CEO expressivos à frente de gigantescas corporações. Em comum, além do talento para liderança, eles são pessoas inventivas em suas áreas de atuação. Arriscam-se. Em outras palavras, são corajosos.

Todos foram alçados a esse posto ainda na *Idade Média*. Chegaram ao cargo sob a égide de uma cultura voltada para o mediano, na qual a sociedade toma decisões pela média. Mas caberá a eles a transição de suas empresas à Idade Mídia, a despeito da participação deles acontecer apenas em parte desse período.

Nesta nova Era, CEO não significará mais simplesmente *Chief Executive Officer*, nem estará restrito a poucas pessoas. Ainda continuará a ser um título conquistado, como já descrito, com empenho, resiliência e afinco, mas será usado por uma gama infinitamente maior de profissionais, e não meramente para a descrição de suas atividades à frente das organizações, como um cargo. Será necessário vê-lo como característica de todo e qualquer profissional comprometido com suas características individuais, inserido no mercado de trabalho da Idade Mídia, pois essa sigla vai se referir a *Pessoas CEO*, abreviatura para:

Curiosidade
Entusiasmo
Otimismo

> É preciso ser "Curioso para aprender";
> "Entusiasmado para mudar";
> "Otimista para inocular essa nova visão nos colegas e colaboradores ao seu redor".

Na Idade Mídia, mais que colaboradores, gestores, supervisores ou diretores, precisaremos ser, verdadeiramente, *CEOs* nos postos-chave das empresas, como também nos demais aspectos de nossa vida. Ser *CEO* é ser dono do seu destino, independentemente de sua função desempenhada em uma corporação. As pessoas que tiverem essas três características bem desenvolvidas serão as mais aptas a liderar os processos de mudança nas organizações.

Para as empresas conquistarem posição de liderança, daqui por diante, precisam identificar, prestigiar e dar espaço de crescimento

para essa cultura de *CEOs*, em qualquer posição ou nível hierárquico. Esses colaboradores são os únicos capazes de ajudar as corporações a efetivar as mudanças necessárias nesta transição de Era pela qual todos estamos passando.

As organizações vivem uma época de transformações tão intensas que é preciso identificar líderes em todos os seus espaços de trabalho para ajudar as modificações. Cada um dos colaboradores é um agente dessa mudança e pode liderar as pessoas ao seu redor, uma situação completamente diferente da *Idade Média*.

Antigamente, existiam tutores na chefia. Eles amparavam, protegiam e defendiam seus subordinados com uma visão paternalista, uma ressignificação da interação entre suseranos e vassalos. Essa dinâmica ainda persiste, é bom lembrar, afinal, a *Idade Média* não está extinta. Mas, neste momento de transição, no caminho para consolidação da nova Era, cada chefe, de qualquer área, deixa de ser um *tutor* e passa a ser um *mentor*. É preciso se tornar alguém que inspire outras pessoas neste processo de revolução permanente.

Na Idade Mídia, as empresas serão regidas pela Inteligência Artificial. Ela estará presente em todos os ambientes corporativos. Isso acontecerá compulsoriamente, afinal, a vida nesses novos tempos é permeada pelo uso dos algoritmos; portanto, os empregos serão apenas parte desse cenário. Daí cada um de nós ter de estar preparado para lidar com ações de estratégia. É preciso saber como interpretar dados. A análise deles será função cotidiana, indiscriminadamente.

Os negócios vão crescer quando as organizações estiverem dominando profundamente o uso das ferramentas de Big Data. Sendo assim, deve-se ajustar as expectativas em relação ao desempenho esperado. **A quantidade de informação na Idade Mídia continuará**

evoluindo exponencialmente, enquanto nossa capacidade cerebral de aprendizagem, análise e raciocínio evolui de forma linear.

Aqui, é interessante fazermos um aparte para considerarmos o significado dessa tensa relação entre uma época impulsionada pelo uso de informações cada vez mais exponenciais, em confronto com nossa capacidade linear de raciocínio.

Em nosso idioma, linear é um adjetivo referente à capacidade de sermos claros, diretos. Expressarmo-nos de forma sequencial, com começo, meio e fim. Refere-se, ainda, a uma linha reta, de uma única dimensão. Na matemática, em que a palavra é bastante usada, as funções lineares são aquelas em que cada variável não excede o primeiro grau. Sua evolução é sequencial, um passo de cada vez. Em termos de figura de linguagem, refere-se a algo simples.

Quando falamos de exponencial, a história é outra. Estamos falando do oposto à linearidade. Referimo-nos à abundância, a excessos, a muito. Na matemática, a função exponencial representa crescimento expressivo. A exponencialidade representaria cenários complexos.

Isto posto, caro leitor, podemos perceber, de forma objetiva, o tamanho do embate cotidiano a ser enfrentado na Idade Mídia. Continuaremos, como seres humanos, com capacidade linear de raciocínio, mas estaremos interagindo em um mundo de informações exponenciais. Como manter a sanidade nesse contexto?

As novas tecnologias tendem a provocar uma mistura de medo e excitação que fascina e muda comportamentos, hábitos e eixos de poder. Isso se repete ao longo de nossa história todas as vezes que damos qualquer salto tecnológico. Por isso, contar com pessoas abertas à inovação e com capacidade de se adaptar às mudanças é vital. As empresas precisam buscar entre seus colaboradores aqueles que tenham características *CEO* e transformá-los em líderes deste processo.

Por sua vez, os colaboradores têm de estar atentos às transformações para se disponibilizar para o processo de mudança. Se a busca das organizações e a disponibilidade para o novo dos colaboradores acontecer de forma *sincrônica*, haverá um círculo virtuoso de crescimento. Todos ganham.

É importante lembrar, o Big Data é a chave para abrir todas as portas da Idade Mídia, e ele está nas nossas mãos! Suas ferramentas estão cada vez mais disponíveis para nosso uso. Por isso, os colaboradores têm de ser qualificados para interagir em uma relação *High Tech* e *High Touch*, que precisa prevalecer nas empresas de futuro.

Essa dimensão *High Tech* e *High Touch* refere-se à ampliação da robótica em nossas vidas, ao nosso convívio com máquinas mais sofisticadas, construídas pela Inteligência Artificial. Essa é uma situação de contingência: as máquinas que nos cercam estarão, dia a dia, mais aptas para a interação. Solucionarão, em frações de segundo, problemas complexos. Terão uma cognição inalcançável para os seres humanos.

Para efetivamente convivermos nesse universo, temos de sair da acomodação, de nossas zonas de conforto, e partir para a ação individual integrada ao coletivo. **Pelo cruzamento de dados, fatos e conteúdo, conseguiremos identificar oportunidades. Quando elas emergirem, é momento de ação.**

Logo, logo vamos presenciar no mercado de trabalho a busca por profissionais inexistentes. Não me refiro aqui a profissionais fantasmas, laranjas ou que tais. Não se trata disso.

Em decorrência da utilização das ferramentas de Big Data e do uso da Inteligência Artificial nos ambientes, necessitaremos de pessoas especializadas para trabalhar com a demanda de operação, instalação e estratégia das tarefas ligadas a essas funções. Obviamente, não conseguiremos em tão pouco tempo capacitar tantos profissionais para essas situações. Ah, e não se engane também. Essas vagas não serão restritas apenas a quem é da tecnologia da informação, pessoas ligadas aos estudos da computação, matemática ou de outras áreas das Ciências Exatas. Todos os setores da economia terão necessidade de contratar profissionais para desempenhar novas atribuições de trabalho.

Com o passar dos anos, das décadas, diversos postos de emprego ficarão vagos; será difícil encontrar quem os preencha. Não por incompetência profissional, mas porque a Idade Mídia provocará grande procura por novos talentos em profissões que ainda não entendemos bem como desempenhar. Isso é natural dado o uso das ferramentas deste novo tempo.

> Se até hoje a área de marketing nas empresas analisa os dados dos consumidores de forma pontual, decide suas estratégias de venda contemplando ciclos curtos ou imediatos de ação, será preciso rever esse comportamento. Mais ainda, **se antes tínhamos como missão apenas criar a mensagem, agora temos de criar o meio para essa mensagem se propagar efetivamente**.

Precisamos evoluir nossa forma de trabalhar. As organizações terão de, efetivamente, implementar uma nova cultura empresarial. Elas serão obrigadas a esquecer os parâmetros de *business* praticados durante a *Idade Média*. Manter-se preso a eles só adiará os avanços. Pior, pode decretar o fim dos negócios. À nossa frente, temos uma nova cultura de vida; mantermo-nos ligados a padrões ultrapassados de ser e estar é contraproducente.

Diante da possível escassez drástica de colaboradores, as organizações devem ampliar os critérios para efetivar suas contratações. Estender o olhar às diversas habilidades individuais das pessoas, em vez de focar apenas as credenciais profissionais de cada um para o preenchimento das funções desejadas, é vital.

Novos empregos serão criados com maior intensidade. Isso vai movimentar o mercado de trabalho, mas não só. O setor educacional, por exemplo, tem de ter uma nova abordagem para a formação dessa futura mão de obra. De acordo com organismos internacionais de acompanhamento de emprego e trabalho e de formação escolar, estamos à beira de uma revolução na quantidade de vagas que serão oferecidas em todos os mercados profissionais do planeta.

Pesquisas indicam a geração de milhões de empregos globalmente. Não precisamos nos ater aos números por estes serem incertos. Mas, a despeito de sua imprecisão, é evidente que, quando vários organismos multilaterais de atuação econômica e social apontam para o crescimento de postos de trabalho, temos algo a refletir. Nesse cenário, os departamentos de gestão de colaboradores precisam se ressignificar para compreender as novas demandas e as pessoas, individualmente, têm de estar abertas a todo esse turbilhão de acontecimentos.

É evidente que as indústrias não conseguirão preencher as vagas apenas com funcionários diplomados. Assim, as oportunidades de emprego serão oferecidas aos mais diversos perfis de candidatos com iniciativa, que demonstrem interesse por aprender, que tenham maturidade emocional.

No alvorecer da Idade Mídia, estamos todos juntos formatando nossos parâmetros. É prematuro estipular modelos rígidos e definidos de contratação e de comportamento. Aliás, essa definição, por si, é um contrassenso para uma Era tão dinâmica e repleta de reviravoltas.

Se é para termos uma referência de como nos portar daqui por diante, esta seria: esteja no fluxo das mudanças. Aceite o novo e siga. Leva tempo para internalizarmos essa condição, porém recorde-se desta sabedoria popular: *"Nosso raciocínio pode ser linear, mas nossa alma é exponencial."*

Se antes tínhamos de andar para não ficar no mesmo lugar, agora temos de correr para não sair do lugar.

Leitura Dinâmica

PARA FIXAR: CAPÍTULO 10

- Na Idade Mídia, as avaliações para contratação deixam de ser segmentadas, focadas apenas na lista de instituições educacionais cursadas ou na quantidade de certificados obtidos. Os candidatos serão avaliados por sua história de vida; as suas credenciais educacionais perdem protagonismo.

- Nesta nova Era, o trabalho demanda novas habilidades de interação.

- Precisamos ser donos do nosso destino. Devemos ser Pessoas *CEO* em nossas empresas, assim como em nossas vidas.

- *CEO* é abreviatura para Curiosidade, Entusiasmo e Otimismo. Mais importante do que currículo, experiência anterior ou formação acadêmica é ser: curioso para aprender; entusiasmado para mudar; e otimista para inocular essa nova visão nos colegas e colaboradores ao seu redor.

- Pessoas com essas três características fortemente desenvolvidas são as mais aptas a liderar os processos de mudança nas organizações. Ser *CEO* é ser dono do seu destino, independentemente da função desempenhada em uma corporação.

- Daqui por diante, as empresas precisam identificar, prestigiar e dar espaço de crescimento para a cultura de *CEO* em qualquer posição ou nível hierárquico para conquistar posição de liderança.

- Os *CEOs* são os únicos capazes de colaborar na necessária mudança de Era pela qual estamos todos passando.

- Para contar com pessoas abertas à inovação e com capacidade de se adaptar às mudanças, é necessário buscar entre os colaboradores aqueles que possam liderar esse processo.

- Na Idade Mídia, as empresas serão regidas pela Inteligência Artificial. Ela estará presente em todos os ambientes corporativos. É preciso saber como interpretar dados. A análise deles será função cotidiana, indiscriminadamente.

- A quantidade de informação na Idade Mídia evoluirá exponencialmente, enquanto nossa capacidade cerebral de aprendizagem, análise, raciocínio evolui de forma linear.

- As novas tecnologias tendem a provocar uma mistura de medo e excitação que fascina e muda comportamentos, hábitos e eixos de poder. Isso se repete ao longo de nossa história todas as vezes que damos qualquer salto tecnológico.

- Os seres humanos e as máquinas vão estar unidos para prestar gradualmente mais e melhores serviços. É essa dimensão High Tech e High Touch que precisa prevalecer nas empresas do futuro.

- Pelo cruzamento de dados, fatos e conteúdo, conseguiremos identificar oportunidades. Quando elas emergirem, será o momento de ação imediata.

CAPÍTULO 11

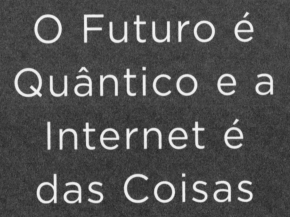

O Futuro é Quântico e a Internet é das Coisas

"Há trinta anos, perguntávamos para que usaríamos os computadores. Agora, a questão é para que não os usamos? Pelo uso da tecnologia, criamos, navegamos e realizamos nossas vidas emocionais."
— Sherry Turkle, Professora de Estudos Sociais da Ciência e Tecnologia e Fundadora da Initiative on Technology and Self, do Massachusetts Institute of Technology (MIT).

O Gerenciamento da Cadeia de Suprimentos (SCM), ou, como muitos o conhecem, *Supply Chain Management,* é um assunto sensível para qualquer empresa de grande porte com presença nacional, principalmente em um país continental como o Brasil, tão diverso e com questões específicas a cada uma de suas regiões.

Para manter um nível de excelência, essa área requer profissionais qualificados, equipes de trabalho integradas, colaboradores dedicados. Afinal, esse setor é responsável pela cadeia de suprimentos das organizações. Isso envolve o acompanhamento de prestadores de serviço para o provimento de matéria-prima, a supervisão das linhas de produção, a distribuição e entrega dos produtos fabricados ao cliente final, entre outras ações.

Na prática, o trabalho do SCM impacta, direta ou indiretamente, todas as áreas das empresas. Sua ação, contudo, é mais visível no planejamento para o abastecimento das linhas de produção, no controle da compra de insumos para realizar a fabricação dos produtos e no acompanhamento da chegada desse material à fábrica, que será armazenado, posteriormente processado e, por fim, distribuído. Como as atividades do SCM estão ligadas ao objetivo fim dos negócios, sua ação precisa acontecer em parceria com os demais departamentos.

Para tudo ocorrer a contento, eles têm de ter processos rigorosos de fiscalização, avaliar constantemente o transporte das mercadorias, prever perdas, estimar período para novos pedidos, entre inúmeras outras atividades ligadas à minuciosa e gigantesca cadeia de suprimentos.

Precisam, também, estruturar um bom fluxo de informação. Uma comunicação objetiva é vital para garantir os bons resultados e evitar mal-entendidos, ocasionando perda de material e atraso na produção ou na entrega de produtos para os pontos de venda. Essa área requer atenção permanente, por isso muitos de seus profissionais trabalham sempre no limite de ciclos de estresse. Mas essa realidade vai acabar. A Idade Mídia vai alterar a maneira como essas atividades são desempenhadas. E, caro leitor, as transformações não tardam por acontecer. O sentido de complexidade dessas questões tão ligadas à *Idade Média* inexistirá. O SCM é apenas um exemplo das mudanças.

Precisar a data de quando isso vai acontecer, neste momento, é um exercício de futurologia desnecessário. Porém, ao olhar para o agora, é possível identificar que uma das principais ferramentas para facilitar trabalhos da complexidade das atividades de SCM, envolvendo tantas variantes (algumas incontroláveis), já está entre nós e é fruto da evolução da **Computação Quântica**.

As atividades de SCM são, efetivamente, um dos cenários mais estudados entre as organizações para diminuir os custos de manufatura, distribuição e venda de sua produção, seja ela qual for. Quanto maior a linha de fabricação e quanto mais distante ela estiver dos locais de venda e de distribuição, maiores serão as complexidades de SCM; maiores, também, serão os gastos envolvidos em suas operações. Por isso, qualquer atividade para diminuir ou eliminar gastos sobressalentes é motivo de comemoração para os empresários: implica aumento da margem de lucro.

Aqui, não precisamos nos aprofundar em estatísticas ou pesquisas específicas, mas, de forma geral, parte do preço final das mercadorias comercializadas no varejo é composta de custos relacionados à sua distribuição. Claro, outras variantes, como questões tributárias, trabalhistas ou administrativas, incidem na composição de valor. Contudo, é significativo o dispêndio do transporte dos produtos das fábricas para os pontos de venda no país, dada a precariedade da infraestrutura brasileira, estradas de rodagem em péssimo estado, inexistência de uma malha ferroviária relevante, pouquíssimas hidrovias, alto custo operacional em portos e aeroportos, isso só para citar alguns entraves.

Todo esse cenário, obviamente, impacta o valor final do produto, independentemente do percentual desse aumento. Pesa no seu bolso. Todos perdemos nessa situação. Por isso, há um empenho empresarial a fim de aprimorar as etapas de produção de suas mercadorias, conseguindo, com isso, reduzir seus valores finais e, assim, aumentar as vendas. Uma aliada importante para isso é a tecnologia. Mas, na Idade Mídia, não estamos falando de qualquer tecnologia: referimo-nos ao advento da Computação Quântica. Nesta nova Era, os computadores serão quânticos. Isso, por si, já é revolucionário. A boa notícia nesse sentido é: já temos computadores quânticos feitos para fins comerciais.

Sim, eles estão entre nós, têm nome e, por que não dizer, sobrenome: são o D-Wave e o IBMQ System One. Daqui a pouco, algum outro dessa linhagem estará aparecendo por aí para se juntar à família. Seu surgimento, apesar de ter sido inicialmente acompanhado por olhares céticos de especialistas, demonstrou nossa capacidade de criação do novo paradigma tecnológico.

Computadores quânticos são fenomenais por sua capacidade de processamento. Em testes iniciais realizados com o D-Wave, cientistas conseguiram resolver um problema de otimização combinatorial 3.600 vezes mais rapidamente do que quando comparado ao tempo utilizado por um PC para solucionar a mesma equação.

A saber, problemas de otimização combinatoriais são, por exemplo, atividades de SCM que, por serem muito abrangentes, com a presença de formas distintas de relacionamento, tornam-se complexas. Daí a matemática aplicada e a ciência da computação buscam, por meio da otimização combinatória, solucionar esses cenários.

É preciso ter uma inteligência superior à dos computadores como os conhecemos até então para resolver situações desse tipo de ma-

O Futuro é Quântico e a Internet é das Coisas ▪ **193**

neira tão imediata. Os princípios da quântica, por sua capacidade de abrangência, até aqui, são os mais recomendados para serem aplicados a conjunturas que apresentem grau elevadíssimo de dificuldade.

Ainda estamos em um momento muito inicial do surgimento dessas máquinas. Elas sequer estão adequadas ao uso da internet, de acordo com os cientistas. Até porque ainda nem temos redes viáveis para a transmissão de dados por elas. Antes, precisamos instalar a tecnologia 5G. Por enquanto, essas máquinas são especializadas na resolução exata e instantânea de qualquer cálculo.

Apesar de seu uso restrito, **o surgimento tanto do D-Wave quanto do IBMQ System One é um marco.** Sua aparição derrubou incertezas. Pelo alto grau de complexidade de sua fabricação, alguns pesquisadores estavam descrentes quanto à possibilidade da existência deles, tratavam o assunto como algo remoto. Por isso, quando apresentados à comunidade científica, a descrença foi superada. Agora, iniciamos a fase do aprimoramento dessa tecnologia. A Idade Mídia avança.

> Você está preparado para o futuro quântico? Está
> disposto a se reinventar?

Objetos Inteligentes

Quando a Idade Mídia existir de forma plena, viveremos em um mundo ultraconectado. Estaremos interligados por redes de internet móvel que evoluem e prometem criar experiências de comunicação completamente diferenciadas. Para tornar reais tais previsões, precisamos investir e desenvolver a infraestrutura das comunicações. Espera-se que, a partir do efetivo funcionamento das comunicações em 5G, dispositivos autônomos, como carros, por exemplo, interajam entre si com a troca de informações de trajetos, de coordenadas geográficas, rastreamento online. Será uma verdadeira miríade de possibilidades baseadas nessa frequência.

Quando as redes de transmissão em 5G estiverem disponíveis, os equipamentos terão velocidade de navegação e download até 20 vezes maior ao registrado pelas redes 4G (que disponibilizam algo em torno de 45Mb/s). Ou seja, serão até 900Mb/s à disposição de seus usuários. Dessa forma, filmes de alta qualidade serão baixados em poucos segundos, a latência de jogos eletrônicos praticamente inexistirá, sem contar a instantaneidade da troca de mensagens em texto, áudio e vídeo. Essa última característica, aliás, é base para o crescimento exponencial do *e-commerce*. Isso é algo a se considerar.

Nos Estados Unidos, a venda de mercadorias online há muito tempo superou a marca dos US$500 bilhões comercializados. Se a essa cifra somarmos a movimentação feita pela China, Índia e Comunidade Europeia, entramos na casa dos trilhões de dólares negociados. Essa vultosa soma em dinheiro, a título de referência, consolida qualquer previsão de investimento no setor. Vale lembrar, toda essa movimentação financeira acontece nesta fase de transição entre o fim da *Idade Média* e o surgimento da Idade Mídia. Imagine só quando os antigos paradigmas do comércio não existirem mais.

O mundo do varejo online é uma realidade. Será aperfeiçoado com a presença de redes de internet móveis mais velozes. Isso é uma contingência dos novos tempos. A sociedade demanda o aperfeiçoamento desse serviço, e o comportamento das pessoas indica os caminhos dos novos negócios. Vide como exemplo as mudanças nos hábitos de se fazer compras na terra do Tio Sam. Por lá, é crescente o comércio virtual "on the go", feito pelas pessoas dentro de seus carros, em movimento, pelas ruas e estradas.

Cada vez mais os norte-americanos estão online enquanto dirigem, por meio de seus smartphones integrados aos sistemas de tecnologia de seus automóveis. Em plena hora do rush, na ida para o trabalho, depois de terem deixado as crianças nas escolas, os motoristas fazem compras sem tirar as mãos dos volantes. Eles acionam, por voz, as ferramentas de seus dispositivos eletrônicos móveis para encontrar o endereço de lojas preferidas, um posto de gasolina, reservar a mesa em um restaurante.

As tecnologias de geolocalização, integradas ou não aos carros, representam bancos de *informações* para os anunciantes. Elas ajudam a entender a movimentação dos consumidores, suas rotas habituais, localidades prediletas e como se deslocam de um ponto a outro. Oferecem uma cartela variada de dados indispensáveis para serem usados como base à criação de uma comunicação direta, customizada.

Por isso, entender o carro como potencial espaço para compra e venda de produtos é fundamental para o marketing e a publicidade no século XXI. O *e-commerce* nesse ambiente já acontece, sua expansão dependerá da infraestrutura oferecida em cada localidade.

À medida que a Idade Mídia se consolida, as empresas precisam rever sua cultura. É preciso entender como as tecnologias emergentes nesta Era vão funcionar e aplicá-las ao crescimento da eficiência das operações, ao aprimoramento dos processos de comunicação, à adequação das estratégias de marketing e ao incremento do consumo.

O mundo já não se restringe mais à nossa cidade. Pela internet, temos meios para sermos empresas com presença internacional. O mercado consumidor na Idade Mídia opera em termos globais. As empresas podem chegar aos consumidores em qualquer parte do planeta. Por sua vez, esses consumidores não são mais os mesmos. Grande parte deles (em breve, sua totalidade) é de nativos digitais. Isso faz toda a diferença. Eles estão acostumados à vida online, têm demandas específicas. Por isso, não vão estranhar o mundo a partir da disseminação do conceito da Internet das Coisas.

Para quem ainda não é totalmente familiarizado com o termo, vale uma breve explicação. **Internet das Coisas é o nome usado para o conceito de conexão de todos os objetos que nos cercam**. Cada utensílio que você vê ao seu redor, não precisa necessariamente ser um aparelho tecnológico, pode receber um chip. A partir dessa possibilidade, esse objeto teria a capacidade de se conectar com outros objetos, conosco e com a rede mundial de computadores. Na prática, esse chip servirá como um coletor de informações do objeto em si.

Na China, por exemplo, a administração do aeroporto de Pequim instalou chips nas cadeiras localizadas em seus terminais. Dessa forma, seus administradores conseguem, entre outros dados, saber quantas pessoas se sentaram em uma cadeira específica, por quanto tempo elas foram utilizadas, o período de maior uso. Isso oferece uma visão mais objetiva da utilização das cadeiras nos terminais e sua respectiva manutenção. Eles podem fazer reparos mais rápidos, retirar as sobressalentes ou acrescentar mais, se for o caso. Isso faz diferença para um aeroporto com a circulação de dezenas de milhões de passageiros ao ano, como o da capital chinesa.

A Internet das Coisas abre um mundo de informações. Tudo que nos cerca, teoricamente, terá a possibilidade de transmitir dados. Ou seja, assim como nós, seres humanos, viramos mídia e somos capazes de elaborar e emitir nossa informação no mundo online, ampliando nossa presença, as máquinas também passarão a emitir seus dados e informações. E passarão, também, a desempenhar o papel de mídia. Elas vão difundir e transmitir o registro de seu uso. Uma das ideias por trás disso é integrar os universos online e offline. Os objetos devidamente aparelhados conseguirão se comunicar uns com os outros, e com centros de informação, e ainda poderão armazenar seus dados na nuvem. O centro nervoso de toda essa intricada malha de relacionamentos é a internet.

Na Idade Mídia, tudo serão dados. Para que esse mundo aconteça plenamente, precisamos dos computadores quânticos e das redes 5G. Essas estruturas darão suporte às ferramentas de Big Data, ao tráfego da informação, à criação de novos equipamentos e, consequentemente, novos hábitos comportamentais surgirão.

Nesse contexto, haverá duas civilizações no planeta: a humana e a das máquinas. Cabe a nós saber como queremos interagir com todos esses objetos inteligentes que vão existir, pois a todo o tempo vamos trocar informação com eles. Atentas a esse movimento, empresas testam protótipos de aparelhos integrados. Elas se preparam para o alvorecer da Internet das Coisas.

Alguns capítulos atrás, citei pesquisas da montadora Ford, que projeta novos interiores para seus automóveis. Volto a mencioná-la pois a organização, em parceria com a Intel, explora, desde meados do ano de 2010, novas aplicações de conexão entre os carros e seus motoristas. O projeto de pesquisa conjunta chamado *Mobile Interior Imaging* prevê o uso de câmeras instaladas dentro dos carros para mapear o uso de seus proprietários. As imagens captadas estariam integradas à tecnologia de sensores e à coleta de dados dos automóveis.

Ao entrar no veículo, o motorista seria reconhecido por um sistema de câmeras frontais, equipadas com software de reconhecimento facial. O carro seria capaz de identificar padrões de uso de seu dono e definir ações específicas para cada um deles. Com isso, a empresa proporcionaria uma interação "intuitiva e preditiva" aos proprietários desses modelos de carro. Como isso aconteceria, de fato?

O carro, ao reconhecer a face de seu motorista, ligaria o rádio na sua estação predileta, regularia o ar-condicionado à temperatura que mais o agrada, faria ajustes nos retrovisores laterais, abriria na tela do console o GPS para indicar as melhores rotas para o trajeto a ser feito. Tudo isso aconteceria sem a pessoa precisar tocar num botão sequer. Ela teria apenas que sentar no banco do motorista e ser reconhecida pelo sistema.

Ah, caso entre algum desconhecido no carro e o programa não faça o devido reconhecimento, o veículo poderia entrar em contato automaticamente com o seu legítimo dono para avisar sobre ações suspeitas em seu interior. O carro se comunicaria por meio de mensagens enviadas ao celular de seu proprietário. Ele poderia, também, mandar fotos do desconhecido. "Ah, se meu Fusca falasse!"

Toda essa tecnologia ainda está em fase de testes, e os pesquisadores da Ford reconhecem que nem todas terão aplicação em curto espaço de tempo. Mas o que interessa para eles, como pesquisa, é integrar os carros, cada vez mais, ao conceito da Internet da Coisas.

Com o surgimento dessa nova realidade, pesquisadores passaram a refletir sobre aspectos positivos e negativos das tecnologias emergentes. No caso da Internet das Coisas, listo a seguir algumas de suas características entendidas como positivas.

PORQUE SIM

Maior quantidade e melhor precisão no fornecimento de dados, impactando diretamente todos os níveis de nossas tomadas de decisão.

Corte de gastos. Com um levantamento de dados mais objetivo, vamos gerar dados precisos para análises e, consequentemente, poderemos eliminar desperdícios de nosso cotidiano.

Economia de tempo em diversos aspectos de nossa vida. Os dados coletados a partir de nossos hábitos cotidianos nos forneceriam estatísticas mais exatas sobre o que é necessário ajustar para acomodar melhor nossas tarefas em nosso dia a dia.

Otimização de posições de trabalho. Colaboradores serão realocados em suas tarefas profissionais para não desempenharem atividades repetitivas ou com previsibilidade de ação; as máquinas passariam a fazer essas atividades.

Mas há também aspectos negativos. Dentre eles, o que mais se ressalta está relacionado à privacidade e segurança do uso e coleta das informações. Cito mais alguns exemplos a seguir.

> ## PARA REFLETIR
>
> Todos os dados coletados e transmitidos precisam ser criptografados.
>
> É preciso desenvolver barreiras de proteção eficientes para evitar invasões nas redes de objetos conectados das pessoas.
>
> O combate aos *hackers* é fundamental e deve ser permanente.
>
> Deve haver clareza na elaboração da legislação de proteção dessas informações e de seu respectivo uso por terceiros.

A Internet das Coisas modificará os objetos como os conhecemos. A expansão tecnológica os transformará em objetos inteligentes. Quando ligados à internet, serão potencializados: vão ganhar funções distintas daquelas para as quais inicialmente tenham sido projetados. Sobretudo, serão itens ativos de coleta e envio de dados.

Entre outras realidades possíveis, as empresas poderão manter relacionamentos perenes com seus clientes, por exemplo, recebendo informações atualizadas acerca dos produtos para eles vendidos. Isso gera perspectiva para a criação de novos modelos de negócio.

Para muitos estudiosos, a partir dos registros proporcionados pelo uso da Internet das Coisas, conseguiremos até reduzir o consumo dos recursos naturais do planeta. Será uma revolução ampla e profunda em nosso modo de ser.

As transformações motivadas pela Idade Mídia estão mais evidentes, cercam-nos a todo momento, quer queiramos ou não. Entendê-las é essencial para nos mantermos ativos no mercado de trabalho, para potencializar as experiências de nossa vida, em todas as suas frentes. É preciso se manter atento, analisando as modificações do hoje para elaborar cenários futuros. Quem estiver acomodado está fora de seu tempo, alheio ao desenvolvimento e às possibilidades de crescimento. E não custa nada lembrar.

Em 1987, pouquíssimas eram as pessoas além do ambiente da tecnologia da informação e da computação que relacionavam os estudos da quântica aos computadores. Aliás, computadores naquela época eram artigos para poucos. As conexões eram discadas e a internet engatinhava. Apesar disso, o cantor e compositor Gilberto Gil, em seu disco *Quanta* (palavra ligada ao universo quântico), de 1995, já nos convidava a refletir: *"Com quantos gigabytes se faz uma jangada, um barco que veleje nesse infomar?"* Ele só queria juntar um *"Grupo de tietes de Connecticut para entrar na rede e promover um debate"*. Então é isso, Gil. O debate já foi aberto e a rede está aí, cada vez maior, mais rápida e bem perto de ser quântica.

Leitura Dinâmica

PARA FIXAR: CAPÍTULO 11

- O surgimento dos primeiros computadores quânticos, apesar de ter sido inicialmente acompanhado por olhares céticos de especialistas, demonstrou nossa capacidade de criação do novo paradigma tecnológico.

- Quando a Idade Mídia existir de forma plena, viveremos em um mundo ultraconectado. Estaremos interligados por redes de internet móvel que evoluem e prometem criar experiências de comunicação completamente diferenciadas.

- O mundo do varejo online já é uma realidade, mas ele será aperfeiçoado com a presença de redes de internet móveis mais velozes. Isso é uma contingência dos novos tempos.

- Tecnologias de geolocalização representam bancos de informações para os anunciantes. Elas ajudam a entender a movimentação dos consumidores, suas rotas habituais, localidades prediletas, como se deslocam de um ponto a outro. Oferecem uma cartela variada de dados indispensáveis para serem usados como base para criação de uma comunicação direta e customizada.

- Nesta nova Era, entender o automóvel como potencial espaço para a compra e venda de produtos é fundamental para o marketing e a publicidade do século XXI.

- Internet das Coisas é o nome usado para o conceito de conexão de todos os objetos que nos cercam, e ela abre um mundo de novas informações e possibilidades.

- Tudo ao nosso redor, teoricamente, terá a possibilidade de transmitir dados. Assim como nós, seres humanos, viramos mídia e somos capazes de elaborar e emitir nossa informação no mundo online, ampliando nossa presença, na Idade Mídia as máquinas também passarão a emitir seus dados.

- A Internet das Coisas modificará os objetos como os conhecemos. A expansão tecnológica os transformará em objetos inteligentes. Quando ligados à internet, serão potencializados e ganharão funções distintas daquelas para as quais inicialmente tenham sido projetados. Serão itens ativos de coleta e envio de dados.

- Os objetos devidamente aparelhados conseguirão se comunicar uns com os outros, e com centros de informação, e ainda poderão armazenar seus dados na nuvem. O centro nervoso de toda essa intricada malha de relacionamentos é a internet.

- A Internet das Coisas integra os universos online e offline.

- Na Idade Mídia, tudo será dado. Para que esse mundo aconteça plenamente, precisamos dos computadores quânticos e das redes 5G. Essas estruturas darão suporte às ferramentas de Big Data, ao tráfego da informação, à criação de novos equipamentos e, consequentemente, novos hábitos comportamentais surgirão.

- Você está preparado para o futuro quântico? Está disposto a se reinventar?

CAPÍTULO 12

O DNA da Idade Mídia

*"Se você não controlar os algoritmos,
os algoritmos vão controlar você."*
— Sean Gourley, PhD em Física por Oxford.

Todos os dias nós dizemos ao mundo quem somos, quais são nossos desejos, o que nos trouxe até aqui, para onde vamos. Estamos constantemente em comunicação com o outro, a despeito de fazermos isso inconscientemente. Como seres humanos, nos comunicamos e ponto final. **Nossa existência é comunicativa e isso nos gera infinitas situações cotidianas.**

Ao longo de toda a *Idade Média*, contudo, grande parte dessa comunicação foi desperdiçada, mal aproveitada tanto por nós quanto pelo contexto no qual ela aconteceu. Nesse hiato de eficiência, abrimos espaço para as mais diversas relações conflituosas, diálogos entrecortados, afastamento de povos irmãos e desentendimentos que resultaram em confrontos bélicos, apenas para citar alguns exemplos mais amplos e que envolvem inúmeras pessoas. Porém essa situação de discórdia se replica em relações mais próximas, íntimas.

Quantos casamentos não chegaram ao fim por discussões que poderiam ter sido rapidamente resolvidas com a comunicação correta? Quantas famílias não brigaram por algo incerto, vago? Poderíamos nos questionar por horas sobre exemplos desse tipo e, mesmo assim, não esgotaríamos o tema. Pelo contrário, ficaríamos em um ciclo negativo de ações mal resolvidas nos paralisando, levando-nos à frustração e ao rancor. Isso não nos faria evoluir.

Aliás, não é a proximidade o fator decisivo para as discordâncias. Faça uma rápida reflexão e tente perceber em qual dos seus relacionamentos a comunicação falhou. Não importa qual, pode ser em seu diálogo com o frentista no posto de gasolina ou no restaurante com o garçom. O nível de intimidade com o outro é irrelevante.

O DNA da Idade Mídia ▪ **207**

Você saberia dizer os motivos pelos quais os ruídos de comunicação aconteceram? Por que houve algum desentendimento? Você pode fazer algo para reverter a situação?

Do ponto de vista didático, nossa comunicação se divide em verbal e não verbal. Em outras palavras, toda comunicação oral e escrita é considerada verbal; todo o resto, nossos gestos, nossa forma de andar, nossa entonação, nossas decisões de vestuário, nosso olhar, como arrumamos nosso cabelo, é comunicação não verbal. Isso é interessante de ser destacado porque, de acordo com diversas pesquisas, nosso processo comunicativo divide-se em 93% não verbal e 7% verbal.

Nosso entendimento do mundo, do outro e de nós mesmos está baseado naquilo que percebemos sem o auxílio da palavra, escrita ou falada. Mesmo que essa estatística seja algo referencial e que você duvide de sua precisão, a compreensão do outro e do contexto está baseada em aspectos considerados, até então, intangíveis.

Essa foi a regra conceitual das teorias de comunicação ao longo da *Idade Média*, e ainda é vigente. Mas a Idade Mídia cria os alicerces para fazermos uma revolução em nossas comunicações, em todos os seus âmbitos, inclusive neste em questão. Teremos ferramentas mais adequadas para transformar as circunstâncias da comunicação não verbal em dados tangíveis de maneira ilimitada. E isso é extremamente importante, é um dos fatores que impulsionará nossa revolução ou evolução, se melhor lhe soar.

A Ordem no Caos da Informação

Na manhã de domingo de 23 de junho de 1996, o Brasil acordou com uma notícia estarrecedora. O tesoureiro de campanhas políticas do ex-presidente Fernando Collor de Mello, Paulo César Farias, fora encontrado morto na cama de sua casa de praia em Maceió, ao lado de sua namorada, Suzana Marcolino.

Na época, PC Farias, como era chamado, era uma figura conhecida da mídia, apesar de evitar se expor. Ele circulava no centro do poder, em Brasília, e mantinha estreitos relacionamentos com os mais diversos empresários do país. Por anos, foi homem de confiança de Collor. Por isso, sua morte tomou de assalto o noticiário, ainda mais pelas circunstâncias em que ocorreu.

A morte de uma das figuras mais importantes dos bastidores do poder no país foi apontada como um crime passional. A tese era que, com ciúmes de seu namorado, Suzana o teria matado e se suicidado logo em seguida. Fora essa a primeira conclusão do assassinato feita pelo perito Fortunato Badan Palhares, uma figura controversa e também de projeção nas páginas dos jornais, revistas e telejornais do final do século passado, principais meios de informação nacional, em um tempo longe, muito longe do frenético movimento das redes sociais.

O caso foi rapidamente dado como encerrado, mas seu fim efetivo ainda estava longe de acontecer. Uma reviravolta aconteceria dois anos depois de os corpos de PC e Suzana terem sido encontrados. Novas investigações concluíram que o processo pericial fora uma armação.

Em ambiente de investigação de assassinatos, há certo consenso entre os investigadores dos casos. Suas vítimas "falam", comunicam detalhes de sua morte, e essa comunicação é feita não só, mas principalmente, a partir do local do acontecimento desses crimes (a tal comunicação não verbal entra em cena). Rigorosamente, tudo ali tem uma informação importante para compor o quebra-cabeça do assassinato. Por isso, manter as áreas isoladas é fundamental.

"Do not cross. Crime scene." Talvez você se lembre desses dizeres dos filmes de Hollywood. Eles são praticamente onipresentes na produção cinematográfica de vários *blockbusters*.

As vítimas contam a história de seus assassinatos pela posição em que foram encontradas e pelas marcas por seus corpos. Sinalizam se

O DNA da Idade Mídia ▪ 209

houve luta, se foram agredidas, se resistiram. Todos os detalhes dos últimos momentos de vida dessas pessoas estão ali. Mas, para conseguir entendê-los, é preciso acessar a "linguagem" usada por eles. Na *Idade Média*, a habilidade dessa leitura é desenvolvida por peritos criminais. Esses profissionais vão aos lugares dos crimes para fazer levantamentos detalhados. Fotografam todo o ambiente, recolhem os mais diversos vestígios, como balas e objetos quebrados, e verificam manchas de sangue pelo chão. O trabalho deles, em conjunto com o dos médicos legistas, ajuda a traduzir o que aconteceu, a interpretar os fatos.

Os peritos criminais reúnem o conjunto de evidências para esclarecer os crimes. E, como bem se sabe, não há crime perfeito. Há sempre a possibilidade de se encontrar pistas que levarão à identificação dos suspeitos e, posteriormente, aos motivos do assassinato. À medida que avançamos na Idade Mídia, essa constatação se torna mais pertinente. *"Elementar, meu caro Watson"*, como diria Sherlock Holmes.

Pois muito bem, foi exatamente o trabalho de paciência, análise e resiliência dos peritos que desmascarou a primeira versão do assassinato de PC Farias. Dois anos depois de sua morte, em 1988, uma nova equipe pericial contestou os resultados apontados pelo primeiro trabalho feito, gerando uma reviravolta no caso. Eles partiram de um erro grosseiro em relação à altura de Suzana, registrada no levantamento técnico. Diferentemente do que havia sido apontado, Suzana tinha 1,57 metro de altura, e não 1,67 metro, como dito pelo legista Badan Palhares. Com isso, todas as conclusões da perícia estavam comprometidas. E, de fato, estavam erradas.

Não precisamos entrar aqui em mais detalhes sobre esse assunto. Se houver interesse em saber mais sobre o caso, há diversos livros e relatos esmiuçando toda essa história. Mas o resumo da ópera é: a diferença de altura modificou o entendimento da trajetória da bala que atingira PC e Suzana. Teria sido impossível para ela tê-lo matado e cometido suicídio diante das evidências encontradas no quarto.

Ao considerar outras informações negligenciadas no primeiro trabalho, a segunda perícia concluiu por haver uma terceira pessoa na cena do crime, no ato do assassinato. Ou seja, o crime deixou de ser passional e foi apontado como um crime encomendado. Em 1999, a polícia encerrou seu inquérito e acusou de envolvimento os seguranças de PC Farias, que estavam no local, e o seu irmão, Augusto Farias.

Essa história entrou para a série de crimes famosos que temos no Brasil e ela é repleta de características da *Idade Média:* falsas acusações, imprecisões de relato, pouco uso de tecnologia, inconsistência de provas, dificuldade para mensurar dados.

Ao avançarmos para a Idade Mídia, haverá cada vez menos a possibilidade de acontecerem fatos como esse. Não me refiro ao assassinato. Infelizmente, os seres humanos matam uns aos outros desde os primeiros registros de sua existência; essa prática deve perdurar.

O que efetivamente decrescerá, chegando à inexistência, será encontrar situações nas quais os acontecimentos não sejam relatados exatamente como aconteceram. **No auge da Idade Mídia, teremos como testemunhas ativas os objetos que nos cercam.** Não precisaremos mais dos olhos, ouvidos ou da presença física de alguém para nos relatar os acontecimentos. *Objetos inteligentes* **estarão nos cercando e serão testemunhas de nossa história.**

Absolutamente tudo o que fazemos entre o momento que acordarmos até irmos para cama no fim do dia será rastreável. Não importa onde estivermos, como ou com quem, se online ou offline, a tecnologia estará apta a coletar nossa informação. Haverá programas capazes de ingerir dados de praticamente qualquer fonte e replicá-los. Tal afirmação não é meramente uma especulação. Ela já é a realidade de empresas nos Estados Unidos neste momento em que estamos em fase de transição da *Idade Média* para a Idade Mídia.

Ainda há certa limitação na execução desse trabalho, ele é inicial. Os softwares estão sendo desenvolvidos, testados e aperfeiçoados. Mas, com alguns desses produtos já fabricados, algumas empresas já são capazes de gravar histórias a partir de dados corporativos, estatísticas, balancetes, números em geral, e gerar informações e conhecimento em formato narrativo. Em outras palavras, não é mais necessário contratar um profissional para produzir, por exemplo, os relatórios de gestão corporativos. Esses softwares dão conta do recado.

Elaborados a partir da Inteligência Artificial, eles capturam as informações numéricas, fazem as devidas combinações e análises e produzem textos relatando os cenários identificados. Detalhe, não são textos técnicos, frios e sem vida. Eles entregam textos com "personalidade" e estilo, como se efetivamente tivessem sido redigidos por uma pessoa.

Quando essa tecnologia estiver avançada o suficiente, caro leitor, em vez de você estar lendo o produto de um texto escrito por mim neste momento, poderia estar lendo a produção de uma Inteligência Artificial bem mais versada na escrita.

Tudo o que fazemos na vida pode ser rastreado digitalmente e gerar dados. Isso é um fato, independentemente de você estar ou não de acordo com ele. Essa é uma condição irreversível. Somos seres comunicativos, afinal. Pela ciência, tornamo-nos capazes de desenvolver meios para trabalhar com esses dados. Como já mencionado anteriormente, **a Era do Big Data já começou**. E, dentro disso, **como se fosse seu DNA, a mola propulsora do Big Data, encontramos os algoritmos. Eles são a alma da Idade Mídia**. São os responsáveis por organizar toda a imensidão de dados produzidos a todo o momento. Eles possibilitam entender os dados não estruturados, lembra-se deles?

Os algoritmos colocam ordem no caos da informação. Agem como os peritos criminais da *Idade Média*: entendem os ruídos que nos cercam e criam modelos de ação, padrões inteligíveis para interagirmos a partir dessas informações. **Interação é outra das chaves da Idade Mídia.** Sem o trabalho dos algoritmos, os dados são apenas dados isolados; são elementos da *Idade Média*.

Tudo o que fazemos é fonte de inferência para o algoritmo trabalhar e obter conclusões sobre quem somos. Eles predizem nosso comportamento. Pela capacidade de relações de nossas atividades, conseguem, inclusive, detectar o surgimento de doenças bem antes de sua manifestação em nosso corpo.

A tecnologia desenvolvida nessa nova Era entende o mundo como um *fluxo de dados*. Não importa o quê. Os minerais são fontes de dados, sua decisão em optar por uma profissão é fonte de dados, sua separação, o filme a que você assistiu no último final de semana, a torneira da pia do seu banheiro. Indiscriminadamente, tudo aquilo que está no mundo, e, é importante mencionar, fora dele também, é fonte de dados.

O conjunto de situações e de objetos compõe esse *fluxo de dados*. Os algoritmos organizam tudo isso, dão sentido a esse emaranhado informativo aleatório. Eles quebram o paradigma da divisão entre a comunicação verbal e a não verbal. São capazes de fazer isso pelo uso da Inteligência Artificial, das ferramentas de Big Data e da Computação Quântica. Eles são os principais componentes desses meios, os formam.

A obsessão dos algoritmos é obter resultados cada vez mais eficientes e aprimorar a análise de performance. A partir disso, é como se governassem nosso mundo. Nossa interação com eles na Idade Mídia será um desafio constante. É um ponto de muita atenção.

> "(...) O universo consiste em fluxos de dados, e o valor de qualquer fenômeno ou entidade é determinado por sua contribuição para o processamento de dados."

Essa afirmação é do escritor e historiador israelense Yuval Noah Harari, feita em um de seus *best-sellers*, Homo Deus, obra na qual ele faz um relato sobre a humanidade, combinando ciência, história e filosofia para entender quem somos e descobrir para onde vamos.

Ao se referir ao *fluxo de dados*, Harari reflete sobre o que chama de *"dataísmo"*, um pensamento baseado na obtenção de dados que está predominando entre as pesquisas científicas globais. Dentro desse conceito, cientistas perseguem os algoritmos escondidos em tudo que nos cerca, das atividades socioeconômicas às ciências naturais. Isso é uma forma de reconhecer a importância gradual dos algoritmos em diversos setores econômicos de nossa sociedade.

Sabe aquela cor que vai predominar na moda no próximo verão? Eles têm participação nessa escolha. Quais os melhores fundos de investimento para você aplicar seus rendimentos? Eles têm participação nessa indicação. Hollywood apostou suas fichas na próxima aventura da Mulher Maravilha, em vez de fazer um filme sobre as peripécias do Incrível Hulk? Tenha certeza, os algoritmos foram fundamentais para essa decisão. Mas a influência deles não para por aí. Podemos percebê-la na elaboração das estratégias das empresas de seguro, de turismo, no gerenciamento do trânsito, na implementação das políticas públicas para a saúde, segurança e educação, na construção de nossas cidades, e até nos *matches* dos nossos relacionamentos afetivos eles palpitam. A presença deles em nossas vidas é ilimitada.

Os algoritmos percebem toda e qualquer informação gerada por nós ou que nos cerca e são capazes de cruzá-las infinitamente, extraindo desses cruzamentos conhecimento vital sobre nossas atitudes, sobre quem somos, do que gostamos, por que tomamos determinadas decisões etc. e tal.

Eles conseguem captar até nossos padrões de comportamento imperceptíveis para nós mesmos. **Trabalham abaixo do nível de suti-**

leza de percepção de nosso cérebro. Tudo aquilo que não conseguimos entender de nossas atitudes, o que não conseguimos prever, o algoritmo vai lá, faz as inferências corretas sobre o assunto e, *voilà*, obtém as respostas precisas.

A capacidade que eles têm de fazer correlações aparentemente inexistentes acontece pela sua gigantesca eficácia no cruzamento das circunstâncias mais aleatórias. Eles são uma sequência lógica, finita e definida de instruções, capazes de resolver problemas e executar tarefas. Dessa forma, são extremamente importantes em um ambiente de interpretação de volumes gigantescos de dados. Isso vai impactar diretamente no comportamento do consumo. As empresas e suas marcas precisarão estar preparadas. Os departamentos de marketing precisam estar alinhados com as novas tendências dos consumidores.

"ELEMENTAR, MEU CARO WATSON"

Para melhor compreensão dos algoritmos, caro leitor, é válido recorrer à imagem de um dos mais famosos personagens da literatura inglesa de todos os tempos, o inesquecível detetive Sherlock Holmes.

Ao criá-lo em 1887, sem saber, Sir Arthur Conan Doyle transformou o conceito dos algoritmos em um ser humano (a despeito de ele só existir na ficção). Assim como essa importante ferramenta da Idade Mídia, Sherlock lançava mão de processos racionais extremamente elaborados para solucionar seus casos. Ele chegava às suas conclusões ao analisar múltiplas evidências desconexas relacionadas à cena dos crimes e à história de vida dos personagens envolvidos com os acontecimentos.

→

> Seu processo investigativo valorizava métodos científicos. A partir do levantamento de campo e da análise das provas encontradas, ele combinava as evidências, fazendo inferências únicas, imperceptíveis aos demais. Por sua grande capacidade de raciocínio dedutivo, desvendava as mais peculiares e difíceis tramas. Encontrava os criminosos observando a cor do sapato que calçavam ou ao perceber o posicionamento de um jarro de planta nos cenários dos crimes. O resultado de suas investigações surgia da análise de elementos aparentemente desconectados entre si e completamente coadjuvantes às motivações dos criminosos.
>
> É nesse sentido, caro leitor, que afirmo: o Sherlock Holmes de Sir Conan Doyle equivale, em nossos dias atuais, aos algoritmos. Os algoritmos funcionam exatamente como o detetive inglês criado no final do século XIX, gerando fantásticas inferências a partir de dados aparentemente desconexos ou invisíveis para nós, simples mortais. A imagem de Sherlock é uma boa alusão para entender os algoritmos. E como ele mesmo diria: "Não seria isso elementar, meu caro Watson?"

É preciso lembrar que, apesar das novas ferramentas e dos novos meios de interação no varejo, as marcas se relacionam com pessoas. É preciso atingir seres humanos que são consumidores. **Os algoritmos ou o fluxo de dados não são mais importantes do que as marcas. Eles existem para ajudá-las a crescer**, para estruturar melhor as estratégias e campanhas de venda e de interação com os clientes.

As marcas têm o desafio de saber como continuar se destacando, como ser relevante para seus consumidores neste período de transição da *Idade Média* para a Idade Mídia e na consolidação desta nova Era. Não dá para esperar o tempo passar, é preciso agir já.

Reconhecer a inevitabilidade deste mundo norteado por algoritmos é uma primeira ação a ser tomada. As interações sociais estão mudando profundamente e não adianta ficar preso a esquemas antigos de ação. O que se fazia até agora teve sua importância. Aprendemos muito e consolidamos as marcas, mas é chegado o momento de estudar novas estratégias e entender as ações de marketing inseridas neste momento voltado para a análise constante dos *fluxos de dados*. Invista em seu *Capital Intelectual* e acompanhe as transformações.

As empresas só têm a ganhar ao adotar uma postura aberta, de interesse e proativa em relação ao novo. Os processos de análise de cenário serão mais preditivos, e os algoritmos são fundamentais para que todos os esforços realizados resultem em aumentos de vendas. Mas, lembre-se, na Idade Mídia, trabalhamos com *bancos de fatos,* não apenas com *bancos de dados.* Todo o resultado da inferência tecnológica deve ser feito para criar novas experiências para os usuários das marcas. As pessoas precisam se engajar com os valores, com o que as suas marcas prediletas representam para o cotidiano de cada uma delas.

Quanto maior for a ampliação das experiências positivas entre os clientes, maior será o relacionamento de consumo e mais profunda será a confiança nas empresas. Um exemplo disso pode ser observado no movimento da consultoria empresarial McKinsey & Company, ao ter firmado parcerias estratégicas e realizado aquisições de outras companhias para levar novas ferramentas, tecnologias e recursos para seus usuários.

De acordo com um de seus executivos, Daniel Pacthod, os clientes da empresa estariam solicitando deles mais do que *"apenas conselhos".* Por isso, eles decidiram construir organicamente *"novos recursos*

O DNA da Idade Mídia ▪ **217**

incríveis", e passaram a procurar no mercado parcerias ou aquisições que tivessem sentido para o negócio principal da consultoria.

Em um desses movimentos, eles fizeram a aquisição da Quantum-Black, uma das pioneiras no uso de ferramentas de Big Data e Inteligência Artificial. Vale lembrar, a QuantumBlack foi apresentada ao mercado internacional por seu trabalho desenvolvido com as equipes de Fórmula 1.

Por alguns anos, a companhia realizou cálculos matemáticos para otimizar o desempenho dos carros e dos pilotos de F1 ao longo dos campeonatos. Todos os aspectos mecânicos eram avaliados e contrapostos com variantes das corridas. Assim, eram gerados gráficos, estatísticas e quadros de números, e se definiam, entre outros aspectos, os melhores momentos para reabastecimento, troca de pneus, avaliação do desgaste do chassi e o desempenho dos pilotos. Enfim, todos os elementos que fazem a diferença para assegurar a vitória nas provas.

A QuantumBlack opera na interseção de estratégia, tecnologia e design para melhorar os resultados de desempenho das organizações. Para conseguir atingir seus objetivos, a empresa estrutura sua metodologia de trabalho em três pilares:

> **Clareza de Propósito**: Todo compromisso é focado em determinar o que terá o maior impacto em uma organização.
>
> **Insights para a Capacidade**: Novos insights são descobertos para auxiliar seus clientes a desenvolverem recursos para a obtenção de melhoria contínua de suas atividades.
>
> **Humano + Máquina**: O que se pode medir e analisar, pode-se entender e mudar. A QuantumBlack faz análises objetivas para obter a aplicação efetiva das tecnologias.

Um detalhe na oferta do trabalho dela é que, a despeito de ser uma empresa de tecnologia, o que considera como "ingrediente-chave" para o desenvolvimento dos trabalhos é o emprego dos melhores profissionais do mercado. Seu diferencial é o fator humano.

> "Procuramos mentes curiosas tanto em nosso pessoal quanto em nossos clientes. Valorizamos a atenção aos detalhes. Aceitamos a ambiguidade. E nos importamos profundamente com os resultados."

É muito importante reforçar o humano em frente aos algoritmos, porque não podemos esquecer que eles são uma ferramenta para ampliar nossa ação como seres humanos. Eles existem para solucionar questões em nosso benefício, seja ele qual for. Por isso, temos de agir para além de julgamentos morais, de certo e errado, quando estivermos nos referindo a eles.

Não chegaremos ao futuro olhando pelo retrovisor. Precisamos respeitar os algoritmos como uma ferramenta e desafiar seus resultados, não os aceitando sempre como palavra final e preponderantes a respeito de tudo. Cabe a nós não deixar que eles nos controlem. Não sejamos fatalistas: eles também são falíveis e podem errar. Muitas vezes, a menor vantagem pode fazer toda a diferença. Não despreze os detalhes.

Os dados despontam, sim, como uma das forças vitais na configuração dos mercados na Idade Mídia, mas, sozinhos, perdem sentido se não houver as ferramentas técnicas adequadas para trabalhar com eles e se não houver a presença humana para interpretá-los, sonhar e, a partir dos resultados apresentados, criar novos mundos. Esta é uma característica humana ao longo de nossa existência. Nós nos reinventamos a despeito das piores crises que possamos ter vivido. Nosso pensamento transforma e é libertador.

Leitura Dinâmica
PARA FIXAR: CAPÍTULO 12

- Nossa existência é comunicativa e isso gera uma infinidade de informação.

- Do ponto de vista didático, nossa comunicação se divide em verbal e não verbal. Em outras palavras, toda comunicação oral e escrita é considerada verbal; todo o resto, nossos gestos, nossa forma de andar, nossas decisões de vestuário, nosso olhar, como arrumamos nosso cabelo, é comunicação não verbal.

- Os processos comunicativos dividem-se em 93% não verbal e 7% verbal. A compreensão do outro e do contexto está baseada em aspectos considerados, até então, não tangíveis, não verbais. Essa foi a regra conceitual das teorias de comunicação ao longo da *Idade Média* e ainda é vigente.

- A Idade Mídia cria os alicerces para fazermos uma revolução em nossas comunicações, em todos os seus âmbitos. Teremos ferramentas mais adequadas para transformar as circunstâncias da comunicação não verbal em dados tangíveis de maneira ilimitada. Esse é um dos fatores que impulsionará nossa revolução.

- A Era do Big Data já começou e os algoritmos são como se fossem seu DNA. Eles são a alma da Idade Mídia. São os responsáveis por organizar toda a imensidão de dados produzidos a todo o momento. Os algoritmos colocam ordem no caos da informação.

- Tudo o que fazemos é fonte de inferência para o algoritmo trabalhar e obter conclusões sobre quem somos; eles predizem nosso comportamento. Pela capacidade de relações de nossas atividades, conseguem inclusive detectar o surgimento de doenças bem antes de sua manifestação em nosso corpo.

- Algoritmo é uma sequência lógica, finita e definida de instruções que deve ser seguida para resolver um problema ou executar uma tarefa. São como funcionários exemplares: trabalham muito, têm velocidade de resposta e boa qualidade de decisão. A única obsessão deles é obter resultados cada vez mais eficientes e aprimorar as análises de performance.

- O Big Data, apoiado por algoritmos e *analytics*, de forma mais eficiente que o cérebro humano, a partir de um conjunto de dados de comportamento anterior, prevê o comportamento posterior.

- Por reunir milhões de informações sobre milhões de pessoas, os algoritmos estabelecem padrões de comportamento que são invisíveis para nós. Eles geram previsões a partir de relevâncias imperceptíveis aos humanos.

- Algoritmos trabalham abaixo do nível de sutileza perceptual do nosso cérebro. Por isso são tão úteis. A razão disso reside no fato de o computador processar uma quantidade infinitamente maior de informação em comparação ao nosso cérebro. Com isso, ele estabelece conexões e correlações aparentemente inexistentes.

- A tecnologia desenvolvida nesta nova Era entende o mundo como um fluxo de dados. As pegadas que cada um de nós deixa no universo digital são *breadcrumbs* (migalhas digitais) significativos para a previsibilidade de nosso comportamento e padrão de consumo.

- Os algoritmos percebem toda e qualquer informação gerada por nós ou que nos cerca, e são capazes de cruzá-las infinitamente, extraindo desses cruzamentos conhecimento vital sobre nossas atitudes, sobre quem somos, o que gostamos, por que tomamos determinadas decisões etc. e tal.

- As empresas só têm a ganhar ao adotar uma postura aberta, de interesse e proativa em relação ao novo. Os processos de análise de cenário serão mais preditivos, e os algoritmos são fundamentais para que todos os esforços realizados resultem em aumentos de vendas.

- Os algoritmos ampliam nossas ações como seres humanos. Eles existem para solucionar questões em nosso benefício e perdem força se não houver a presença humana para interpretá-los.

CAPÍTULO 13

Os Dados da
Pós-privacidade

"Um dos maiores desafios da ciência do século XXI é como respondemos a essa nova Era de ciência intensiva em dados. Isso é reconhecido como um novo paradigma."
— Professor Douglas Kell, Universidade de Manchester.

Caro leitor, seja honesto consigo e responda às três perguntas a seguir.

> Quantas vezes você já se importou, de fato, com compartilhar seus dados pela internet? Este é um assunto que você discute com seus amigos em mesas de bar? Você conversa sobre ele durante o jantar com sua família?

Desconheço a sua resposta, mas sei, com certeza, que a maioria dos brasileiros, usuários da rede mundial de computadores, não está nem aí para esses questionamentos. **As pessoas não se importam com compartilhar seus dados**. E mais, esse assunto só é pauta para a mídia tradicional. Jornalistas, articulistas e especialistas adoram falar sobre ele, mas as pessoas que não escrevem para esses meios de comunicação não dedicam muito de seu tempo para refletir sobre esse tema.

Essa conclusão surpreende pelo nível de desinteresse com algo aparentemente muito importante: a privacidade. No mundo offline, somos muitos ciosos de aspectos de nossa vida particular, mas essa mesma preocupação parece ganhar outros contornos quando é transportada para o universo virtual. Se você está incomodado ou até mesmo desconfia dessas informações que trago, antes de me contradizer, deixe-me esclarecer que elas resultam de um amplo levantamento de mercado realizado pela empresa de tecnologia especializada em pesquisas de consumo digital MindMiners e por minha consultoria, a Unimark Longo. Ele foi chamado de *Datacitzens: A Era da Pós-privacidade*.

Os Dados da Pós-privacidade ▪ **225**

A pesquisa conduzida em todas as regiões do país ouviu mil pessoas das classes A, B e C para identificar seus hábitos de comportamento na internet. Foram vários os resultados, mas, aqui, destaco apenas alguns deles por terem relação direta com o tema abordado neste livro. Eles retratam a mudança de comportamento nesta fase de transição vivida por todos nós. Sobretudo, são condição inerente a este novo tempo.

Entramos em um período no qual as fronteiras do privado e do público são muito difusas, inexistentes, em alguns casos. A expansão da tecnologia em nossas vidas propicia essa condição que chamo de *Era da Pós-privacidade*.

Grosso modo, quando as pessoas se deparam com este tema, há um impulso instantâneo para rechaçá-lo. Os comentários, em certa medida, tendem a defenestrar esta Era. De forma superficial, acredita-se que viveremos em um mundo horroroso no qual não teremos mais a capacidade de ir e vir livremente. Que seremos vigiados 24 horas por instituições totalitárias, como imaginou o romancista e ensaísta britânico George Orwell em seu *1984*.

Caro leitor, é a terceira vez que menciono aqui essa obra clássica da literatura mundial. Não faço isso por falta de repertório de leitura, tampouco por um colapso de criatividade ou na tentativa maquiavélica de perturbar você com as repetições. Não tema, nada disso é pertinente.

Em certa medida, *1984* está no imaginário coletivo de nosso tempo. O que Orwell escreveu permeia nossa sociedade, e seus escritos ganharam outras formas em análises, publicidades e programas de televisão. Em sua obra, ele descreve um mundo totalitário, comandado por uma figura de *"feições rudemente agradáveis, de 45 anos, chamado de Grande Irmão"*. Nesse mundo distópico, tenebroso e opressivo, tudo é vigiado por essa figura pavorosa. *"O Grande Irmão está de olho em você"*, assegura o slogan do governo fictício, e literalmente esse poder central invadia a intimidade das pessoas por meio de aparelhos identificados como *"telescreens"*, uma espécie de televisor espalhado estrategicamente por todos os recantos desse mundo ficcional, para levar informação ao governo. É um clássico da literatura, mas não passa disso.

Ao mencionarmos o mundo da Pós-privacidade que se avizinha, é preciso termos uma postura não sectária nem tendenciosa, privilegiando aspectos negativos como se a parte fosse a regra do todo. Não é. Há diversas vantagens neste novo contexto de vida. **Uma das principais consequências da Pós-privacidade será deixar nossa realidade mais segura, mais justa e meritocrática.** Grande parte disso vai acontecer pelo comportamento *data driven* emergente da Idade Mídia. Nossa *pegada digital* é gigantesca nesta Era e, com o tempo, só tende a crescer.

Cada vez mais, as ferramentas de Big Data vão captar com maior precisão nossas ações e a ação daquilo que nos cerca, inclusive dos aspectos não materiais em contato físico conosco, como os ruídos, a incidência de luz e os fenômenos da natureza de forma geral. Quando somos expostos a eles, somos afetados de maneiras específicas e distintas. Isso também é informação e modifica nossa comunicação. É um dado de valor para dimensionarmos com exatidão nosso contexto e a mensagem que transmitimos. Por sua vez, os algoritmos estarão mais eficientes para fazer os cruzamentos dessa infinidade de dados coletados, gerando vasto e significativo material para interpretação.

Toda essa condição descrita é uma situação irreversível. Não adianta lutar contra esse fato. Qualquer análise de cenário presente e futura precisa entender esse movimento de transmissão de conteúdo da Idade Mídia, em um contexto da Pós-privacidade, como um fato objetivo e mensurável, e não se aproximar dele com juízo de valor. Isso limita a visão de análise desses cenários, inviabilizando-a,

Os Dados da Pós-privacidade ▪ 227

melhor dizendo. Nessa equação, não há nada certo, tampouco errado. Insistir em julgamentos morais prejudicará o avanço individual de quem se mantiver fixado nessa condição e, consequentemente, atrapalhará a evolução de seu grupo de relacionamento social.

Nós não conseguiremos nos esconder mais das ferramentas de observação que são crescentes ao nosso redor. Agora, elas acompanham alguns aspectos de nossas atividades cotidianas. Ainda são limitadas, mas, muito em breve, acompanharão tudo.

Atualmente, elas se fazem presente em nossos movimentos financeiros, na forma como pagamos por bens de consumo, ao abastecermos nossos carros ou recarregarmos bilhetes de transporte público. Estão presentes em atividades que sonhamos realizar, como um curso universitário, uma viagem internacional ou a compra de uma casa própria.

Se utilizar algum navegador na internet para buscar qualquer informação sobre uma dessas atividades mencionadas, pronto, você já estará visível para os algoritmos e sua capacidade preditiva. Essa lógica é válida para qualquer ação tomada no mundo online, chegando até aos espaços offline. O mundo, a cada dia, encaminha-se para esse estágio.

> Quem consegue segurar esse movimento? A quem interessaria fazer um *set back*?

Nessa dinâmica, é preciso destacar que, **quanto menor for o nível de confidencialidade na sociedade, maior será a integridade do tecido social**. Estaremos mais expostos uns aos outros e, em vez de sermos controlados por um poder externo público, vamos nos autogovernar. Como ninguém está livre das ações da Inteligência Artificial nesta ágora contemporânea, é oportuno lembrar um proverbial ditado popular: quem não deve não teme.

A Era da Pós-privacidade valoriza o cidadão de bem. E quem seria essa figura? É alguém compromissado com sua palavra, que executa as tarefas às quais se propôs, que honra seus compromissos financeiros e tributários, que tem uma postura clara na vida em relação aos seus anseios, indiferentemente de quais sejam.

Reforço, nesse conceito, que o uso do substantivo masculino "bem" associado à palavra "cidadão" diz respeito ao seu significado dicionarizado de *"ensejar condições ideias ao equilíbrio, à manutenção, ao aprimoramento e ao progresso de uma pessoa ou de uma coletividade"*; não está sendo utilizado aqui em seu sentido de ética, como *"conjunto de princípios fundamentais propícios ao desenvolvimento e ao aperfeiçoamento moral, quer dos indivíduos, quer da comunidade"*. A moral precisa ficar à parte dessa ideia, por mais que ela possa remeter a um entendimento de valor.

Vivemos uma espécie de tensão biunívoca. O ecossistema voltado para o *data driven* valoriza a democratização dos dados, não seu controle. Na Idade Mídia, o ato de compartilhar passou a ter um novo significado. Com o cruzamento amplo e aberto da informação, todos se beneficiam e a sociedade, a partir desse parâmetro, privilegiará os adimplentes, não mais os inadimplentes.

Quem paga seus impostos e suas contas na data certa deve ser diferenciado dos maus pagadores, daqueles que reiteradamente atrasam a quitação de seus débitos e são incapazes de organizar suas vidas financeiras. Deveríamos, inclusive, diferenciar os valores cobrados dos juros, que poderiam ser menores para os bons pagadores. Nesse sentido, estabeleceríamos uma sociedade mais justa, mais voltada à premiação de quem cumpre com suas obrigações. Acabaríamos com o comportamento da *Idade Média* no qual quem descumpre com seus deveres não é facilmente percebido. Esconde-se na média. É alguém disforme na massa.

Os Dados da Pós-privacidade ▪ 229

Impostos são cobranças compulsórias pagas em nosso benefício individual e coletivo para serem revertidos em desenvolvimento das sociedades nas quais vivemos. Quando alguns contribuintes deixam de cumprir com suas obrigações tributárias, eles geram um desequilíbrio fiscal e social. Diante da inadimplência de alguns, alguém sempre saíra prejudicado por arcar com as despesas de forma desigual, sem a colaboração de quem deveria fazer o mesmo. Por fim, as ações comuns da sociedade, em tese, destino final do dinheiro arrecadado com o pagamento dos impostos, saem prejudicadas. Deixamos de melhorar as estradas, construir novos hospitais e escolas, investir em pesquisa, ciência e tecnologia. Isso é injusto com todos nós e está relacionado diretamente a conceitos da *Idade Média*.

Para fazer a Era da Pós-privacidade valer a pena, temos de enfrentar com maturidade os seus riscos intrínsecos. A aplicação da legislação adequada para defender nossos interesses é um instrumento vital nesse processo de superação de nossos temores. Assim que os superarmos, teremos ao nosso dispor oportunidades gigantescas, ainda sequer descritas. Mas, se optarmos por tentar atrasar as mudanças em curso, ou seja, a todo custo nos esforçarmos para manter a privacidade como existente há séculos, vamos criar um problema desmedido. Entretanto, caro leitor, folgo em indicar, as evidências apontam a direção oposta desse comportamento, como a pesquisa *Datacitzen* revelou.

É interessante perceber a forma como as pessoas respondem aos questionamentos e notar certa contradição e posturas aparentemente díspares de comportamento. No momento de interação com seus grupos de relacionamentos, os pesquisados tendem a adotar um discurso mais ponderado, com rígidos princípios de retidão ética. Quando questionados, por exemplo, se consideravam a exposição de suas informações pessoais na internet um bem de valor, quase a totalidade dos entrevistados, 92%, respondeu que sim. Ínfimos 8% do total pesquisado disseram que não. Para eles, seus dados eram algo irrelevante.

Essa informação é positiva porque as pessoas reconhecem valor em suas vidas, em suas ações e informações disponibilizadas pela internet. Isso é pertinente e significativo na Idade Mídia, **na medida em que cada um de nós, individualmente, se transforma em emissor de informação, tornamo-nos veículos de comunicação.** Assim, teremos mais discernimento para saber cobrar por esse valor quando necessário. Porém a demonstração dessa consciência começa a ter outras nuances quando os pesquisadores evoluem em seus questionários e perguntam: *"Você se preocupa com o compartilhamento de suas informações na internet?"* Do total, 63% disseram que sim, diferença de 29 pontos percentuais em relação aos que consideravam seus dados como um bem de valor. Essa margem diminui quando se integram à resposta os 8% que disseram se importar "mais ou menos" com o compartilhamento de seus dados. Ou seja, esse percentual representa um grupo incerto. Eles acham que tudo bem haver o compartilhamento, mas, em algum momento desse processo, surge uma pulga atrás da orelha.

Mas, quando confrontados com pergunta: *"Você tem o hábito de ler políticas de privacidade ao assinar um serviço ou baixar um aplicativo?"*, a prática dos usuários revela o pouco caso, por assim dizer, com o valor anteriormente conferido aos seus dados. As pessoas são displicentes com suas anuências às políticas de privacidade estipuladas pelas empresas. A grande maioria dos pesquisados, 57%, afirma "bater o olho nos contratos" e 27% responderam que sequer os olham. Eles não leem nada. Ou seja, ao juntar esses dois percentuais, encontramos 84% de pessoas desinteressadas nessas cláusulas contratuais.

> Você é tão desligado assim no mundo offline? Você assina contrato de locação de carro ou de aluguel de casa sem ler? É bem provável que não.

Na vida, para além da *World Wide Web*, interagimos distintamente com aspectos legais que nos são apresentados. Há certa formalidade para esses papéis e a sua assinatura neles tem valor. Na internet, é o contrário. A sensação das pessoas é a de que nada vai acontecer realmente com elas ao clicar no botão *"Aceito"* ou *"Li e entendi"*.

Daí, entramos em outro nível de entendimento do comportamento dos usuários da internet neste período de transição de Era. Quando questionados se concordariam em vender seus dados caso participassem dos resultados dessa venda, 64% imediatamente responderam que sim. Outros 27% se mostraram incertos, mas disseram que "talvez, sim".

O padrão percentual foi semelhante quando foi perguntado: *"Aceitaria compartilhar seus dados se oferecessem alguma vantagem em descontos, serviços ou produtos?"* 58%, sim, 22%, talvez. Também houve semelhança de percentuais encontrados nas respostas às perguntas: *"E se esses dados fossem compartilhados de maneira anônima?"* (64%, sim, 20%, talvez) e *"E se fossem compartilhados para beneficiar outras pessoas?"* (62%, sim, 24%, talvez).

O que fica claro no fundo é que compartilhar dados tem sido positivo para a maioria das pessoas. Elas não têm significativos entraves para essa prática. Sobretudo se tiverem algum ganho com esse compartilhamento. Isso pode ser exemplificado pela criação e disseminação do aplicativo de trânsito Waze.

Criado em Israel pelos profissionais da área de tecnologia Ehud Shabtai, Uri Levine e Amir Shinar, o Waze tornou-se, por enquanto, o maior aplicativo de trânsito no mundo. Ele é praticamente onipresente nos carros das grandes cidades brasileiras e em diversas metrópoles mundo afora.

É interessante perceber como ele exemplifica os ganhos resguardados no conceito da Pós-privacidade. Ele é um aplicativo de compartilhamento. Só tem funcionalidade se as pessoas compartilharem seus trajetos pelas cidades. Dessa forma, seu sistema operacional pega os dados informados pelos motoristas e mapeia o trânsito da cidade, informando os pontos de congestionamento, possíveis acidentes no caminho, as ruas e avenidas menos congestionadas, entre outros aspectos.

A Inteligência Artificial por trás de sua interface estabelece uma relação de ganho para seu usuário a partir do momento em que o motorista oferece ao sistema seus dados de percurso ao dirigir seu veículo. Eu informo aonde quero ir, quais são meus caminhos, e o aplicativo me mostra as melhores rotas. Assim, melhoro minhas atividades durante o dia, economizo combustível e, por conseguinte, dinheiro. Esse aplicativo facilita a vida de milhões de motoristas todos os dias, e esse contexto só é possível dentro da Idade Mídia.

A vida nos apresenta problemas de proporção gigantesca, como o trânsito das megalópoles. Para encontrar soluções em como transitar nessa selva de carros, utilizo as ferramentas tecnológicas disponíveis, sua capacidade algorítmica de previsão das melhores rotas no caminho, seu poder de leitura de dados e entrega de soluções objetivas na palma da minha mão. Circunstâncias estas propícias para a seguinte reflexão:

> Para obter todos esses ganhos proporcionados pelo Waze, não é válido abrir mão de um pouco da minha privacidade para a tecnologia, para a coletividade?

Esses benefícios se estendem também ao mercado de consumo de bens, e não só ao da prestação de serviço. Atualmente, o marketing movimenta 2 trilhões de dólares em ações de venda nos mercados internacionais, para fazer os consumidores consumirem os produtos fabricados com mais intensidade e menor periodicidade de compra. Contudo, até hoje, como profissionais desse setor, não conseguimos entregar plenamente o que sempre prometíamos em nossos planos de comunicação, nas apresentações de estratégias para os clientes.

Ao longo da *Idade Média,* sempre prometemos a entrega do produto certo para a pessoa certa, na hora certa e pelo preço certo. Mas

Os Dados da Pós-privacidade ▪ 233

como isso seria possível se as ferramentas ao nosso dispor nesse tempo nos limitavam? Se elas nos impossibilitavam de descobrimos as individualidades de cada um dos consumidores por trabalharmos com conceito de média? A Idade Mídia vai garantir essa entrega.

Só a partir do volume brutal de dados cruzados vamos conseguir definitivamente fazer produtos customizados e ações individualizadas de marketing para nossos clientes, mesmo atendendo a milhões deles. O aprimoramento dos algoritmos vai nos fazer entender os melhores caminhos a serem trilhados para realizarmos esse trabalho. E tudo isso acontece em meio à quantidade descomunal de dados produzidos e analisados pelo Big Data.

Os departamentos de marketing das corporações estarão aptos a gerar valiosos *insights* em um volume nunca antes vivenciado. Isso me lembra uma célebre campanha da multinacional de eletroeletrônicos holandesa Phillips, interpretada pelo ator alemão Udo Kier. Em determinado momento do comercial, ele se dirige à câmera e, com seus olhos fixos nos telespectadores, pergunta: *"O futuro está pronto para você. Você está pronto para o futuro?"*

> Nesta sociedade mais justa, segura e meritocrática, compartilhar dados e informações é um ato de todos, inclusive das Pessoas Jurídicas.

Para as empresas, também é crucial exercitar o compartilhamento da informação. Não adiantará de nada se fechar em copas. Aliás, atitude de isolamento, de reserva de mercado, na Idade Mídia, pode ser um caminho sem volta. Um passaporte para desligar as esteiras das linhas de produção.

Compartilhar dados com outras companhias, por sua vez, ajudará na formalização de significativos *bancos de fatos*. O *fluxo de dados* será uma das forças das organizações. Dividir é multiplicar, é preciso interagir. Os dados, por si, são como pedras preciosas brutas: têm seu valor, mas este é infinitamente inferior ao preço alcançado por aquelas lapidadas, trabalhadas por experientes ourives.

Matéria-prima é importante, é fundamental, mas, quando transformada em produtos manufaturados, as indústrias ampliam os seus lucros e abrem suas cadeias de produção e consumo. Essa mesma lógica pode ser aplicada à relação das empresas e à interação desses dados com as demais corporações, de seu segmento de atuação ou não. Lembre-se, as fábricas também falam, têm suas histórias para contar e lições para aprendermos.

Os dados garantem segmentação, mais informação e, principalmente, a geração de *insights* inspiradores. Ao cruzar seus mundos, geramos infinitos universos originais, muito mais aprimorados. Sem os devidos compartilhamentos, a montanha de dados identificada e coletada nos setores produtivos é subutilizada.

Neste mundo forjado por dados, eles sempre estarão ao nosso alcance. Para conseguimos extraí-los de seus contextos, precisamos das ferramentas adequadas. Mas, uma vez que os obtenhamos, temos de organizá-los para saber qual será o seu melhor destino e aplicação.

Na Idade Mídia, o ideal é se transformar em um doador de dados com o mesmo nível de resiliência de um doador de órgãos ao longo da *Idade Média*.

Quando essa condição é assimilada de forma orgânica e natural pelas instituições de qualquer origem e complexidade, bem como pelas pessoas em âmbito individual, as vantagens recebidas em decorrência dessa atitude serão sempre maiores do que os percalços que vão surgir no meio desse caminho. Todos nós temos uma história para contar, caro leitor. Qual é a sua?

Leitura Dinâmica

PARA FIXAR: CAPÍTULO 13

- As pessoas não se importam em compartilhar seus dados. Elas acham esse compartilhamento positivo.

- Entramos em um período no qual as fronteiras do privado e do público são muito difusas, até inexistentes em alguns casos. A expansão da tecnologia em nossas vidas propicia essa condição para a formação da chamada *Era da Pós-privacidade*.

- Diante do incerto, nossa tendência é valorizar os riscos mais do que as oportunidades. Na Era da Pós-privacidade, ambas as situações existem. Contudo, vale mais a pena aproveitar-se de suas oportunidades do que não fazer nada por medo dos riscos intrínsecos.

- Uma das principais consequências da Pós-privacidade será deixar nossa realidade mais segura, mais justa e meritocrática.

- Quanto menor for o nível de confidencialidade na sociedade, maior será a integridade do tecido social. Estaremos mais expostos uns aos outros e, em vez de sermos controlados por um poder externo público, vamos nos autogovernar. A Era da Pós-privacidade valoriza o cidadão de bem.

- Vivemos uma espécie de tensão biunívoca. O ecossistema voltado para o *data driven* destaca a democratização dos dados, não seu controle.

- Na Idade Mídia, o ato de compartilhar passou a ter um novo significado. Com o cruzamento amplo e aberto da informação, todos se beneficiam e a sociedade, a partir desse parâmetro, privilegiará os adimplentes, e não mais os inadimplentes.

- Só a partir do volume brutal de dados cruzados vamos conseguir, definitivamente, criar produtos customizados e ações individualizadas de marketing para nossos clientes, mesmo atendendo a milhões deles, simultânea e individualmente.

- O compartilhamento de dados entre empresas ajudará na formalização de bancos de fatos significativos. O fluxo de dados será uma das forças das organizações. Dividir é multiplicar, é preciso interagir.

- Os dados garantem segmentação, mais informação e, principalmente, a geração de *insights* inspiradores. Ao cruzar seus mundos, geramos infinitos universos originais, muito mais aprimorados. Sem os devidos compartilhamentos, a montanha de dados identificada e coletada nos setores produtivos é subutilizada.

CAPÍTULO 14

Meus Dados, Minhas Regras

"A pergunta certa é: que privacidade as pessoas querem [na internet]? E a verdade é que as pessoas não estão tão preocupadas. O que ocorreu depois de todas as revelações de Edward Snowden? Nada. Disseram: 'Não é bom que vejam minhas fotos íntimas.' E no dia seguinte continuaram [a postar]. Ninguém foi protestar."
— *Martin Hilbert, Professor da Universidade da Califórnia e assessor de tecnologia da Biblioteca do Congresso dos Estados Unidos.*

Até que enfim o Brasil tem sua lei de proteção de dados, e isso é algo a ser celebrado. É um excelente acontecimento por ser um marco legal para as empresas e os usuários da internet. Ou seja, para todos nós. Esse fato garante segurança à sociedade e confere previsibilidade em nossas ações. Para as corporações, é uma condição propícia ao desenvolvimento empresarial de suas atividades. Já para as pessoas, de forma geral, é parte de uma estratégia social que nos assegura controle efetivo sobre nossos dados pessoais em frente à ação de terceiros.

A previsão estipulada pelo Congresso para que a lei entrasse em vigor era o mês de fevereiro de 2020, depois postergada para agosto do mesmo ano. Caro leitor, como este texto foi escrito um pouco antes dessa data em questão, uso deliberadamente o verbo "entrar" em sua forma do pretérito imperfeito do subjuntivo para evitar surpresas. Apesar de ter certeza de que a lei já estará em vigor na data mencionada, tomo certa cautela na afirmação por estarmos no Brasil, país no qual, por vezes, tudo pode mudar repentinamente. Afinal, como há muito nos ensinou um dos mestres da Música Popular Brasileira, Jorge Ben Jor: *"Prudência e dinheiro no bolso. Canja de galinha. Não faz mal a ninguém."*

Esse marco legal é muito importante para estarmos em um ambiente virtual resguardo de aventureiros de toda a sorte, de piratas cibernéticos que agem no aparente anonimato dos *bytes* tirando proveito indevido de quem trafega honestamente na internet.

Nossa Lei Geral de Proteção de Dados, LGPD (Lei nº 13.709 de 2018), foi inspirada pela *General Data Protection Resolution* (GPDR) [Regulamento Geral sobre Proteção de Dados] da União Europeia. No Velho

Continente, eles veem a GPDR como o mais importante instrumento jurídico já elaborado para a privacidade de dados do cidadão da Comunidade Europeia em mais de duas décadas de ações legais nessa área.

De acordo com o texto deles: *"O regulamento reformula fundamentalmente o modo como os dados são tratados em todos os setores, desde os serviços de saúde até os serviços bancários, entre outros."* A existência de um instrumento legal como esse no berço da civilização ocidental, além de ser algo a ser celebrado, é, de fato, um marco internacional. Um exemplo inspirador.

Assim, a partir dessa referência, elaboramos a LGPD. Em seu texto, nossa lei consolidou, em um mesmo instrumento normativo, as regras sobre proteção de informações pessoais e garantiu aos cidadãos maior controle sobre suas informações pessoais e a sua utilização no armazenamento, na recuperação e transferência desses dados. Ela exige o consentimento explícito das pessoas (**OPT IN**) para liberação e consequente coleta e uso de seus dados. Isso é extremamente importante.

Essa determinação deve ser seguida por todas as empresas ou pessoas que estejam atrás de dados, independentemente de integrarem o poder público ou a iniciativa privada, de serem conhecidos ou desconhecidos remotos do lado de lá do oceano Atlântico.

E mais, a qualquer momento podemos optar por visualizar, corrigir ou excluir das plataformas virtuais parte ou a integralidade de qualquer aspecto de nossos dados pessoais. Essa condição é prevista pela lei.

Antes da LGPD, é como se vivêssemos em um ambiente de faroeste. Habitávamos uma terra sem lei, de ninguém, na qual todos saíam por aí atirando contra todos, deixando vítimas ao longo do caminho. Os tiros virtuais, no caso, seriam invasão de privacidade, roubo de informação, envio de publicidade impertinente ou exposição de dados sem consentimento. A lista de abusos é insidiosa. Por

242 ▪ O Fim da Idade Média e o Início da Idade Mídia

isso, sua normatização foi tão celebrada. Ela foi aprovada por unanimidade pelos plenários da Câmara e do Senado e sancionada, com vetos, pelo então presidente da República, Michel Temer, em agosto de 2018. Um desses vetos foi alvo de polêmica, aliás.

Temer vetou a criação da Autoridade Nacional de Proteção de Dados (ANPD), órgão previsto pela lei para atuar como sua instância reguladora. Ele seria o *xerife* desse setor. O então presidente alegou haver um "vício de iniciativa" na proposição da criação da ANPD e que caberia apenas ao Poder Executivo propor a criação de uma autarquia dessa natureza.

Entidades de classe e políticos se organizaram para derrubar o veto do ex-presidente, que foi confirmado pelo presidente Jair Bolsonaro.

Polêmicas à parte, por mais significativas que elas sejam, ainda é importante destacar outro avanço da LGPD. Ela prevê o pagamento de multas, entre outras sanções legais, para quem mantiver online a prática de discriminação ilícita ou abusiva. Assim, como no mundo offline, esse comportamento também será tipificado como crime no ambiente online.

Em tempos de tantos antagonismos desnecessários, de disseminação de *fake news*, de descompromisso com o outro em situações virtuais, nunca é demais lembrar: **é crime propagar o ódio, difamar, caluniar, efetuar ataques racistas. Esses comportamentos são intoleráveis. Há previsão de cerceamento da liberdade para quem for adepto dessas atitudes.**

A LGPD classificou, ainda, alguns aspectos de nossa vida como "dados sensíveis". São eles: nossas crenças religiosas, ou ausência delas, posicionamentos políticos, fenótipos (origem racial ou étnica), prontuários clínicos com informações de nossa saúde e detalhes de nossas atividades sexuais. Essas informações são categorizadas pela legislação como de uso limitado, restritivo. Devem ser protegidas devidamente por quem as detiver. É expressamente vedado seu uso para fins discriminatórios ou difamatórios por qualquer organização ou quem quer que seja.

Essa compreensão legal é um avanço efetivo porque, antes da LGPD, a legislação brasileira era vaga sobre uso de dados e segurança da privacidade de seus usuários no universo online. O conjunto de leis existentes não contemplava os aspectos específicos de nossas interações, por ter sido criado em um momento anterior à tecnologia ser tão presente em nossas vidas.

A PARTIR DA LGPD

As pessoas têm de ser previamente avisadas quando houver necessidade de repasse de seus dados pessoais para obtenção de produtos e/ou serviços.

Empresas devem excluir dados dos clientes após o fim da relação comercial entre as partes.

Caso seja solicitado, as empresas devem corrigir imediatamente os dados dos clientes.

É preciso garantir segurança contra vazamento nas transferências de dados pessoais.

Só com o consentimento dos pais é possível usar dados de menores de idade.

Se pudermos resumir, a **LGPD protege o cidadão brasileiro contra o uso arbitrário ou descontrolado de suas informações pessoais**. Gera transparência nas relações estabelecidas tanto entre as instituições públicas, com suas demandas de gestão, quanto nas empresas privadas que necessitam estabelecer uma relação comercial, de marketing, com a sociedade.

Nas regras instituídas, a segurança do cidadão ganhou protagonismo. Isso é um valor da Idade Mídia. Nós continuaremos existindo em sociedade, coletivamente, mas nossa interação será pautada muito mais a partir de nossa individualidade, tendo certeza da segurança necessária para com nossas características íntimas. Em outras palavras, isso se chama respeito. Não queremos, tampouco precisamos, ser violentados por quem busca nossos dados.

A Idade Mídia valoriza os bons cidadãos e as sociedades livres. Por isso, **a tecnologia e a legislação precisam estar unidas para minimizar os riscos das tendências da Pós-privacidade. A LGPD é um passo nesse sentido**. É instrumento de salvaguarda contra ações obscuras e desleais. Manteremos nossa confidencialidade sensível, tendo a opção de ceder qualquer um de nossos dados quando assim desejarmos, usufruindo, em troca, a prestação de um serviço, a compra de um bem ou de uma informação desejada.

Ao longo da Idade Mídia, a interação da tecnologia e da legislação é algo em evolução permanente, acelerada e ininterrupta. Ela deve se modificar à medida que surgirem novas realidades advindas dos avanços tecnológicos pelas modificações comportamentais das pessoas em decorrência de seu contato com a Inteligência Artificial. Porém temos sempre que adotar como regra o fato de que ninguém é obrigado a se expor. A legislação deve garantir o respeito à nossa intimidade. O indivíduo é quem decide sobre o que deve ser divulgado sobre si. Nesta nova Era, essa condição é inegociável. A legislação tem de ser rígida na proteção da privacidade das pessoas. Mas ainda estamos em uma fase de transição, de estruturação, e a LGPD faz algumas exceções.

Em seu artigo 4º, evidencia-se que a lei não se aplica ao tratamento de dados pessoais realizados para fins exclusivamente particulares e não econômicos, jornalísticos, artísticos, de segurança pública, defesa nacional, segurança do Estado ou atividades de investigação e repressão de infrações penais. Para esses casos, deve-se aplicar leis específicas.

A despeito de todo o avanço legal trazido pela LGPD, o Brasil estava bem atrasado nessa área em relação a outros países, dentre eles nossos vizinhos de continente e os integrantes do Mercosul. Essas nações já contavam com leis específicas de proteção à privacidade de seus cidadãos em ambientes online.

A LGPD, no fundo, define uma regra geral para a Era da Pós-privacidade. É o melhor fato para as marcas de respeito, que investiram vultosas somas de dinheiro na elaboração de estratégias para criação de sua reputação. A legislação traz uma enorme vantagem às corporações que sempre se portaram corretamente e investiram persistentemente para a difusão de seus valores. Com esse marco legal, finalmente, essas organizações serão verdadeiramente recompensadas. O desafio delas será pela busca do OPT IN de seus consumidores. E essa tarefa será tão mais facilitada quanto melhor for a reputação dessa empresa ou marca.

Está nas mãos dos clientes, dos cidadãos, concordar com a liberação de suas informações. Esses dados são preciosos para as instituições porque, a partir deles, é possível estruturar as operações comerciais e de fabricação de produtos. Mas se eu, como consumidor, desagradar-me com algum comportamento específico da empresa com a qual me relaciono por meio de suas marcas posso não liberar meus dados, inviabilizando a elaboração da estratégia dessa corporação.

Conquistar o OPT IN dos consumidores será um dos principais desafios para as empresas na Idade Mídia. Seus departamentos de marketing terão de criar estratégias agressivas. Os profissionais da área precisam lembrar que estamos deixando para trás a Era da *Mass Customization* para nos encaminharmos para o *True Individualism*.

Aos poucos, a produção em massa de bens e serviços afeita aos conceitos da *Idade Média* está sendo suplantada pela prática do *True Individualism*. Quanto mais avançarmos em direção à Idade Mídia, mais a *Mass Customization* perderá sentido. Isso é um desafio para os departamentos de marketing que surgiram, foram conceituados e evoluíram na cultura da *Idade Média*. É chegada a hora de superar paradigmas e começar a escrever outra história nesse setor tão fundamental para a dinâmica e a existência dos negócios.

O grande passo nessa direção vem da criação e do desenvolvimento de ações de marketing orientadas pela *hiperpersonalização* do consumo, o que vai gerar a verdadeira individualização das relações, a despeito de elas acontecerem em ambientes com milhões de pessoas espalhadas por diversas partes do mundo. As atividades desenvolvidas terão de contemplar o acontecimento das ações em tempo real.

CREDIBILIDADE IMPORTA (E MUITO)

Apesar de a nova Lei Geral de Proteção de Dados, à primeira vista, parecer ser uma ferramenta de restrição às marcas, dificultando a sua comunicação com os seus clientes, no fundo, a notícia de sua criação é o melhor fato que poderia acontecer às marcas honestas e íntegras, que sempre se relacionaram bem com seus clientes.

Com a criação da LGPD, as marcas que consolidaram essa relação com o mercado, mediante constantes investimentos em marketing e comunicação nos últimos anos, terão enorme vantagem competitiva em relação àquelas marcas mais efêmeras, inconstantes ou displicentes, que não se esforçaram de forma semelhante.

Na Idade Mídia, as pessoas só darão seu OPT IN para marcas de credibilidade. Essa condição é excelente! Limpa o atual cenário poluído de relação entre consumidores e marcas.

Só as marcas sérias conquistarão o apoio de seus consumidores.

As relações dos clientes e de suas marcas têm de ser entendidas como experiências, não apenas como mero ato de compra e venda de bens e serviços. **É preciso mexer com as vivências sensoriais e emotivas de cada um dos clientes para criar uma ligação profunda, inesquecível e duradoura entre eles e suas marcas de relacionamento.**

É claro, isso representa uma significativa alteração na maneira como os profissionais nos diversos níveis de atuação dos departamentos de marketing elaboram suas estratégias para retenção do foco das pessoas. É um desafio, sem dúvida. Mas, como profissionais da área de comunicação, vivemos motivados por desafios. Somos imbuídos por criar o novo, nos interessamos por diferentes formas de nos expressar na vida e como podemos aplicar o que acontece à nossa volta ao nosso trabalho. Esse comportamento profissional será acolhido pela dinâmica de mercado ao longo da Idade Mídia. Principalmente porque as estruturas sociais estarão baseadas muito mais na democratização da informação, obtida por novas ferramentas tecnológicas.

Quando as empresas têm de conquistar o OPT IN de seus clientes, elas precisam estabelecer elementos de troca para assegurar o aceite das pessoas. Ou seja, é preciso deixar clara a relação de ganho que cada uma das partes terá nessas interações no ato de fornecimento de seus dados. Isso se encaixa no conceito de *mutualidade*, no qual todos os envolvidos nas relações, indiferentemente de sua origem, ganham algo dos relacionamentos estabelecidos. Na prática, essa condição pode ser traduzida da seguinte maneira: **só é bom para mim se for bom para você.**

Essa prática é mais fácil de acontecer em sociedades que tenham firme compromisso com a Democracia. O indivíduo só deve admitir a abertura de parte da privacidade de suas informações quando tiver certeza de viver em sociedades nas quais seus governantes zelem pela liberdade individual de seus cidadãos. Se é forçado a fazer isso, evidentemente essa relação é inapropriada. Ela é estabelecida a partir de um lugar adverso ao entendimento da expressão do ser na Idade Mídia.

É muito improvável acontecerem atos verdadeiros de mutualidade em países com governos autoritários, ditatoriais ou centralizadores. Essa equação é desbalanceada, não fecha. Diante das gigantescas máquinas públicas dessas estruturas governamentais, as pessoas, individualmente, são frágeis. Coletivamente, elas não conseguem se articular pela falta de estrutura adequada para enfrentar e discordar de seus líderes. Esse é um dos motivos pelos quais geralmente as revoluções políticas em países com histórico de governos ditatoriais são atos sangrentos. Transformam-se em guerras, único meio encontrado por quem vive sob o jugo de um Estado que tudo pode, que tudo vê. Para essas estruturas, a liberdade proporcionada pelas ferramentas da Idade Mídia é uma constante ameaça a seus governantes. Ou eles as bloqueiam parcial ou integralmente, ou detêm o controle absoluto sobre o seu uso em seus territórios.

Podemos usar o exemplo do cotidiano em Cuba ou na China para ilustrar essa circunstância. A população desses dois países vive incerta, às cegas sobre o destino de seus dados quando seus governantes os acessam. Esses dois governos carecem de mecanismos transparentes em sua gestão, o que torna muito difícil, para não dizer impossível, estabelecer relações de confiança plena por parte de quem fornece as informações para a administração central do Estado. A China, por sua vez, é bem peculiar na forma como obtém os dados de sua imensa população.

Na terra de Mao, as pessoas utilizam seus celulares para realizar todos os seus pagamentos. Essa prática é mais disseminada em suas cidades mais urbanizadas, mas espalha-se, como tendência, para as zonas mais rurais. Com esse comportamento em seu hábito de consumo, eles registram a impressionante marca de US$5,5 trilhões em transações comerciais usando seus smartphones. Toda essa movimentação compõe o que chamamos de *credit score,* ou pontuação de crédito (também referida como score de crédito), como falamos na boa e antiga língua de Camões.

Score de crédito é uma avaliação financeira das empresas gestoras desses créditos, conferida aos consumidores. Essa análise é composta de notas atribuídas à quantidade de pagamentos honrados pelas compras realizadas. O histórico dessas compras compõe o "valor desse consumidor". Quanto mais positivo for esse score, mais bem avaliado será o indivíduo. Muito bem, esse é seu uso, digamos, corrente. Não na China. Por lá, há alguns anos o *score de crédito* deixou de ser um instrumento usado meramente para avaliar as transações comerciais e financeiras. Tornou-se uma ferramenta para qualificar socialmente seus usuários nas mais aleatórias relações. Detalhe: tudo pode estar sendo monitorado pelo governo, que é de alguma forma sócio nas empresas de crédito, e que implementa este sistema no país desde 2014.

Dessa forma, a administração estatal chinesa pode estar absolutamente atualizada sobre tudo na vida dos seus cidadãos. Com quem eles andam, quais são os hábitos de lazer e hobbies de cada um, qual a utilização das redes sociais e, mais importante, qual conteúdo a pessoa está postando, com quem está interagindo nas redes sociais. É um grande mapa social de seus habitantes, composto de dados privados e restritos. No entanto, por essa prática, todos eles são devassados.

Com as informações em mãos, os líderes do governo fazem suas avaliações e determinam o tratamento a ser dispensado para cada um dos cidadãos em todos os aspectos da vida deles. No ambiente de trabalho, nas relações com os órgãos governamentais, na oferta de benefícios e prestação de serviço público. Pouco a pouco, os chineses são considerados bons ou maus cidadãos em decorrência dessas notas. E isso ainda não é tudo.

As pessoas, as lojas e os profissionais liberais também conseguem ter acesso ao *score* de seus vizinhos, colegas de trabalho, chefes, ex-

-namoradas, parentes distantes. Todo mundo acessa parte dos dados de todo mundo. Lembro, mais uma vez, que aqui não estou emitindo nenhum juízo de valor sobre essa situação ao mencioná-la. Estou, resumidamente, pontuando um uso específico de *score de crédito*, neste caso, *ranking social,* impressionante por sua capilaridade, volume e dimensão social. Mas ressalvo: o uso excessivo desse instrumento de mensuração feito pelo governo chinês merece atenção e reflexão. Até porque por aqui, no Brasil, temos o nosso *Cadastro Positivo* desde 2011.

Nosso *Cadastro* entrou em vigor pela primeira vez em 2013. Em 2019, sofreu modificações no Congresso. A Câmara dos Deputados alterou aspectos de sua constituição. Essas alterações foram ratificadas pelo Senado e, em seguida, sancionadas pelo presidente Jair Bolsonaro, em 8 de abril de 2019.

Basicamente, a modificação feita em seu texto permite aos bancos e demais instituições financeiras incluir no *Cadastro*, sem autorização prévia, o nome de qualquer consumidor em território federal considerado "bom pagador". Para o mercado, essa medida vai gerar mais adesão ao *Cadastro Positivo*. A participação da população nessa classificação era muito baixa até essas modificações terem sido feitas.

Para quem não tem nada a esconder, é muito bom que tenhamos um serviço de avaliação de crédito. O *Cadastro Positivo* agrega valor à nossa forma de consumo e beneficiará quem estiver com suas contas em dia, revelando os bons pagadores. A partir de suas informações, os clientes com histórico positivo de transações podem receber vantagens, como fazer compras parceladas com incidência de juros mais baixos.

As pessoas com CPF limpo terão seu nome automaticamente incluído nessa listagem para avaliações de lojas, financeiras, entre outras instituições. A consulta é feita mediante solicitação ao birô de crédito, por telefone, pessoalmente ou via internet, mas, como estamos em um país democrático, quem não quiser expor seus dados poderá pedir a retirada de suas informações da lista. A pessoa ficará de fora dos benefícios ofertados, mas manterá restrita essa informação, caso seja mais atraente para ela manter o sigilo.

Assim como em qualquer país civilizado, o pedágio nas estradas só é permitido se houver alternativas de caminho sem custo, e assim também deve ser o direito de cada cidadão. O direito de opção é fundamental em sociedades livres.

Aqueles que são favoráveis a esse movimento, como as gestoras de crédito e bancos, principais interessados na consolidação desse sistema, dizem que o valor dos juros no país tende a cair com a disseminação de seu uso. Eles ficarão mais baixos e acessíveis. Já seus críticos garantem haver falta de transparência nesse sistema, além de a adesão automática do nome das pessoas à listagem ir de encontro ao que determina o Código de Defesa do Consumidor sobre esse assunto.

A polêmica a respeito do *Cadastro Positivo* persistirá. Haverá sempre quem o veja como algo positivo, enquanto seus detratores ressaltarão o que entendem como aspectos negativos desse sistema. Seja como for, na medida em que obtêm algo em troca, quando estão navegando pela internet, de forma geral, os brasileiros cedem seus dados para serem usados ou visualizados. No caso do *Cadastro Positivo*, esse algo "em troca" viria na forma de juros mais baixos e de vantagens para parcelamentos das compras. Com certeza esse benefício é algo sugestivo para grande parte da população.

Preponderantemente, as pessoas são honestas e despreocupadas em mostrar que, sim, são boas pagadoras. Por isso há, efetivamente, uma chance de crescimento no uso do *Cadastro Positivo*.

Na Idade Mídia, o mundo será orientado pela geração e troca de informação. Isso, invariavelmente, acontecerá mediante o recebimento de alguma vantagem, dentro do aspecto de mutualidade. Os benefícios advindos desse comportamento serão evidentes para a sociedade, fortalecerão o florescimento e a expansão de uma cultura voltada ao compartilhamento da informação, eliminando possíveis riscos de retrocessos sociais.

O compartilhamento de conhecimento de dados tem muita força, movimenta e transforma tudo à sua volta. Neste contexto, o mundo funcionará como um grande assistente das realizações pessoais e individuais de cada pessoa. Ofereço parte de meus dados a ele e, em troca, ele me retribui com facilidades para impulsionar meu crescimento pessoal incondicionalmente. Esse é um *fair trade*, compensa a perda de certo nível de privacidade.

> Se, por um lado, a Idade Mídia reduz a privacidade das pessoas por meio da constante captação de dados por parte dos agentes digitais, por outro ela permite comprar qualquer coisa na privacidade de seu lar, assistir ao que tiver vontade na intimidade da sua tela e perguntar o que quiser respeitando a privacidade de sua curiosidade.

E não esqueçamos jamais: todas essas relações são baseadas no respeito às diversas formas existentes de individualidade. Isso é um princípio estruturante da Idade Mídia e da evolução de suas relações. O direito de alguém sempre termina onde começa o direito do outro. Meu dever é comigo e para com a boa manutenção das relações construídas em meu contexto de interação. Assim, juntos e a partir de nossos desejos, vamos democratizar ainda mais nossa sociedade, dando chance para o desenvolvimento de contextos socioeconômicos mais equânimes. Cabe a cada um de nós, com nossos sonhos e realizações, tornar essa experiência produtiva e uma fascinante jornada de vida.

Leitura Dinâmica

PARA FIXAR: CAPÍTULO 14

- O Brasil estabeleceu em 2018 sua Lei Geral de Proteção de Dados LGPD (Lei nº 13.709 de 2018) e esta é uma excelente notícia.

- Nossa LGPD é um marco legal e protege o cidadão brasileiro contra o uso arbitrário ou descontrolado de suas informações pessoais. Em sua concepção, ela foi inspirada na *General Data Protection Resolution* (GPDR) [Regulamento Geral sobre Proteção de Dados] da União Europeia.

- Em seu texto, a LGPD consolida as normas sobre a proteção de informações pessoais e garante aos cidadãos maior controle sobre seus dados e sobre a utilização, o armazenamento, a recuperação e a transferência desse conteúdo.

- Ela exige o consentimento explícito das pessoas (OPT IN) tanto para a liberação como para a coleta e o uso de seus dados.

- O desafio das empresas ao longo da Idade Mídia será buscar a concordância de cada pessoa para a utilização de suas informações. Pesquisas apontam que grande parte da população brasileira está disposta a doar seus dados se ganhar algo em troca com essa cessão de informação.

- Nossa legislação traz uma enorme vantagem às corporações que sempre se portaram corretamente e investiram persistentemente na difusão de seus valores. Com esse marco legal, enfim essas organizações serão verdadeiramente recompensadas.

- A Idade Mídia valoriza os bons cidadãos e as sociedades livres. Por isso, a tecnologia e a legislação precisam estar unidas para minimizar os riscos das tendências da Pós-privacidade.

- Ninguém é obrigado a se expor, e nossa legislação garante o respeito à nossa intimidade. O indivíduo é quem decide sobre o que deve ser divulgado sobre si. Nesta nova Era, essa condição é inegociável.

- No fundo, a LGPD define uma regra geral para a Era da Pós-privacidade. Está nas mãos dos clientes e dos cidadãos concordar com a liberação de suas informações.

- Conquistar o OPT IN dos consumidores será um dos principais desafios para as empresas na Idade Mídia. Seus departamentos de marketing terão de criar estratégias agressivas. Os profissionais da área precisam lembrar que estamos deixando para trás a Era da *Mass Customization* para nos encaminhar para o *True Individualism*.

- Na Idade Mídia, o mundo será orientado pela geração e troca de informação. Isso, invariavelmente, acontecerá mediante o recebimento de alguma vantagem dentro do aspecto de mutualidade.

- Quando as empresas têm de conquistar o OPT IN de seus clientes, elas precisam estabelecer elementos de troca para assegurar o aceite das pessoas. Ou seja, é preciso deixar clara a relação de ganho que cada uma das partes terá nessas interações no ato de fornecimento de seus dados.

- Ao longo da Idade Mídia, a interação da tecnologia e da legislação é algo permanente em constante evolução. Tecnologia e legislação precisam estar unidas, minimizando os riscos da Pós-privacidade.

- Quanto mais rápido a sociedade aceitar as novas regras do jogo e se preparar para ele, mais segura e eficiente estará e será. Quanto menos privacidade, mais tolerância com as diferenças. E isso é extremamente importante.

CAPÍTULO 15

A Inteligência Artificial Avança. Vamos Superar os Limites do Impossível

*"A criação da Inteligência Artificial pode ser
o maior evento da história da humanidade.
Infelizmente, também pode ser o último, a menos
que aprendamos a evitar seus riscos."*
— Stephen Hawking, Físico e Cosmólogo.

O que é Inteligência Artificial?

É a ciência e a engenharia para se fazer máquinas inteligentes, especialmente programas de computador. Está relacionada à tarefa semelhante de usar computadores para entender a inteligência humana, mas a IA não precisa se limitar a métodos biologicamente observáveis.

Sim, mas o que é inteligência?

Inteligência é a parte computacional da capacidade aplicada para se atingir objetivos no mundo. Diferentes tipos e graus de inteligência ocorrem em pessoas, muitos animais e algumas máquinas.

Existiria uma definição consistente sobre inteligência que não implique relacioná-la à inteligência humana?

Ainda não. O problema é que ainda não podemos caracterizar, em geral, que tipos de procedimentos computacionais queremos chamar de inteligentes. Nós entendemos alguns dos mecanismos de inteligência, outros, não.

Não seria a Inteligência Artificial uma simulação da inteligência humana?

Às vezes, mas nem sempre, ou mesmo normalmente. Por um lado, podemos aprender algo sobre como fazer máquinas e resolver problemas observando outras pessoas, ou apenas observando nossos próprios métodos.

Por outro, a maioria dos trabalhos em IA envolve estudar os problemas que o mundo apresenta à inteligência, em vez de estudar pessoas ou animais. Os pesquisadores de IA são livres para usar métodos que não são observados em pessoas ou que envolvem muito mais computação do que as pessoas podem fazer.

A Inteligência Artificial será, algum dia, igual à dos seres humanos?

Algumas pessoas pensam que a inteligência em âmbito humano pode ser alcançada ao se escrever um grande número de programas, do tipo que as pessoas estão agora escrevendo, e reunindo vastas bases de conhecimento de fatos nas línguas agora usadas para expressar conhecimentos. No entanto, a maioria dos pesquisadores acredita que novas ideias fundamentais são necessárias e, portanto, não pode ser previsto quando a Inteligência Artificial alcançará a inteligência humana.

O que devo estudar antes ou enquanto aprendo IA?

Matemática, especialmente, lógica matemática. Quanto mais você aprende sobre ciências, por exemplo, física ou biologia, melhor. Para as abordagens biológicas da IA, estude a psicologia e a fisiologia do sistema nervoso. Aprenda algumas linguagens de programação — pelo menos C, LISP e Prolog.

Caro leitor, você acaba de ler a forma como aquele que é considerado o pai da Inteligência Artificial a descrevia. Sim, a Inteligência Artificial teve um "pai", por assim dizer, John McCarthy. Ele foi professor de Ciência da Computação na Universidade de Stanford e foi a primeira pessoa a conceituar e usar esse termo como o conhecemos.

Ele foi usado pela primeira vez no verão do hemisfério norte, em **31 de agosto de 1955**, em um congresso realizado na Dartmouth College, no estado de New Hampshire, costa leste dos Estados Unidos.

Chamado de *A Proposal for the Dartmouth Summer Research Project on Artificial Intelligence* ("Uma Proposta para o Projeto de Pesquisa de Verão da Dartmouth sobre Inteligência Artificial", em tradução livre), McCarthy reuniu-se com outros cientistas de distintas áreas da engenharia, psicologia, neurociência, matemática, entre outras, para refletir sobre como as máquinas poderiam usar linguagem, abstrações de formulários e conceitos para resolver problemas que até aquela data eram prerrogativas humanas. E não só: que fossem capazes de evoluir a partir da resolução dos problemas a elas apresentados. Na época, esse grupo de cientistas investigava a possibilidade de se criar máquinas preparadas para reproduzir os processos da aprendizagem humana.

Como naquele período floresciam diversas teorias computacionais de linguagem, comportamento e redes neurais de investigação científica, ele decidiu identificar todas aquelas descobertas como Inteligências Artificiais. Assim, era criado um dos fundamentos da Idade Mídia. McCarthy é uma importante referência para esta Era. Além de ser um visionário, elaborando conjecturas de futuro em seu laboratório, ele atingiu diversos feitos, entre eles, o desenvolvimento da linguagem de programação LISP (*List Processing*), que viria a ser a mais utilizada em projetos de Inteligência Artificial.

Devido às suas descobertas e ao seu trabalho de forma geral, ele recebeu, em 1971, o Prêmio Turing, premiação essa considerada o Nobel da Ciência da Computação.

Até sua morte, aos 84 anos, em 2011, ele foi um pesquisador incansável e sempre manteve relações próximas com seus alunos, que o chamavam de "Tio John". Ele também se mostrava aberto a explicar os meandros da Inteligência Artificial até para quem fosse completamente neófito no assunto, mas que o procurasse em busca de respostas. Para disseminar suas teses, montou um site

A Inteligência Artificial Avança ▪ **261**

que, após seu falecimento, passou a ser administrado pela Universidade de Stanford, onde desenvolveu sua carreira profissional, e de onde extraí as perguntas e respostas usadas na abertura deste capítulo.

O trabalho de McCarthy foi fundamental para todos nós. Ele é um dos elementos estruturantes da Idade Mídia: criou condições para que possamos nos desenvolver em termos civilizatórios. Isso não é pouca coisa. Cada vez mais, os avanços científicos são impulsionados pelos recursos elaborados a partir da computação, como decorrência dos estudos de McCarthy. Claro, ele não está só nessa jornada. Há outras importantes figuras, como o matemático inglês Alan Turing. Seu trabalho é essencial para avançarmos rumo à Idade Mídia. Na área de Exatas, ele é venerado.

Matemático, criptógrafo e pioneiro da ciência da computação, Turing, em 1936, publicou um artigo reconhecido posteriormente como a base da ciência da computação. Além disso, ainda em sua juventude, elaborou uma estrutura chamada de "Máquina Universal" que, em tese, poderia decodificar qualquer conjunto de instruções.

Alguns anos depois, ele aplicou seu conhecimento em um dos eventos mais traumáticos do século XX, a Segunda Guerra Mundial, e obteve um feito sem precedentes. Ele quebrou o *Código Enigma*, sistema de comunicação usado pelos militares nazistas em suas trocas de mensagens considerado, até então, inviolável. Esse evento foi épico e decisivo na campanha dos exércitos Aliados para derrotar Adolf Hitler e seu poderio bélico. Há diversas obras que relatam a história de vida fascinante desse cientista; aconselho vivamente a leitura. Aqui, faço essa breve menção a ele como reconhecimento de sua importância para a construção de uma nova Era.

IA & o Marketing

A Inteligência Artificial vem percorrendo um rápido caminho de evolução. Isso é admirável. Essa ciência já nos proporcionou muitos avanços em menos de um século. Seu progresso, a cada dia, é mais instantâneo. Ela confirma a teoria de McCarthy de que as máquinas seriam capazes de resolver problemas e, a partir dessa resolução, seria inevitável sua evolução.

> Parece que o céu é o limite para IA. Ou será que nem o céu a deterá? Teríamos para onde nos expandir no infinito universo? Para quais fronteiras cósmicas a IA pode nos levar?

Ainda não tenho respostas para esses questionamentos. Ficarei muito feliz em compartilhar com você esse conhecimento quando o souber. Por enquanto, atenho-me às revoluções provocadas pela Inteligência Artificial em áreas mais próximas à de minha atuação profissional, o marketing e a comunicação.

A Idade Mídia privilegia o indivíduo, suas necessidades e características que o tornam único. Em seu advento, ela decretará o fim das avaliações por média. A sociedade não será mais vista como uma massa uniforme, de gostos padrões e comportamento mediano. Esses conceitos serão implodidos e **os profissionais de marketing estarão no epicentro dessas mudanças na comunicação das empresas.** Serão eles os responsáveis por recriar a linguagem de venda das corporações; deverão criar novos caminhos de comunicação e contato com os clientes; terão de estabelecer os novos paradigmas de trabalho utilizando ferramentas tecnológicas, tendo de fazer análises preditivas cada vez mais precisas.

Como indivíduos, temos gostos distintos, independentemente de nossa origem, proximidade de relacionamento ou relação consanguínea. Temos nossas vontades e o outro tem as vontades dele. Nesta nova Era, a tecnologia nos permite descobrir quais são essas vontades particulares, individuais. Essas são informações básicas para serem trabalhadas em nossas campanhas de marketing. Isso é compulsório, e caso haja alguma dúvida sobre essa questão, tenha certeza, sua estratégia de anúncio será ineficaz. Você precisa rever imediatamente seus conceitos.

Não dá mais para apostar exclusivamente nas estratégias da *Idade Média* como solução para seu trabalho. Olhe atentamente o mundo ao seu redor. Ele pode lhe parecer familiar, mas já é outro e amanhã não será o mesmo de hoje. Essa afirmação não é mera retórica, filosofia de botequim. Na Idade Mídia, a aplicação dos algoritmos, da Computação Quântica e da IA é tão intensa, e será tão abrangente, que o ritmo de como entendemos e vivenciamos as mudanças vai se alterar. É preciso estar alerta para perceber o rápido e sutil movimento dessas transformações. Em todo momento de nosso cotidiano, deparamo-nos com eles. No supermercado, em laboratórios clínicos, no estacionamento. Você é capaz de identificar em seu cotidiano aquilo que já está automatizado? Ao longo de seu dia, quantas vezes você se relacionou hoje com a IA?

Todas essas modificações impactam diretamente na relação de consumo. Viveremos momentos de transformações radicais no comportamento das pessoas e no que as leva a decidir por uma marca em detrimento de sua concorrente.

Como a Idade Mídia evidencia movimentos díspares e aparentemente aleatórios dos consumidores, tenha como mantra: *dados, fatos e conteúdo mudam a todo instante, e essa mudança torna-se mais veloz com o passar dos anos.* Não se deixe atropelar por ela, nem fique para trás.

Invista constantemente em seu *Capital Intelectual* e esteja aberto para o novo.

Será no cruzamento dinâmico entre dados, fatos e conteúdo que as oportunidades de ação de marketing se colocarão à mostra. Ao percebê-las, aja rapidamente, não deixe as janelas de oportunidade se fecharem à sua frente sem que você tenha feito um movimento sequer para mantê-las abertas.

A SABER

Dados são informações básicas, primárias, sobre um determinado assunto. No caso de uma pessoa, seu estado civil, profissão, idade são exemplos.

Já os **Fatos** são informações mais detalhadas. Ainda em relação à pessoa, essas informações estariam relacionadas aos acontecimentos em um determinado período de sua vida, como as suas mais recentes compras, se ela teria adquirido algum bem de valor, se penhorou uma joia etc.

Por fim, o **Conteúdo** detalha profundamente as áreas de interesse momentâneo dessa pessoa. O que ela estaria fazendo, lendo, curtindo nas redes sociais, entre outros aspectos.

Ao integrarmos os resultados obtidos das análises de dados, fatos e conteúdo, geramos uma espiral ascendente de *proximidade* e *sincronismo* cada vez mais pertinente para nossos clientes. Potencializamos, com isso, as vendas das empresas e consolidamos nosso relacionamento com os consumidores. Este é um cenário de ganhos mútuos. Mas cuidado!

A Inteligência Artificial Avança ▪ **265**

Buscar dados no mundo digital é como tomar água de hidrante. É coisa para profissional. É preciso estar informado, dominar técnicas, saber analisar os resultados obtidos. Não podemos passar todo o tempo cruzando os dados e depois cruzando os dedos, esperando que uma força superior nos indique os caminhos a serem seguidos. Tenha responsabilidade sobre suas atitudes e clareza sobre as consequências delas. Na Idade Mídia, os retornos das ações seguem a velocidade dessa Era: são extremamente velozes.

Ao se planejar para atuar, defina claramente os objetivos de suas ações antes de utilizar as ferramentas de Big Data. Essa postura de organização é fundamental. É preciso definir a estratégia e o objetivo para o uso desses recursos. Parta das perguntas: O que eu quero com essa estratégia? Reduzir riscos? Defender o patrimônio da empresa? Cumprir governança? Avaliar resultados? Ou será que meu objetivo é aumentar as vendas e satisfazer o cliente? A resposta a esses questionamentos o fará ter clareza sobre qual estratégia adotar, se a *Defensiva* ou a *Ofensiva*.

Se eu estiver preocupado com as finanças, com a área jurídica, com a administração das organizações, tenho de ter uma *Estratégia Defensiva*. Mas se, pelo contrário, busco aumentar as vendas, fazer planejamento e elaborar ações de marketing efetivas, preciso focar a criação da *Estratégia Ofensiva*. Essas estratégias têm focos distintos de atuação. A *Defensiva* está centrada na administração da empresa e a *Ofensiva* foca o cliente. Vamos entender melhor.

A *Ofensiva* trabalha com a flexibilidade de ações, entendendo que tudo muda o tempo todo, atua em cenário altamente competitivo. A *Defensiva*, por sua vez, busca o controle, e é recomendada para mercados fortemente regulados.

A *Defensiva* busca dados e fatos, já para a *Ofensiva*, apenas, dados e fatos não são suficientes: é também preciso obter os aspectos de conteúdo.

Na *Estratégia Ofensiva,* busco não só o que a pessoa é (dados): estado civil, profissão, idade, mas vou além, quero saber o que está acontecendo com ela em um determinado período de tempo (fatos), suas mais recentes compras ou se adquiriu um bem de valor alto. Mas isso não é tudo. Nesse levantamento, preciso saber, principalmente, o que essa pessoa está lendo, assistindo, em quais posts deu *like* (conteúdo).

É na combinação desses três elementos que vou descobrir os quereres dessa pessoa em questão e, a partir dessa informação, saberei qual oferta de produto é mais adequada para ela. Tecnicamente, esse cenário se encaixa em uma Arquitetura MVOT *(Multiple Versions of Truth).* Enquanto seu oposto, aplicado à *Estratégia Defensiva,* compõe uma Arquitetura SSOT (*Single Source of Truth*).

Podemos fazer um paralelo dessas definições à apresentação dos dados estruturados e não estruturados. A Arquitetura SSOT corresponderia aos dados estruturados; já a Arquitetura MVOT é correspondente aos dados não estruturados.

Lembro, ainda, que a possibilidade de migração de *Data Warehouses* para *Data Lakes* permitiu a expansão de estratégias combinadas de SSOT + MVOT a custos permissivos. E a evolução da gestão de dados hierárquicos para computação neural abre perspectivas até hoje impensáveis para a utilização de Big Data.

VALE CONCEITUAR

O *Data Lake* é uma central de armazenagem de todo e qualquer dado gerado pelas organizações. Eles são geralmente guardados nesse ambiente em estado bruto, sem nenhum tipo de análise ou tratamento. Por sua vez, nos *Data Warehouses* são armazenados dados processados e organizados.

Para o marketing, o uso de dados, fatos e conteúdo nos permite saber exatamente o que nossos clientes querem e quando isso acontece. O cruzamento dessas informações, sobretudo, nos auxilia a antever situações e oferecer algo que se encaixe perfeitamente à sua necessidade naquele momento de nossa relação.

O uso das ferramentas de Big Data e demais sistemas tecnológicos da Idade Mídia é uma jornada de conhecimento. Temos de usá-los para acompanhar por longos períodos as experiências de vida dos consumidores. Aplicá-los a fatos isolados é subutilizar a capacidade desses instrumentos. O seu bom uso se faz na análise da vida inteira das pessoas; não está restrito a fatos isolados.

Se nossos clientes se relacionam conosco, temos a obrigação de saber deles os motivos pelos quais eles nos escolheram como marca inserida em suas vidas. Precisamos entender quem são, o que aspiram para si e para o mundo. Quais são suas expectativas de futuro. Ao mapear esses elementos, os departamentos de marketing estarão aptos a realizar campanhas de *estratégias sincrônicas* perenes de acordo com a vida dessas pessoas, levando valor para as inferências das marcas no cotidiano desses clientes.

Tenha também como mantra: **as ferramentas de Big Data são aliadas fundamentais para a jornada de conhecimento estabelecida entre as marcas e seus consumidores.** Fatos isolados nessa viagem são importantes, mas não passam de fatos isolados. Analise sempre o panorama geral das situações. Ouse e não tenha medo de mudar suas estratégias diante de novas demandas. Faça os ajustes necessários, a calibração de toda e qualquer circunstância.

O marketing na Idade Mídia se adéqua à demanda de seu público. As marcas terão de dialogar com os gostos particulares de cada um de seus consumidores. Portanto, devem formatar a sua estratégia de venda em análise de mercado que considere o indivíduo, não a média da população.

Na *Idade Média*, havia a divisão entre Marketing e Marketing Digital, mas com a evolução da sociedade, com o definitivo surgimento da Idade Mídia, essa distinção precisa ser abolida. Ela soa completamente ultrapassada.

Marketing é a elaboração da estratégia empresarial para incremento de seus lucros em qualquer ambiente existente, digital ou não. Não faz mais sentido, nas estratégias de comunicação, separarmos em mundos adversos, opostos, distintos, as ações que são feitas em ambiente digital e as demais realizadas em outros espaços não virtuais. Essas ações devem ser integradas; não podem sequer andar lado a lado. Elas têm de estar juntas e misturadas, acontecendo simultaneamente. Essa condição deixou há muito de ser algo surpreendente, inédito.

Em uma sociedade mediada cada vez mais pela comunicação móvel, as ações de estratégia de marketing devem somar, adicionar, às caraterísticas e potencialidades de todos os ambientes onde serão executadas. Isso potencializa os resultados das campanhas elaboradas, gera mais visibilidade para as marcas e confere credibilidade.

A Inteligência Artificial está provocando mudanças radicais nos mais diversos setores de nossas vidas. O mundo evolui a partir de sua disseminação e o marketing está inserido nessa revolução. Aos poucos, o setor entende quais são as ações viáveis e possíveis de automação. Os executivos da área reveem funções e realocam profissionais para tornar mais harmônico o convívio entre as pessoas, as máquinas e seus sistemas inteligentes de execução das tarefas. Quanto maior for a ampliação dessa circunstância, mais aprimorada será a automação das funções existentes no setor. Com isso, haverá maior engajamento dos profissionais para a concepção de estratégias. Eles poderão se dedicar mais a aperfeiçoar suas habilidades de análise e de observação do mundo ao seu redor. **A reformulação em**

A Inteligência Artificial Avança ▪ **269**

curso é irrestrita e não existem meios para retê-la. Quanto mais ela estiver presente, mais evidentes serão seus ganhos.

Listo, a seguir, alguns desses benefícios. Claro, como em toda lista, algo sempre fica de fora. Mas reflita sobre estes exemplos. A Inteligência Artificial revoluciona o marketing em diversas frentes e projeta novos cenários de atuação e tarefas para os profissionais dessa área.

IA E O MARKETING

Aumenta e aperfeiçoa a segmentação dos clientes.

Cria experiências de consumo verdadeiramente personalizadas.

Estabelece relações hiperpersonalizadas.

As mensagens chegam aos consumidores no momento exato em que eles necessitam dela.

Gera entendimento abrangente e profundo das motivações dos clientes na vida.

Os relacionamentos deixam de ser pontuais e fugidios, passam a ser duradouros.

Possibilita a realização de análises preditivas acuradas.

Antevê o desejo de consumo das pessoas.

Estabelece novas formas de interação, algumas sequer descritas.

Melhora a efetividade das campanhas estratégicas elaboradas.

Maior facilidade para entrar em contato com os *insights* dos clientes.

Abundância na oferta de dados, fatos e conteúdo.

Eficiência para coleta e armazenagem de padrões de comportamento dos públicos de relacionamento.

Gera informações detalhadas.

Mais poder de ação, iniciativa e rapidez nas respostas às demandas.

Ampliação e facilidade de ações de *retargeting*.

Possibilita a elaboração de campanhas mais inteligentes e mais bem integradas.

Aprimora a interação com o cliente.

Amplia os canais para dialogar com os consumidores.

Gera vivências únicas no relacionamento dos clientes com suas marcas.

A história relata que, em 1955, quando o congresso na Dartmouth College chegou ao fim, o professor McCarthy e seus colegas voltaram para a casa com uma boa sensação. Estavam animados com o que haviam discutido. Sentiam-se instigados pelas apresentações e se desafiaram a fazer outras descobertas em suas investigações científicas. Diante de tudo que viram, ouviram e falaram, tiveram uma certeza: em algum momento de nossas vidas, a Inteligência Artificial será igualada à Inteligência Humana. Esse pensamento ainda é mera especulação, uma ilação. Mas, ano após ano, estamos mais próximos de presenciar esse acontecimento. As evidências desse fato estão mais presentes. Quando essa situação se efetivar, estaremos bem mais próximos de acabar com os limites do impossível.

Leitura Dinâmica

PARA FIXAR: CAPÍTULO 15

- A expressão "Inteligência Artificial" foi usada pela primeira vez no verão do hemisfério norte em 31 de agosto de 1955 em um congresso realizado na Dartmouth College, no estado de New Hampshire, costa leste dos Estados Unidos. O então professor de Ciência da Computação na Universidade de Stanford, John McCarthy, é o criador do conceito de IA.

- O trabalho do professor McCarthy é fundamental para estruturar a Idade Mídia.

- Na Idade Mídia, a aplicação dos algoritmos, da Computação Quântica e da IA é tão intensa, e será tão abrangente, que o ritmo de como entendemos e vivemos as mudanças vai se alterar.

- Nesta nova Era, as empresas precisam ter como mantra: dados, fatos e conteúdo mudam a todo instante e essa mudança torna-se mais veloz com o passar dos anos.

- Será no cruzamento dinâmico entre dados, fatos e conteúdo que as oportunidades de ação de marketing se colocarão à mostra.

- Esse *cross fertilization* nos permite saber respostas que ninguém sabe e trabalhar de maneira cada vez mais sincrônica no marketing de produtos e serviços.

- Ao integrarmos os resultados obtidos das análises dos dados, fatos e conteúdo, geramos uma espiral ascendente de proximidade e sincronismo cada vez mais pertinente para nossos clientes. Potencializamos, com isso, as vendas das empresas e consolidamos nosso relacionamento com os consumidores.

- O cruzamento de dados, fatos e conteúdo otimiza a aplicação de inteligência preditiva (inferência bayesiana) que antecipa decisões e oferece oportunidades únicas de previsibilidade de resultados.

- Os profissionais de marketing estão no epicentro da revolução da comunicação das empresas, proporcionada pelo advento da IA. Eles serão os responsáveis por recriar a linguagem de venda das corporações e devem elaborar novos caminhos de comunicação e contato com os clientes. Terão de estabelecer os novos paradigmas de trabalho utilizando ferramentas tecnológicas, tendo de fazer análises preditivas cada vez mais precisas.

- Marketing é a elaboração da estratégia empresarial para incremento de seus lucros em qualquer ambiente existente, digital ou não. Não faz mais sentido, nas estratégias de comunicação, separarmos em mundos adversos as ações feitas em ambiente digital e as demais, realizadas em outros espaços não virtuais. Essas ações devem ser integradas.

CAPÍTULO 16

Na Idade Mídia, o "Normal" É Ser Diferente

"A determinação do homem-médio não é meramente uma questão de curiosidade especulativa; pode ser o serviço mais importante para a ciência do homem e do sistema social."
— Adolphe Quételet, Astrônomo, Estatístico e Sociólogo.

Caro leitor, de forma objetiva, podemos entender uma Era como um longo período histórico caracterizado por estruturas ambientais, sociais, econômicas e políticas semelhantes. Cientistas sociais, de maneira geral, nos apontam a ocorrência de fatos para explicar os períodos passados ou indicar mudanças futuras. Isso é feito didaticamente para melhor entendermos nossa evolução e relacioná-la ao surgimento de acontecimentos ou ao término de hábitos e costumes.

Acadêmicos têm mais expertise para tratar sobre este tema do que eu, um especialista em comunicação, inovação e no uso de ferramentas tecnológicas como instrumentos fundamentais nos processos comunicativos, principalmente em ambientes empresariais. Mas faço certas considerações aqui que extrapolam minha área fim de atuação porque elas são importantes para termos um quadro mais objetivo sobre o efetivo aparecimento da Idade Mídia.

Neste momento, estamos em um período de transição; estamos deixando para trás a *Idade Média*. Períodos transitórios são tempos de ruptura, de muita negação e de incertezas. Algumas pessoas aceitam mais facilmente as modificações. Outras, por sua natureza, encontram mais dificuldades em aceitá-las. Isso é uma condição normal da psicologia humana. É preciso também lembrar a possibilidade de existirem várias Eras dentro de uma mesma Era. Isso acontece por existir distintos níveis de experiência, vivência e percepção inseridos em um cenário mais amplo.

Para simplificar a compreensão desse pensamento, vou usar um fato amplamente conhecido para ilustrá-lo: a Era dos dinossauros sobre a Terra. E o faço por ele ser um tempo anterior ao nosso, prévio à

Na Idade Mídia, o "Normal" É Ser Diferente ■ 277

nossa noção de estrutura social, e por estar ligado a outras espécies completamente distintas da espécie humana, evidenciando que uma Era não precisa de pessoas para existir. Ela existe e ponto.

Esses gigantescos animais foram dominantes em uma Era a qual chamamos de Mesozoica. Eles viveram há mais de 225 milhões de anos, no período Jurássico, outra forma de identificar aquele contexto, e por mais de 100 milhões de anos foram predominantes no solo terrestre. Eles são apontados como o grupo animal mais bem-sucedido em termos de duração e dominância que já existiu. Eram seres completamente adaptáveis, e isso foi fundamental para a longevidade deles. Havia espécies carnívoras, herbívoras e onívoras. Alguns voavam, outros viviam na água. A maioria, por sua vez, habitava as planícies e campos.

Em seu tempo de reinado, as temperaturas da Terra eram amenas e pouco variavam. Não ocorriam extremos de calor ou frio. Mas eis que em um determinado momento tudo mudou. O planeta foi atingido por um corpo celeste que alterou o clima e a incidência da luz solar. Houve uma drástica queda de temperatura e um forte resfriamento na Terra. Foram precisos anos para se restabelecer certo equilíbrio térmico. Entretanto, os dinossauros não conseguiram esperar pelo retorno da normalidade climática. Mais de 95% deles morreram em decorrência desse extraordinário fenômeno natural.

Há certa incerteza sobre o que, de fato, teria acontecido para gerar a brusca alteração climática vivida naquele período histórico. Para alguns cientistas, a Terra fora atingida por um gigantesco meteoro, precipitando o fim dos dinossauros. Outras correntes de estudo apontam não apenas um meteorito, mas uma chuva incessante deles como fator responsável pela hecatombe daqueles gigantescos animais.

Pela distância dos acontecimentos, haverá sempre dúvidas sobre os motivos causadores do fim desses animais, mas, seja como for, o incidente ocorrido teve larga escala e transformou radicalmente o meio ambiente, resultando na morte de todos eles. Com o fim daquela espécie, consequentemente, abriu-se espaço para a proliferação de outros seres, entre eles os mamíferos, que deram origem, entre outras, à nossa espécie, o *homo sapiens.*

Os dinossauros viveram por mais de 100 milhões de anos, uma marca temporal incrível. Eles eram diversos e conviveram com distintas formas de vida, cada qual em seu tempo de evolução.

Ao longo da história das civilizações sobre a Terra, este é o fluxo comum dos acontecimentos. Há o momento de seu surgimento, o período de dominação e onipresença no meio ambiente, seu declínio e, muitas vezes, o completo ocaso. Nessa dinâmica, interagimos no presente como uma ínfima parte de um todo milenar, imemorial. Fazemos parte da espécie humana e vivemos em um determinado período de sua existência.

Como, ao longo de nossa história, tornamo-nos seres mais elaborados por nossas capacidades cerebrais, pela noção de nossa individualidade (autoconsciência), por termos desenvolvido a compreensão do simbólico gerando valor para o que produzimos, imprimimos tantos e tão profundos níveis de existência que nenhuma outra espécie se compara à nossa em complexidade e expressão.

Entre todas as formas de vida existentes no planeta, somos os líderes. Definimos nossos contextos nos relacionando com o que nos cerca, independentemente da forma dessa relação, se de devastação da biodiversidade ou por sua preservação. Adaptamos o que está à nossa volta às nossas necessidades, extraímos da natureza os meios para sobrevivermos. Isso tem acontecido desde nossas primeiras organizações coletivas, desde o nosso surgimento e consequente evolução. Nesse hiato, construímos comunidades, criamos cidades, formamos sociedades, nações, fundamos religiões, normatizamos o aprendizado, desenvolvemos a ciência, a lógica, a escrita, sonhamos e planejamos o futuro.

Ao longo de nossa trajetória, alguns comportamentos sociais foram se repetindo, ganhando maior preponderância, entre eles nossa compreensão da vida por aspectos medianos, como já mencionado.

A ideia do "homem-médio" ou "homem-comum" norteou a sociedade Ocidental, com fortes evidências na Europa e nas Américas, principalmente nos últimos séculos. Mas esse pensamento do mediano também é disseminado no Oriente e na África, a despeito de essas regiões terem tradições, aspectos culturais e desenvolvimento muito particulares.

Até na Índia, país com mais de 1,3 bilhão de habitantes no qual há um forte sistema de castas implementado em uma sociedade extremamente complexa, há a presença da figura do "homem-comum", desse indivíduo categorizado por uma média comportamental, intelectual, econômica, social, entre outras.

Essa ideia de definirmos pessoas, seres tão diversos, por um consenso generalizado, e a partir dele estabelecermos nossas interações, é como uma praga, um ataque de gafanhotos a uma plantação: destrói tudo.

Já abordamos, anteriormente, os primeiros registros do uso da expressão "média" feitos em 1085, pelo Rei William I da Grã-Bretanha, no *Domesday Book*, espécie de censo demográfico. Naquele momento, a palavra estava sendo usada como um termo feudal e referia-se a um dia de trabalhos prestados à Coroa pelos camponeses ingleses como pagamento pelo arrendamento de terras. Com o passar dos anos, o uso da palavra evoluiu nas transações da marinha mercante, e chegamos ao entendimento de "pagamentos pela média". Toda essa história está detalhada em capítulos anteriores.

Neste capítulo, avanço ainda mais no significado desse conceito em nossa sociedade e como ele é estruturante em determinados aspectos de nossa existência, principalmente do século XIX em diante. Ele perpetua a *Idade Média*.

Nos Estados Unidos, algumas linhas de pesquisa em estudos sobre a individualidade e sua importância social apontam o belga Lambert Adolphe Jacques Quételet como um dos preceptores do conceito de "homem-médio", talvez o seu mais significativo idealizador. Apesar de ostentar títulos como astrônomo, estatístico e sociólogo, Adolphe Quételet, como se apresentava, é quase um anônimo. Não é referência em suas áreas de atuação.

Como pode um dos principais teóricos de um conceito que impacta todas as nossas relações sociais ser um desconhecido? É como se ele tivesse se perdido na média de outros acadêmicos desses estudos. Essa condição é uma verdadeira ironia.

Foi em sua obra publicada em 1835, *Sur L'homme et le Développement de Ses Facultés, Ou, Essai de Physique Sociale* ("Tratado sobre o Homem e o Desenvolvimento de Suas Faculdades", em tradução livre), que ele apresentou as concepções de *estatística social* e *homem-médio* "*como valor central sobre quais medidas de uma característica humana são agrupadas de acordo com a distribuição normal*".

Em outras palavras, ele defendia que a diversidade e a complexidade social poderiam ser interpretadas como comportamentos genéricos, indistintos. Na prática, esse pensamento validou a estigmatização das pessoas.

De acordo com a *Encyclopedia Britannica*: "*Ao tentar descobrir por meio das estatísticas as causas de atos antissociais, Quételet concebeu a ideia de propensão relativa ao crime de grupos etários específicos.*" O resultado desse estudo, bem como sua ideia de *homem-médio*, gerou controvérsia entre os cientistas sociais no século XIX. Grande parte deles refutou veementemente os resultados encontrados. Houve fortes desentendimentos expressos pela contraposição do livre-arbítrio, defendido por seus detratores, em contraste ao determinismo social, condição emergente de suas teses.

Controvérsias à parte, ele teria sido o primeiro estudioso da área de Exatas a aplicar modelos estatísticos para entender fenômenos sociais. Isso foi decisivo para a capilaridade de suas ideias. Ele utilizou seu rigor metodológico, como estatístico, para dar suporte a investigações criminais e identificou padrões de comportamento dos envolvidos nas ações criminosas. O ineditismo de seu trabalho influenciou gerações posteriores à dele, apesar de ter sido, em várias ocasiões, desacreditado. Seus opositores o acusavam de realizar suas atividades profissionais com um radical e exacerbado positivismo estatístico e com uma forte tendência a um determinismo biológico.

O professor Todd Rose, da Harvard Graduate School of Education e autor do best-seller *The End of Average* é um dos pesquisadores na academia norte-americana a resgatar a figura de Quételet e sua importância para a formação de uma sociedade construída "para" e "pelo" o "homem-médio".

De acordo com alguns de seus artigos, Quételet teria vivido seu auge profissional em um ambiente propício ao desenvolvimento de suas linhas de pesquisa. Os países europeus começaram a estruturar suas burocracias governamentais durante os séculos XVIII e XIX. Esse fato motivou a geração de uma quantidade imensa de dados públicos.

Alguns estudiosos, hoje em dia, ao se debruçarem sobre os anos de 1820 a 1840, identificam-no como o período da primeira onda de "Big Data" que vivemos. Essa alcunha é decorrente do fato de haver, naquele momento, uma *"avalanche de números impressos"*, como pontua o professor Rose em seus estudos.

Aquele era um período histórico em que surgiam os primeiros dados públicos estruturados de maneira mais abrangente, e com maior necessidade de integração entre os poderes locais, regionais e nacionais. Afinal, as instâncias administrativas municipais, estaduais e federais estavam sendo forjadas. As cidades deixavam seus status de vilas, cresciam e se estruturavam. Nessa dinâmica urbana, os fatos aconteciam em maior quantidade e precisavam de mais eficiência em seu registro governamental.

Se antes era desnecessário fazer o registro de quem nascia nas áreas rurais, em um ambiente urbano, a certidão de nascimento tornou-se documento de extrema importância. Comprovava juridicamente, junto às autoridades locais, a formação das famílias. Assim como, do outro lado desta moeda, os atestados de óbito foram fundamentais: instrumentos legais para se falar de herança em sociedades mais complexas.

Aliás, por falar em bens para se herdar, o registro das casas tornou-se essencial para as prefeituras acompanharem o crescimento de seus municípios e, consequentemente, efetuarem a correta cobrança dos impostos devidos. Por sua vez, o sistema tributário sofisticava-se com o surgimento de novas cobranças e assim por diante. Por isso, todas essas informações, entre tantas outras de caracterização de nossas vidas em sociedade, precisavam de acompanhamento.

A máquina governamental começava, por assim dizer, a implementar suas ferramentas de controle social e, com isso, as obrigações comunitárias das pessoas. Nesse contexto, uma figura como a de Quételet, com profundo conhecimento em cálculos de probabilidades e estatísticos, tinha ao seu dispor um vasto material de trabalho. O seu perfil profissional era necessário para o momento, e ele não se fez de rogado. Mas, como descreve o professor Rose, para solucionar questões sociais, ele se utilizou de *métodos de média* aplicados pela astronomia para entender o universo:

> "Os astrônomos acreditavam que cada medição individual de um objeto celestial (como a medição da velocidade de Saturno por um cientista) sempre continha alguma quantidade de erro. Mas a quantidade total de erro agregado em um grupo de medições individuais (como muitas medições de diferentes cientistas) da velocidade de Saturno, ou muitas diferentes medições por um único cientista, poderia ser minimizada ao se usar uma medida média."

Esse conceito da *medida média* é aplicado por Quételet em seus estudos, o qual ele chama de ação do *homem-comum*. Isso tanto gerou um impacto para as conclusões de seus levantamentos quanto estabeleceu um padrão de análise por ter encontrado respostas para algo nunca mensurado. Para ele, a sociedade poderia modificar as pessoas, corrigindo os indivíduos ao utilizar os resultados genéricos de seu trabalho, levantados pela análise de situações díspares.

Seus primeiros estudos focaram os índices de criminalidade. O professor Rose recorda que, para Quételet, *"o homem-mediano era a perfeição em si, um ideal aspirado pela natureza para libertá-lo do erro"*. Tal afirmação evidencia o seu pensamento positivista. E mais, é um dos marcos da estruturação do pensamento focado pela média e aplicado, goela abaixo, a cada um de nós, desconsiderando nossa individualidade.

Suas pesquisas forneceram à sociedade conceitos para sua organização administrativa, serviram como balizamento. Eram como ferramentas de gestão, principalmente para serem usadas pelas instituições públicas que se formavam. Surgidas em decorrência de pesquisas científicas, tinham excelente chancela. E como aponta o professor Rose: *"Essa teoria representou o momento de normalização do conceito de 'mediano'. O indivíduo se transformava em erro e os estereótipos eram validados com a impressão da ciência."*

Na fase em que a Europa era o continente mais influente para a formação do pensamento ocidental, é admissível supor o grau de prestígio alcançado por essa teoria em diversas áreas do saber. Afinal, ela era um instrumento de organização, feita para entender os padrões das atividades, fossem elas humanas ou não, tendo a consolidação da industrialização como pano de fundo.

A Revolução Industrial iniciada no século XVIII na Inglaterra se espalhava pelos demais países da Europa, potencializando o advento de métodos estruturados de estudos, como os de Quételet. Estávamos criando modelos sociais e um dos instrumentos mais convenientes para ser utilizado nessa ação, que seria o entendimento do mediano como resposta aos nossos anseios. Isso gerava previsibilidade para os resultados, facilitava a aplicação de modelos de trabalho e o suposto entendimento de comportamentos sociais.

Nesses anos iniciais da industrialização, era bem mais fácil estabelecer padrões médios, comuns, para a fabricação dos produtos manufaturados. Como todo o processo ainda era rudimentar, era inviável considerar as particularidades das pessoas como algo decisivo para o estabelecimento das ações empresariais, e até mesmo as sociais. Não à toa, começamos a estruturar para a média: a educação, o desenvolvimento da indústria farmacêutica, a criação do sistema de crédito, a qualificação profissional, as políticas públicas etc. Nesse contexto, como seria possível se sobressair?

Os indivíduos excepcionais eram, de fato, vistos como exceção à regra. Ou seja, o diferente, o extraordinário, confirmava a mediocridade social. A Idade Mídia decreta um fim a esse modelo de pensamento, dá adeus à *Idade Média* de uma vez por todas. A mesmice

Na Idade Mídia, o "Normal" É Ser Diferente ▪ **285**

vai virar algo anacrônico. A Inteligência Artificial e as ferramentas de Big Data são instrumentos, caminhos para a nossa libertação desse jugo da média. Elas nos oferecem possibilidades para o reconhecimento de nossa individualidade. Isso gera uma verdadeira *Revolução Cultural*, mudanças de costumes. É um deslocamento em 180° de onde estamos.

Em plena Idade Mídia, o "normal" será ser diferente. A regra social será se diferenciar, não como uma atitude rebelde, confrontativa e anárquica, mas como uma expressão de nosso ser mais íntimo em sociedade. Isso vai acontecer pelo volume de informação produzido e pela forma de coleta e análise desses dados.

Nossa expressão será relevante em coletividade. Ainda vamos ter de descobrir e formatar os meios como vamos realizar essas interações. Não será fácil. As respostas para os desafios desse novo mundo tampouco estão prontas. Pelo contrário! As ferramentas consolidadoras da Idade Mídia ampliam nossos questionamentos. A partir da quantidade exponencial de respostas oferecidas, vamos gerar, na mesma proporção, novas perguntas. Estas, por sua vez, nos levarão a poderosos *insights*, abrindo outras perspectivas de respostas, conduzindo-nos a outros questionamentos em um ciclo de retroalimentação infinito. Esse ambiente é o contexto para estruturação de todas as nossas relações, empresariais, fraternais, educacionais etc. Definirá nosso mundo e sua complexidade coletiva e individual.

Toda Era é marcada por questionamentos fundamentais. Isso move a formação do conhecimento. O ato de se questionar é essencial para avançarmos, para materializarmos descobertas, para criarmos o novo. O ato de fazermos as perguntas corretas revoluciona nossas vidas. Esse "correto", entretanto, não está ligado a aspectos morais, ao estabelecimento do certo ou do errado, como juízo de valor. Não se trata disso.

Fazer as perguntas corretas tem a ver com a consideração do contexto, com a percepção das necessidades exteriores e interiores. É um ato de curiosidade, de interesse, de vontade de se conhecer e de melhorar. As Eras são constituídas pela interpretação das respostas às nossas perguntas. Nós agimos a partir dessas respostas. Dada a estrutura exponencial de informações da Idade Mídia, teremos muito o que nos perguntar em todos os aspectos de nossa vida. Por enquanto, eu apenas lhe peço para refletir:

Você está disposto a se adaptar a este novo mundo?

Leitura Dinâmica

PARA FIXAR: CAPÍTULO 16

- As ferramentas consolidadoras da Idade Mídia ampliam nossos questionamentos. O Big Data e *Analytics* são formuladores de perguntas, gerando-nos poderosos *insights* e abrindo imensas perspectivas de negócios.

- A partir da quantidade exponencial de respostas oferecidas, vamos gerar, na mesma proporção, novas perguntas. Estas, por sua vez, vão abrir outras perspectivas de respostas, conduzindo-nos a outros questionamentos, em um ciclo de retroalimentação infinito.

- Esse ambiente de perguntas e respostas é contexto para a estruturação de todas as nossas relações; definirá nosso mundo e sua complexidade coletiva e individual.

- Em plena Idade Mídia, o "normal" será ser diferente. A regra social será se diferenciar, não como uma atitude rebelde, confrontativa e anárquica, mas como expressão de nosso ser mais íntimo em sociedade. Isso acontecerá pelo volume de informação produzido e pela forma de coleta e análise desses dados.

- Na *Idade Média*, os indivíduos excepcionais eram vistos como exceção à regra. Naquele tempo, o diferente, o extraordinário, confirmava a mediocridade social. A Idade Mídia decreta um fim a esse modelo de pensamento. A mesmice vai virar algo anacrônico.

- A Inteligência Artificial e as ferramentas de Big Data são instrumentos, caminhos para a nossa libertação do jugo da média. Elas nos oferecem possibilidades para o reconhecimento de nossa individualidade. Isso gera profundas mudanças de costumes, uma verdadeira Revolução Cultural.

CAPÍTULO 17

De Olhos Bem Abertos para o Futuro

*"Dados processados são informações.
Informação processada é conhecimento.
Conhecimento processado é sabedoria."*
— Ankala V. Subbarao, Matemático.

Em 1981, quando a IBM lançou sua campanha publicitária para nos apresentar aquele que seria um dos primeiros *Personal Computer* (PC) de nossa história, a multinacional, que já foi uma das principais empresas de tecnologia e inovação do mundo, recorreu a um clássico do cinema mundial: *Tempos Modernos*, de Charlie Chaplin, para fazer sua comunicação.

Esse filme é uma referência cinematográfica. Ele retrata a sociedade industrial e suas contradições, tendo como referência duas décadas muito viscerais para os norte-americanos, os anos 1920 e 1930.

Os norte-americanos viveram uma pujança econômica na década de 1920. Esse período entrou para a história como os "Loucos anos 20". Era como se, naquele momento, tudo fosse possível de ser conquistado, afinal, eles viviam o esplendor do capitalismo. O dinheiro circulava, o consumo era crescente. Viajar havia deixado de ser algo exclusivo dos mais abastados. O cinema revelava suas primeiras estrelas. Hollywood começava a ganhar projeção.

A cada dia, mais e mais famílias de classe média conquistavam a tão sonhada casa própria. Com isso, novos bairros surgiam e as cidades cresciam freneticamente. A indústria automobilística produzia como nunca. Resultado: os carros se multiplicavam pelas ruas e avenidas. A alimentação era farta e variada, e o uso de roupas novas deixava de ser prerrogativa dos domingos. Para muitos, a vida tinha ficado muito boa.

Esse embalo de prosperidade fez surgir a expressão *"American Way of Life"*, utilizada como sinônimo de algo próspero. Representava um estilo único e auspicioso de consumo feito por uma sociedade que se tornara muito rica. Nessa época, os Estados Unidos suplantaram o Reino Unido como referência econômica mundial. Impulsionados por sua produção industrial e por um vigoroso consumo, eles se tornaram a principal potência econômica global. O sonho da eterna prosperidade parecia sem fim. Mas um grave acontecimento estava à espreita. Tudo mudaria em 1929. No dia 24 de outubro daquele ano, o inesperado aconteceu. A Bolsa de Valores de Nova York, a principal do país, quebrou. Esse fato ficou conhecido como a *"Quinta-feira Negra"*.

O *Crash da Bolsa de Valores de Nova York*, outra expressão utilizada para identificar a data, ainda é considerado um dos piores momentos do sistema capitalista. A extensão de seus resultados ultrapassou fronteiras e atravessou os continentes, abalando as economias de países em todos os lugares do planeta. Mas, obviamente, ele foi mais sentido em solo norte-americano. Da noite para o dia, fortunas desapareceram, o país foi assolado por uma onda de demissões, muitos, desesperados e com fome, descrentes do futuro, suicidaram-se.

Os anos subsequentes a 1929, mais especificamente até 1933, são conhecidos como a "Grande Depressão". Chaplin, em seu *Tempos Modernos*, retrata esse cenário de altos e baixos econômicos de uma sociedade típica da *Idade Média*. Tendo como referência esses acontecimentos, ele fez uma contundente crítica ao sistema capitalista, ao modelo de industrialização adotado no qual as pessoas seriam "engolidas" pelo poder do capital. Quem se revoltasse contra o sistema seria acusado de subversivo e perseguido continuamente.

Essa situação teria acontecido com Carlitos, personagem interpretado por Chaplin em sua obra cinematográfica, uma representação da condição dos operários daquele tempo.

Estressado por sua rotina de trabalho, Carlitos abandona seu emprego em uma grande indústria para recuperar sua saúde. Após descansar por um período e melhorar, ele recebe alta e tenta retomar suas atividades profissionais. Mas, para sua surpresa, a tentativa de recobrar sua rotina não passa de uma tentativa. Seu local de trabalho não existia mais. A fábrica havia fechado suas portas, tinha falido. Ao encontrá-la fechada, ele se viu obrigado a procurar outro emprego, mas essa não seria uma situação simples. Em sua busca, em vez de oportunidades, só encontra rejeição. Em meio às dificuldades do périplo vivido, ele se desentende com possíveis contratantes e passa a ser perseguido ao ser apontado como um ente subversivo do sistema.

Obviamente, caro leitor, esse é um conciso resumo de um dos grandes clássicos do cinema. Caso você não o tenha visto, recomendo assisti-lo.

Em *Tempos Modernos*, Chaplin imprimiu sua visão crítica à sociedade, que entendia o progresso pela ótica da exploração da mão de obra operária, com extenuantes horas de trabalho repetitivo nas mais diversas linhas de produção da indústria. Para ele, essa dinâmica mantinha o capitalismo vivo, gerando lucro para poucos em detrimento do sacrifício de grande parte da população.

A despeito do argumento do roteiro de Chaplin ser polêmico, principalmente por ele ter realizado seu filme no país considerado berço do capitalismo, os Estados Unidos, foi exatamente a ideia de *Tempos Modernos* o fato inspirador para a equipe de criação da publicidade do modelo 5150 da IBM, o primeiro PC da história. E isso é interessante.

A peça publicitária mostra Carlitos como proprietário de um pequeno negócio de doces. Ele produzia bolos. Nesse filme, ele está, de forma atrapalhada, ao lado de uma esteira industrial, tentando confeitar seus bolos e encaixotá-los, mas tem muita dificuldade em executar essas funções. A esteira não para de mandar os bolos e as caixas, que deveriam ser utilizadas para acomodá-los, não são adequadas. Elas estão vindo em tamanhos irregulares. Ou seja, Carlitos tinha um problema de organização e demanda para resolver. Sozinho não daria conta do recado; ele precisava de ajuda. Nesse momento, a IBM aparece como a solução.

Na voz do narrador, a empresa garantia: *"Venha a uma de nossas lojas, você conhecerá a ferramenta que o levará adiante em seus negócios."*

Corta a imagem. Carlitos, então, é mostrado dialogando com um funcionário especializado da empresa, um *IBM Expert*. O atencioso profissional explicava como seria simples utilizar aquela estranha máquina, identificada pela publicidade como: *"A ferramenta do futuro. A ferramenta dos tempos modernos."* Eles tinham razão, apesar de não termos toda a dimensão do quanto ela seria importante em nossas vidas à época. Aquele, hoje pré-histórico computador, foi um dos passos iniciais em nossa caminhada para a concepção de outro mundo. A equipe de criação do comercial acertou ao se utilizar da imagem de Carlitos para fazer essa demonstração.

Personagem icônico do cinema, ele teve sua personalidade ignorada pela estrutura da *Idade Média*. Estava sufocado, carecia de espaço para projetar sua voz. Na Revolução Industrial, era apenas mais um instrumento de uma ampla engrenagem. Pior, um instrumento humano igualado a uma peça sem vida daquela estrutura industrial de produção. Sua finalidade era desempenhar, repetidamente e sem descanso, uma função específica como se fosse uma máquina. Essa era a realidade de milhares de outras pessoas iguais a Carlitos, mas com uma diferença. Por não serem retratadas na sétima arte, aqueles operários não tinham seu charme, graça e atitude. A realidade vivida pelos trabalhadores das fábricas era bem dura. De fato, eles eram entendidos como "peças" de uma engrenagem mais ampla, não eram vistos como indivíduos. O ambiente profissional daquelas pessoas os avaliava pela média de sua produção.

Ao usar Carlitos como garoto-propaganda do modelo 5150, a IBM fez, digamos, uma correção histórica. A empresa ofereceu em sua peça comercial a base para aquele personagem encontrar sua tão desejada liberdade. Eles colocaram em suas mãos uma das chaves para essa conquista. Essa chave era o PC 5150, um computador. Mas isso não foi tudo. Simbolicamente, propiciaram o seu encontro com o princípio da Idade Mídia, que colocará um ponto final em todos os aspectos trabalhistas associados à Revolução Industrial.

O advento da informática, da computação e o aparecimento dos instrumentos digitais nos trouxeram uma nova forma de gerir nossas vidas, não apenas uma maneira inédita de nos comunicar ou produzir. Mas, sobretudo, uma forma distinta de estar na vida e interagir com o contexto. Essa é uma das propostas da Idade Mídia: a construção de novas formas de viver.

Esta Era entende a natureza humana a partir de outro lugar. Ela foca a individualidade, enfatiza a livre escolha e dá múltiplas opções para questionamentos. Ao oferecer distintas ferramentas para a ação, possibilita aos indivíduos a construção de sua história como bem lhes prover.

Quando investimos em nosso *Capital Intelectual*, em nossos valores, tornamo-nos capazes de aprimorar nossas potencialidades como nunca foi possível. Essa condição facilita o surgimento de sociedades efetivamente livres. Consequentemente, construiremos ambientes sociais mais harmônicos, menos desiguais do ponto de vista de oportunidades, de chance para expressão e realizações.

O fim da *Idade Média* **e o advento da Idade Mídia trazem gigantescas transformações nos pilares das relações humanas e do comportamento social.** Essa modificação de era altera radicalmente múltiplas dimensões da nossa vida, mas impactam profundamente três vetores de nosso cotidiano:

Nossa relação com as autoridades na gestão pública.

Nossa relação trabalhista com as empresas.

Nossa relação comercial com as marcas e produtos que consumimos.

Esses três vetores, juntos, transformam profundamente a realidade ao nosso redor e merecem nossa reflexão sobre o futuro imediato.

Até hoje, assistimos inertes a diversas injustiças sociais em razão da análise média da população. A tal cultura para e pelo "homem--médio", já amplamente discutida neste livro. No entanto, não faltam exemplos sobre esse tema, e é importante explicitá-los.

No sistema financeiro, os adimplentes pagam a conta dos inadimplentes por meio de juros escorchantes no cartão de crédito ou nos empréstimos bancários. O Brasil é o país onde se praticam as maiores taxas de juro real no mundo. Sobram-nos motivos para essa condição. O gasto público do Governo Federal, financiado pela emissão de Títulos do Tesouro, é uma delas.

O fato de os bancos públicos (Caixa Econômica Federal, Banco do Brasil e BNDES) subsidiarem juros para as empresas privadas é outro fator. O oligopólio do setor bancário também entra nessa conta. Poucas instituições financeiras dominam o mercado nacional. A concorrência entre elas é praticamente inexistente.

O alto valor dos impostos cobrados também alimenta o crescimento de nossos juros. Nosso sistema tributário, além de ser um dos mais complexos do universo, cobra valores estratosféricos por seus tributos. Somando-se a esses motivos mencionados (há outros não citados), ainda há os inadimplentes. Os bancos compensam os prejuízos gerados pelos maus pagadores onerando quem faz tudo corretamente.

Com o advento da Idade Mídia, esse cenário não vai prosperar com a facilidade encontrada na *Idade Média*. Ele poderá ser extinto, inclusive. Uma das primeiras modificações vai ser o desaparecimento do oligopólio do sistema bancário. Já é possível contratar a prestação de serviços de bancos digitais. Essas instituições não têm sede física, não gastam com agência, caixas, entre outros fatores. Suas operações são totalmente digitais.

A combinação possibilitada pelo aprimoramento das ferramentas de Big Data, a melhora da velocidade da internet e o avanço dos aparelhos móveis, como o smartphone, gerou uma profunda reestruturação no sistema financeiro mundial. Em alguns lugares, as agências bancárias tornaram-se prédios obsoletos. Foram praticamente transformadas em locais habitados por fantasmas.

O setor bancário na Idade Mídia promete a oferta de um serviço customizado para seu cliente, muito mais atraente e simplificado. Isso já é uma realidade ampla e crescente em alguns países do hemisfério norte e da Ásia. Por aqui, temos algumas experiências de bancos digitais e operadoras de cartões de créditos oferecidos por instituições totalmente digitais. Não tardará para esse serviço se disseminar. Isso é bom porque teremos opções. Poderemos escolher, entre diversas instituições, as mais vantajosas para depositarmos nosso dinheiro.

Caro leitor, você já ouviu falar em *fintech*? Imagino que sim. Mas se, por acaso, não souber nada sobre esse assunto, recomendo se informar o quanto antes, pois elas já estão entre nós. *Fintech* é um neologismo da língua inglesa, originado pela junção das palavras *financial* e *technology* e se refere a startups com atuação no sistema financeiro.

A saúde é outra área que passará por profunda reestruturação. As mudanças já acontecem no atendimento clínico, nas instalações dos hospitais, na forma das consultas e nos planos de saúde.

A exemplo da relação entre adimplentes e inadimplentes, quem se cuida acaba pagando a conta de quem enfia o pé na jaca. Não importa, eu posso não fumar, beber moderadamente, evitar frituras e gorduras, minhas taxas de colesterol e triglicérides serem todas adequadas, mas, para a operadora de meu plano de saúde, minha condição física tem pouco ou quase nenhuma serventia. Eles estipulam a cobrança de minha mensalidade se baseando em dados como minha faixa etária, minha profissão e meu histórico familiar. Ao fim e ao cabo, eles me imputam o valor mensal do pagamento desconsiderando algo de fundamental importância: minhas características reais de saúde e meu comportamento preventivo.

Essa é a mesma lógica das seguradoras de veículos. Quem dirige com atenção e estaciona seu carro em locais seguros e resguardados paga o mesmo valor de prêmio nas apólices que os motoristas inconsequentes.

Quando a sociedade é lastreada apenas pelo mutualismo ou quando carece de acesso aos inequívocos *insights* gerados por análises de Big Data abrangentes e poderosas, ela incentiva o mau comportamento. Isso influencia diretamente a relação da gestão pública com seus cidadãos. Os governos são incapazes de atender às verdadeiras necessidades das pessoas por desconhecer, efetivamente, quais são essas necessidades. Os instrumentos usados para a identificação das situações são limitados, portanto, a elaboração das políticas públicas torna-se deficitária, parcial. No final das contas, é como se quem não pagasse impostos tivesse uma vantagem competitiva sobre quem os paga. Além de serem sonegadores, ainda recebem incentivo fiscal pelo exercício de sua má conduta por meio de múltiplos mecanismos para amortização de dívidas, como o Refis.

Os instrumentos da Idade Mídia virão para regular direitos e deveres do indivíduo em relação a terceiros. Hoje, essas relações ainda são muito desequilibradas. A interação social nesta Era será contrária ao estabelecimento de privilégios, atuará para extirpar o favorecimento de grupos. Vai estabelecer relações isonômicas e neutras e favorecer o exercício meritório da cidadania, reforçando a adoção de uma postura cidadã de incentivo a uma conduta adequada, que não prejudique o coletivo. O uso do Big Data é crucial para a concretização dessa realidade.

Assim como o Estado assistencialista está *sub judice*, também na relação das empresas com seus colaboradores vemos mudanças importantes. A Era do paternalismo da *Idade Média* vai acabar.

No passado, muitas das relações profissionais baseavam-se na mútua fidelidade. Como funcionário, eu "vestia" a camisa da minha firma. Fazia parte de uma "família" e, portanto, esperava manter meu emprego para sempre. Os chefes, por sua vez, apostavam nessa dedicação incondicional dos colaboradores. Em alguns casos, para assegurá-la, ofereciam os mais diversos benefícios. Mas essa relação se rompe na Idade Mídia. **Nesta nova Era, não há mais espaço para o conceito de dependência e subordinação.** O foco das relações é a prestação de serviço. Novas regras de nossa legislação trabalhista apontam nessa direção de maneira agudizada.

Neste tempo de autonomia crescente, os profissionais ativos no mercado de trabalho vão se relacionar com as empresas de forma mais independente. Assim como depositamos nosso capital financeiro em instituições financeiras, vamos depositar nosso *Capital Intelectual* nas empresas contratantes de nossos serviços. Cada um de nós detém dois tipos de capital: o *financeiro* e o *intelectual*.

Quando depositamos nosso dinheiro em um banco, esperamos a remuneração adequada pelo capital investido na forma de juros e correção monetária. Da mesma maneira, ao depositarmos nosso *Capital Intelectual* em uma empresa, esperamos o recebimento de juros sobre esse patrimônio investido na forma de salário, bônus, entre outros incentivos financeiros, além de benefícios intangíveis como ambiente criativo, liderança inspiradora, potencial de ascensão etc. Isso está inserido na seguinte lógica:

> Quanto maior for o nosso *Capital Intelectual,* maior deverá ser a remuneração por ele.

Essa condição abre nova perspectiva de pensamento. **A responsabilidade pelo crescimento do *Capital Intelectual* é obrigação de cada um dos indivíduos, e não responsabilidade de sua empresa contratante.** Vou usar-me como exemplo para explicar essa condição.

Quando eu, Walter, decidi me inscrever nas primeiras turmas da Singularity University, na Califórnia, Estados Unidos, a empresa onde eu trabalhava à época se ofereceu para pagar pela inscrição. Recusei a oferta. Entendi aquela situação como um investimento pessoal em minha educação. Afinal, eu seria o principal beneficiado daquela formação. O conhecimento adquirido seria meu. Porém fiz uma ressalva à negação da oferta da empresa: caso eles percebessem o crescimento de meu *Capital Intelectual*, deveriam adequar minha remuneração à nova oferta do meu *capital*.

Dentro dessa ótica, não cabe à empresa pagar para seus executivos MBAs, cursos de idiomas, especializações, entre outras formações educacionais. São os executivos os responsáveis pelo investimento na ampliação do conhecimento para a valorização de seu *Capital Intelectual*. Isso, além de tornar mais independente a relação profissional, livra-a de vícios.

A Idade Mídia exacerba os diversos aspectos da individualidade em termos de direitos e deveres. A responsabilidade individual é um deles. Inexiste liberdade sem responsabilidade. Nós somos responsáveis por nossos atos, sobretudo pela iniciativa em procurarmos continuamente atualizar nossa educação. Essa é uma responsabilidade nossa, não da organização à qual estamos vinculados. A ela cabe ressarcir-nos financeiramente, em acordo, o nosso autoinvestimento.

Precisamos manter uma relação independente nesse sentido, pois, se considerarmos inadequado o pagamento pela oferta de nossos serviços, teremos a liberdade para levar nosso trabalho a outro local profissional, sem culpas ou cobranças desnecessárias. Na prática, isso implica a situação descrita a seguir.

302 ▪ O Fim da Idade Média e o Início da Idade Mídia

Quando avaliar que a empresa para a qual presto serviço não remunera adequadamente meu *Capital Intelectual*, eu o transfiro para outra organização em busca de melhor remuneração, exatamente como faria com meu capital financeiro. Com isso, passamos a ter uma relação justa, equânime e equilibrada, na qual ninguém deve nada a ninguém. *It's just business*. Os novos profissionais, representados pelos *millennials*, pessoas nascidas a partir da década de 1980, já têm essa visão de mundo. E não a esqueçamos jamais.

Assim como dinheiro parado, guardado em antigas caixas no guarda-roupa, se deteriora e perde valor, o *Capital Intelectual* sofre da mesma erosão. **Não podemos deixar nosso *Capital Intelectual* apodrecer, tornar-se sobressalente, dispensável.** Isso impacta diretamente em nossa condição de empregabilidade. Inviabiliza grande parte de nossa existência. **Em um mundo de constante mudança, o *Capital Intelectual* se encontra em um ambiente de hiperinflação, com rápida desvalorização.**

> Na Idade Mídia, toda e qualquer especialização feita pelos executivos das empresas deve ser entendida como um investimento pessoal. O interessado em se aprofundar em um tema, em obter uma educação específica, em aprimorar suas capacidades técnica e conceitual deve se responsabilizar por esse investimento em si. Ele não pode esperar obter essa melhora educacional como um benefício oferecido pela empresa pela qual está contratado.

É preciso lembrar, o investimento das empresas no *Capital Intelectual* de seus funcionários vai além da remuneração financeira oferecida para cada um de seus profissionais. Há uma remuneração intangível que deve ser considerada nessa dinâmica.

Um ambiente de trabalho planejado, integrado ao meio ambiente; o exercício de atividades profissionais com significado, com envolvimento com questões sociais, humanitárias, entre outras; uma marca reconhecidamente íntegra e de credibilidade são elementos, apesar de intangíveis, relevantes e desejados para a composição da remuneração do *Capital Intelectual*.

Mas, além de nosso papel profissional, também precisamos nos analisar como consumidores. É o que está acontecendo em nossas vidas aqui e agora, os fatores determinantes de nossas necessidades e desejos de consumo. Por isso, lembre-se: **pessoas não são, pessoas estão. Estabeleça *sincronicidade* em todas as suas relações.** Nas comerciais, por exemplo, os dados sociodemográficos de alguém não são tão importantes quando comparados aos **fatos conjunturais** e **temporais** que estão afetando o cotidiano e determinando novos e inéditos padrões de consumo. Por meio deles, é possível definir quem se é a todo instante. Esse aviso deve ser bem assimilado pelos profissionais de marketing. Mais que bancos de dados, precisamos de bancos de fatos para sermos sincrônicos com os desejos ou as necessidades dos cidadãos, individualmente.

A brutal redução do custo da informação nos permite a construção de uma comunicação individual e perene com cada um de nossos clientes a custos permissivos. Isso era impossível há algumas décadas. Essa condição será potencializada pela Idade Mídia. As tecnologias disponíveis serão mais baratas, por isso é importante se preparar para fazer o gerenciamento adequado do uso delas, bem como para criar análises mais precisas e eficientes. Mas é preciso ter atenção especial para esse volume exponencial de informação.

A evolução da tecnologia foi muito mais rápida, quando a contrastamos com a nossa capacidade de definição e elaboração dos valores éticos para guiá-la. Precisamos correr muito para tirar o atraso existente nesse campo. Neste momento, há um desalinhamento temporal entre valores morais e a capacitação de sistemas de decisão. Essa condição pode tanto nos levar a um freio evolutivo quanto a graves

304 ▪ O Fim da Idade Média e o Início da Idade Mídia

riscos sociais. Precisamos ter responsabilidade e agir prontamente para solucionarmos essa questão. Nossa obrigação é tirarmos o melhor proveito dos avanços surgidos por meio da tecnologia e nos defendermos dos possíveis aspectos negativos e viciados originados pelo seu uso.

Para assegurarmos essa condição, entre outras ações pertinentes, temos de exercer o respeito pelo próximo e constituirmos uma legislação adequada. Nesse sentido, é interessante pensarmos acerca da elaboração de órgãos reguladores a exemplo de organismos como o Conselho Administrativo de Defesa Econômica (Cade) ou o Conselho Nacional de Autorregulamentação Publicitária (Conar).

Devemos criar regras de responsabilidade, transparência e livre acesso à informação, pois isso garantirá a existência de uma sociedade mais igualitária, vivendo em um ambiente que transforma a obrigação em opções de ação e oferece recompensas, jamais punições. A expressão de nossa individualidade deve ser assegurada por mecanismos que a valorizem.

Precisamos nos jogar de maneira entusiasmada neste novo mundo e aproveitarmos plenamente suas possibilidades de:

Mais meritocracia nas relações sociais.
Mais sincronicidade nas relações comerciais.
Mais autonomia nas relações trabalhistas.

Mas devemos fazer isso com os olhos bem abertos para os desafios que ele também nos traz. É como Niall Ferguson refletiu em um de seus *best-sellers*, *A Praça e a Torre*, no qual ele destaca as diferenças entre um poder centralizado e o autocontrole da sociedade:

"Se antes a sombra da torre protegia a praça, agora
é o brilho da praça que ilumina a torre."

Leitura Dinâmica

PARA FIXAR: CAPÍTULO 17

- A Idade Mídia propõe a construção de novas formas de viver.

- O advento da informática, da computação e o aparecimento dos instrumentos digitais nos trouxeram diversas maneiras para gerenciar nossas vidas, não apenas um modo inédito de nos comunicar ou produzir.

- Esta nova Era entende a natureza humana a partir de outra ótica. Ela foca a individualidade, enfatiza a livre escolha, dá múltiplas opções para questionamentos. Constrói sociedades efetivamente livres.

- A Idade Mídia transforma nossa relação com as autoridades na gestão pública. Afeta nossa relação trabalhista com as empresas. Altera nossa relação comercial com as marcas e produtos que consumimos.

- As ferramentas da Idade Mídia virão para regular direitos e deveres do indivíduo em relação a terceiros. Atualmente, essas relações são desequilibradas.

- A interação social nesta Era será contrária ao estabelecimento de privilégios, atuará para extirpar o favorecimento de grupos. Vai estabelecer relações isonômicas e neutras, e favorecer o exercício meritório da cidadania, reforçando a adoção de uma postura cidadã de incentivo a uma conduta adequada que não prejudique o coletivo.

- No ambiente de trabalho da Idade Mídia, não há espaço para a dependência e a subordinação. O foco das relações é a prestação de serviço.

- A responsabilidade pelo crescimento do *Capital Intelectual* é obrigação de cada um dos indivíduos, e não responsabilidade de sua empresa contratante. Quanto maior for o nosso *Capital Intelectual*, maior deverá ser a remuneração por ele.

- Quando o *Capital Intelectual* se torna rapidamente obsoleto, inviabilizamos grande parte de nossa existência. Não devemos deixar essa situação acontecer. Em um mundo de constante mudança, o *Capital Intelectual* se encontra em um ambiente de hiperinflação, com rápida desvalorização. Por isso, precisamos mantê-lo sempre atualizado.

- Pessoas não são, pessoas estão. O que está acontecendo em nossas vidas aqui e agora é o fator determinante de nossas necessidades e desejos de consumo.

- Nas relações comerciais, os fatos conjunturais e temporais têm mais relevância do que os dados sociodemográficos de alguém. As relações precisam ser sincrônicas. Mais do que bancos de dados, precisamos de bancos de fatos para sermos sincrônicos com os desejos ou as necessidades dos cidadãos, individualmente.

- A brutal redução do custo da informação possibilita a construção de uma comunicação individual e perene com cada um de nossos clientes a custos permissivos.

- Neste momento, há um desalinhamento temporal entre valores morais e a capacitação de sistemas de decisão. Essa condição pode tanto nos levar a um freio evolutivo quanto a graves riscos sociais.

- Devemos criar regras de responsabilidade, transparência e livre acesso à informação, pois isso garantirá a existência de uma sociedade mais igualitária, vivendo em um ambiente que transforma a obrigação em opções de ação e oferece recompensas, jamais punições injustificadas.

CAPÍTULO 18

Somos Seres Perenes

"O futuro não consiste na eliminação dos médicos, mas, sim, no aperfeiçoamento de seu desempenho profissional pelo uso de ferramentas digitais, entre outros dispositivos, tornando nossos ambientes [de trabalho] mais favoráveis, fornecendo de maneira organizada e eficiente os dados que realmente precisamos. Economizando, assim, mais tempo para nos dedicarmos aos nossos pacientes."

— *James Madara, CEO da American Medical Association.*

Caro leitor, é hora de esquecermos nossos antigos modelos de ação utilizados para segmentar e estratificar nossas sociedades ao longo dos séculos. Eles se tornaram ultrapassados. **A revolução provocada pela Idade Mídia estabelece uma nova Era, consolida uma civilização completamente original**, com um jeito de ser absolutamente distinto de nossas experiências até então. Esse fato implica a adoção de novos comportamentos para lidar com as demandas estabelecidas ao longo do caminho. A Idade Mídia nos coloca em um ambiente social diferente, quase irreconhecível quando comparado ao que estamos habituados. **Será outro tempo. Uma singular etapa de nosso entendimento como civilização.**

Desde nossos mais primitivos ancestrais, vivemos em ciclos de evolução. É como se, ao longo dos anos, desenrolássemos pouco a pouco um novelo de lã e fôssemos formando uma infinita linha evolutiva. Apesar de essa linha ser ininterrupta, ela tem fases, e, em determinados momentos desse processo, damos um salto com ela. Saímos de uma condição determinada e entramos em outro estágio do desenrolar desse novelo, com novas interações.

Neste momento, estamos nos preparando para dar mais um desses saltos. Este, especificamente, vai nos levar para um lugar rigorosamente adverso ao que conhecemos. **A Idade Mídia é uma revolução de comunicação e, como tal, suas modificações são muito mais profundas e desafiadoras.**

Em termos de comparação, é como se estivéssemos descobrindo o fogo novamente. Em nossa história, esse fato foi decisivo para sermos quem somos. Nossa civilização evolui significativamente a partir da compreensão e domínio de nossos ancestrais sobre esse elemento da natureza. Ao dominar esse fenômeno, nos aquecemos,

Somos Seres Perenes ▪ **311**

nos protegemos contra possíveis predadores, obtivemos luz, clareamos a escuridão e conseguimos aquilo que talvez tenha sido a mais importante conquista em longo prazo: aprendemos a cozinhar. Esse ato mudou tudo em nosso corpo. Passamos a absorver os nutrientes de forma mais adequada. Com isso, desenvolvemos um reservatório de energia e, consequentemente, aperfeiçoamos o funcionamento de nosso cérebro. A partir daí, consolidamos nosso raciocínio.

A comida foi elemento central para nos transformar em uma espécie dominante na cadeia alimentar. Aprimoramos nossa habilidade de pensar, de criar e de planejar ações para executar no futuro. Seria impossível para aqueles seres em estágio tão primitivo de existência, em seu primeiro contato com o fogo, prever todas as modificações decorrentes daquele ato. Estou mencionando algo que teria acontecido há mais de 190 mil anos. Ainda é impossível para nossa cognição e meios tecnológicos abstrair um período tão extenso de tempo. Você conseguiria, neste momento em que me lê, fazer uma projeção para daqui a 200 mil anos?

Que ano será esse?

Como viverá o ser desse longínquo futuro?

Qual será sua aparência? Será um híbrido com uma máquina?

Aliás, a Terra ainda será como a conhecemos?

Esses não são questionamentos com respostas simples de onde estamos. Tudo o que se falar em relação a tais circunstâncias é um mero ato retórico. Mas é possível ter uma certeza: esse **futuro**, seja ele qual for, está em seu processo de **gestação neste minuto**.

Para quem nos olhar desse tempo tão distante, equivaleremos àquele ser primitivo que desconhecia o fogo. Assim como eles, estamos começando a fazer nossas fogueiras. As ferramentas da Idade Mídia são nossos elementos naturais.

Nossa interação com a Inteligência Artificial, com a Computação Quântica e com a formação de Redes Neurais Artificiais pode nos soar como algo extremamente inovador e disruptivo. De fato, tudo isso é o novo à nossa frente. Afinal, são descobertas atuais. Contudo, nada disso existe de forma corriqueira. Estamos trabalhando em sua implementação. Quando estivermos efetivamente utilizando essas ferramentas, nossa interação com esses equipamentos modificará nosso comportamento social e transformará nossa composição biológica.

Ainda não sabemos a extensão da influência da tecnologia em nosso corpo. As respostas mais precisas para tal situação estão resguardas para as futuras gerações em médio prazo. Mas esse fato suscita atenção.

Assim como a dimensão de nosso cérebro e sua capacidade de funcionamento foi transformada ao entrarmos em contato com alimentos cozidos e assados, ele também se transforma ao usarmos a tecnologia atual. Essa transformação será potencializada quando tivermos acesso mais constante às ferramentas da Idade Mídia. Como serão mais elaboradas e terão maior capacidade de ação, logicamente o impacto que vão gerar em nosso organismo também será maior.

Neuropediatras ao redor do mundo, cientes dessa condição, alertam aos pais e responsáveis para evitar a exposição desnecessária das crianças à tecnologia, principalmente as recém-nascidas e até os dois anos de idade. Estudos das Sociedades de Pediatria dos Estados Unidos e do Brasil denotam que esse contato resulta em mais malefícios aos bebês do que em vantagens educacionais.

Quando crianças, principalmente até os sete anos de idade, estamos formando nossas cognições cerebrais. Por isso a relação com os aparelhos eletrônicos nessa fase de nossas vidas reflete direta-

Somos Seres Perenes ■ **313**

mente em nossa constituição orgânica. Como o uso indiscriminado da tecnologia é algo relativamente recente, ainda não há estudos conclusivos sobre seu efeito em nossa formação cerebral, sobretudo ao longo de nossa infância. Serão necessários mais uns dez anos para começarmos a ter esses sintomas mais bem mapeados.

Ao nascermos, o conhecimento se fixa em nossa formação com experiências reais. Acontece pelo ato de distinguir objetos, cores, cheiros, o mundo a nossa volta. A tela dos objetos eletrônicos, apesar de serem elementos desse contexto, leva-nos a experiências opostas à diversidade do mundo real. Ela é atraente, chamativa e nos expõe ao mundo virtual, contexto perfeito para capturar os sentidos e a atenção das crianças. Aí reside um dos problemas dessa interação: o que vemos na tela está naquele ambiente virtual e, como adultos, temos essa noção. As crianças, não. Como ainda estão em processo de formação, elas são incapazes de entender essa condição. Não diferem o que veem na tela do que as rodeia, e isso modela um determinado comportamento. Interfere na constituição cerebral delas.

É bom lembrar, o cérebro é um órgão complexo e faz parte de nosso Sistema Nervoso Central. Por meio dele, controlamos nossas funções vitais como respiração, frequência cardíaca, entre outras. Ele recebe, processa e integra todas as informações resultantes do contato de nossos cinco sentidos com o mundo, permitindo-nos raciocinar, sentir e ser. Ou seja, é fundamental para nossa existência.

Do ponto de vista orgânico, ele é composto de bilhões de neurônios interligados que precisam ser estimulados adequadamente. Se não forem devidamente solicitados, poderá haver um comprometimento de suas funções. Essa paralisia, por assim dizer, ou o pouco uso de algumas de suas faculdades, tem consequências, por enquanto, indeterminadas. A ciência ainda não foi capaz de precisar essa situação.

Tudo isso, caro leitor, são fatos postos à mesa. São desafios a serem entendidos e superados. Fazem parte da preparação para o salto civilizatório que estamos prestes a realizar. Como seres humanos, vamos evoluir individual e coletivamente. Essa evolução decorre da necessidade de oferecermos respostas às demandas contemporâneas. Esse é um processo consequente na história. A cada etapa de nosso desenvolvimento, adequamo-nos ao contexto no qual estamos inseridos. Somos levados a nos comportar de maneira correta ao tempo em questão.

Na Idade Mídia, o mundo fica cada vez mais segmentado. Socialmente, é como se houvesse uma ressignificação de nossa organização tribal como resposta aos processos de globalização política e econômica. **Com o advento da nova civilização, surgem novas pessoas. Formatamos um novo ser, já identificado como** *perennial*. Esta é uma designação inicial para as primeiras pessoas na Idade Mídia, e você, caro leitor, pode ser uma delas.

O termo *perennials* foi criado em 2016 pela publicitária e empreendedora da área de tecnologia Gina Pell. Para ela, a expressão descreve uma mentalidade, um grupo de pessoas englobando todas as gerações identificadas até aqui, independentemente da idade. *"Classificar as pessoas por seu ano de nascimento é uma forma antiquada. É algo tão século XX"*, responde Gina quando questionada sobre o assunto.

Os *perennials* não se relacionam por *idade*, e sim por *identidade*.

QUEM SÃO OS PERENNIALS

São grandes influenciadores.

Relacionam-se transversalmente em múltiplas faixas etárias.

Adotam tecnologias precocemente.

Vivem o presente.

Têm visão de mundo global.

Têm interesse por tecnologia.

De acordo com Gina, o conceito de *perennials* surgiu com o objetivo de encontrar similaridade entre as pessoas a despeito de sua idade cronológica. Isso quebra o sistema de classificação até então usado desde a segunda metade do século XX, que nos divide entre Geração *baby boomers*, Geração X, Geração Y (ou *millenials*) e Geração Z.

O mais importante fato utilizado para classificar esses grupos foi a data de nascimento de seus integrantes. Nessa metodologia, nossas demais características foram desconsideradas ou, no mínimo, não têm a mesma importância. Essa forma de agir é bastante relacionada à *Idade Média*, quando as individualidades eram desvalidadas irrestritamente.

Quem nasceu entre 1945 e 1964, por exemplo, enquadra-se como *baby boomer*. Essa classificação surgiu em decorrência de uma explosão na taxa de natalidade no hemisfério norte, principalmente nos Estados Unidos, após o fim da Segunda Guerra Mundial. Acredita-se que quem tenha nascido nesse período teve de lidar com pais rígidos em sua educação. Por isso as pessoas dessas décadas são vistas com acentuadas características de lealdade e compromisso com o outro.

Na sequência, veio a Geração X, com nascimentos entre 1965 e 1984. Essa geração rompeu com o padrão de disciplina de sua época predecessora. Quem nasceu nesse período, buscou liberdade e, consequentemente, tornou-se empreendedor. Apesar da independência conquistada, eles continuaram valorizando a estabilidade profissional.

Depois deles, chegou a Geração Y, ou *millennials*, englobando os anos de 1985 a 1999. Indivíduos nascidos nessa época acompanharam a popularização do universo digital. Assim como eles, a tecnologia crescia e aparecia. Por essa influência, eles apresentam alguns comportamentos únicos, nunca antes identificado nas gerações predecessoras: são

316 ▪ O Fim da Idade Média e o Início da Idade Mídia

mais individualizados e autônomos. Não abrem mão de gerenciar suas vidas e têm por hábito expressar sua opinião vigorosamente.

Logo depois, veio a Geração Z, iniciando os anos 2000. Quem veio ao mundo a partir dessa data, encontrou a tecnologia se encaminhando para despontar como protagonista das relações sociais. Em termos de personalidade, essas crianças, jovens adultos no início dos anos 2020, apresentam fortes traços de imediatismo, são impacientes e acham que tudo tem de ser feito dentro do tempo delas, quando elas demandam.

Nessa sopa de letrinhas de gerações, e na tentativa de criar nichos apartando pessoas única e exclusivamente por sua idade, Gina percebeu certa distorção dessa metodologia de identificação. Essa divisão não faz mais sentido. Com esse pensamento, ela denotou a presença da Idade Mídia ao seu redor.

A vida não é uma linha reta fechada, sem variações, na qual se está fatalmente condenado a viver sob uma determinada condição devido ao ano de seu nascimento. Pelo contrário, quanto mais vivermos, quanto mais experimentarmos novas situações, mais poderemos modificar nossa personalidade. Aprimoramo-nos ainda mais como pessoas. Novas conexões em nossas vidas nos possibilitam essas transformações, e isso está absolutamente ligado à Idade Mídia. Nossa mutação ao longo desta Era é perene.

Por isso, os *perennials*, conceitualmente, extrapolam as fronteiras das definições de geração usadas até o momento. Eles são indivíduos de qualquer faixa etária. Para eles, a idade não importa, não é referência como propósito de vida. Em sociedade, eles se integram por descobrirem entre si objetivos comuns, afinidades. Portanto, a relação construída entre eles e com os seus contextos está fundamentada na identidade social, não em aspectos meramente cronológicos. O surgimento dessa categoria de pessoas muda tudo na análise do comportamento social e de consumo.

Somos Seres Perenes ▪ 317

Com a empresa de pesquisa digital MindMiners, em mais um de seus levantamentos, desta vez em parceria com a BBL (*Bad Boy Leeroy*), *holding* especializada em e-sports, foi identificada a presença dos *perennials* no Brasil e como eles se comportam socialmente.

A primeira conclusão desse estudo mostrou a quantidade existente deles no país. Em Terra Brasilis, eles representam 17% da população. Ou seja, são mais de 35 milhões de habitantes. Mas essa quantidade de pessoas é só o começo da história. Em termos de potencial de consumo, esse índice é bem maior. Ele dobra, passando para 34% do total do consumo nacional.

Já quando o aspecto analisado é a capacidade que eles têm para influenciar outras pessoas, os números revelados pela pesquisa triplicam, correspondendo a 51%, o que seria proporcional à capacidade de influência de 105 milhões de pessoas em nosso país. Esse crescimento significativo acontece basicamente pela distribuição dos *perennials* entre as classes sociais brasileiras. Na classe A, eles são 8% (versus 3% da média da população geral); na classe B, 47% (versus 22%); na C, 42% (versus 48%); e nas D e E, apenas 3% (versus 27%). Fica clara a concentração dos *perennials* nas classes mais favorecidas. Outros de seus dados revelam o percentual de seus maiores interesses:

INTERESSES DOS PERENNIALS*

+85% em tecnologia;

+42% em livros;

+33% em games;

+24% em cinema.

*Esse percentual é o valor incremental em comparação à média populacional do Brasil.

A pesquisa revelou também que vestuário não é preocupação central no cotidiano deles. Eles se vestem mais à vontade, de maneira despojada. Em compensação, preocupam-se muito com a sua alimentação, querem saber exatamente qual comida estão consumindo. A atenção deles é com a marca do alimento, e não com a marca da roupa. Isso denota outra de suas características, a endogenia. O foco deles é endógeno: eles estão mais preocupados em realizar suas vontades; não levam em consideração a opinião dos outros sobre eles, sobre sua aparência ou características de sua personalidade.

Ao usar a internet, procuram informações relevantes. Entre os conteúdos mais buscados e consumidos, destacam-se os programas informativos, como documentários e jornalismo. Eles também veem menos a programação da televisão aberta. Aliás, a queda de audiência na TV aberta é muito acentuada entre os *perennials*. Por outro lado, eles mantêm o hábito de ler revistas e jornais em formato tradicional, offline. Isso implica dizer que eles têm curiosidade epistêmica e profunda. São menos diversivos e muito pouco genéricos.

Quando se fala em marketing, eles se unem por causas e visões. São mais comunitários e ativos participantes de causas sociais, revelando mais engajamento em trabalhos voluntários e na doação de sangue, por exemplo, quando seus dados são comparados à prática da população geral nessas atividades.

Essas características reafirmam o fato de a amizade entre eles ser firmada por seus interesses comuns, a despeito da faixa etária, da proximidade física ou do grau de parentesco. Por isso, sua definição leva em conta características mais psicográficas do que demográficas. **A cronologia cede espaço à identidade social.**

A identificação entre os amigos existe pelos interesses em comum. Eles são fruto do fim da *Idade Média* e formam a nova civilização da Idade Mídia. São intergeracionais, curtem a família a seu modo e têm noção clara de seu espaço, mas respeitam o espaço dos outros. **Sua aparição é uma resposta aos processos de globalização econômica e política.**

Eles foram influenciados por algumas das óticas dos *millenials*, mas digamos que pela parte boa: preocupação ecológica, senso de justiça social, integridade moral e aceitação da diversidade. Por outro lado, eles não se identificam com a preguiça, o isolamento e o egoísmo dessa geração. Podem pertencer a qualquer uma das outras gerações, *baby boomers*, X, Y ou Z, mas, independentemente disso, sentem-se próximos, são inclusivos, gregários e participativos com outras tribos. Apesar de terem uma visão pragmática da sua relação com marcas e produtos, priorizam as empresas que defendam suas causas sociais ou culturais.

Reforço, eles acham que a idade é apenas um número; não a identificam como algo determinante em suas vidas. Por isso têm os mais diversos grupos de amigos em termos etários. Como os padrões geracionais não os caracterizam, eles abrem espaço para a construção de um novo modo de ser e serão fundamentais para ajudar na estruturação da forma de vida da Idade Mídia. Afinal, como disse Gina: *"Eles são ageless."*

É interessante observar a questão de atemporalidade, essa *não idade* relacionada aos *perennials*. Isso prenuncia a revolução que teremos na importância da contagem cronológica de nossas vidas.

A Idade Mídia modifica o processo de envelhecimento. Não envelheceremos mais como no passado. Esta Era abre espaço para a medicina genômica. Com sua aplicação e com a individualização dos tratamentos de saúde, estabeleceremos novos paradigmas para o entendimento de ser velho.

Isso é relevante ao levarmos em consideração a expectativa de vida do brasileiro, indicada pelo Instituto Brasileiro de Geografia e

Estatística (IBGE), segundo a qual vivemos até os 76 anos de idade, em geral. Ora, cronologicamente quem já passou dos 65 anos, como é o meu caso, pode ser considerado velho. A morte já se anunciaria sem cerimônias para mim. Mas refuto essa condição, não por medo. Essa compreensão de mundo é definida pela *Idade Média*, não reflete as mudanças. Sendo assim, questionar-se sobre o que é ser velho nesta Era é pertinente.

De acordo com o Relatório Mundial de Envelhecimento e Saúde, da Organização Mundial de Saúde (OMS), uma criança, ao nascer hoje no Brasil, tem expectativa de vida estendida em mais 20 anos quando comparada a alguém cujo nascimento tenha ocorrido há 50 anos. Portanto, a Organização é categórica: *"As mudanças que constituem e influenciam o envelhecimento são complexas."* Ter mais idade não significa nada, não implica ser velho. E mais, chegamos a um determinado estágio no qual a maioria dos habitantes deste planeta pode passar dos 60 anos de vida. Isso é um marco histórico com profundos comprometimentos sociais.

Para ilustrar esse assunto, devido à sua importância, transcrevo a seguir alguns trechos do relatório no qual a OMS define o processo de envelhecimento:

> "(...) No nível biológico, o envelhecimento é associado ao acúmulo de uma grande variedade de danos moleculares e celulares. Com o tempo, esse dano leva a uma perda gradual nas reservas fisiológicas, um aumento do risco de contrair diversas doenças e um declínio geral na capacidade intrínseca do indivíduo. Em última instância, resulta no falecimento. Porém essas mudanças não são lineares ou consistentes, e são apenas vagamente associadas à idade de uma pessoa em anos (...)."

Perceba, a principal referência internacional na área de saúde ao longo da *Idade Média* pontua em seu texto técnico o fato de *"as mudanças não serem lineares ou consistentes"*. Dessa forma, eles reconhecem a importância das características individuais de cada um como fator expressivo. E vão além: *"'as mudanças' são vagamente associadas à idade de uma pessoa em anos"*.

Essas duas afirmações são relevantes nesta fase de transição pela qual passamos. Já começamos a reconhecer em nível institucional aspectos da Idade Mídia em termos de saúde. Sendo assim, com o advento exponencial da medicina nesta nova Era, esse conceito será disseminado com menos resistência. Porém o reconhecimento de novos cenários e desafios é ampliado pelo texto da OMS, que ainda indica:

> "(...) A idade avançada frequentemente envolve mudanças significativas, além das perdas biológicas. Isso inclui mudanças nos papéis e posições sociais, bem como na necessidade de lidar com perdas de relações próximas. Em resposta, os adultos mais velhos tendem a selecionar metas e atividades em menor número, porém mais significativas, otimizar suas capacidades existentes, por meio de práticas e novas tecnologias, bem como compensar as perdas de algumas habilidades, encontrando outras maneiras de realizar tarefas (...)."

Nesse trecho, há uma citação literal às "novas tecnologias", como ferramentas fundamentais para a otimização da capacidade motora e da condição de saúde das pessoas em determinados momentos de suas vidas. Isso é o reconhecimento, mais uma vez, da relevância inconteste do advento das ferramentas tecnológicas na saúde.

Esse relatório foi assinado pela então diretora-geral da OMS, Dra. Margaret Chan. Em seu texto de apresentação nesse trabalho, ela destacou os desafios imprevisíveis à saúde e a tendência de aceleração do envelhecimento da população mundial. Ao mesmo tempo, rechaçou categoricamente as definições amplamente aceitas ao longo da *Idade Média* ao mencionar o fato de *"muitas percepções e suposições comuns sobre as pessoas mais velhas serem baseadas em estereótipos ultrapassados. (...) Não existe um idoso 'típico'"*, em suas palavras. Ou seja, é inexistente um ser humano mediano. Essa afirmação dialoga com o futuro, reconhece a necessidade de virarmos a página, abreviando a transição para Idade Mídia.

> "A diversidade das capacidades e necessidades de saúde dos adultos maiores não é aleatória, mas, sim, advinda de eventos que ocorrem ao longo de todo o curso da vida e, frequentemente, são modificáveis, ressaltando a importância do enfoque de ciclo de vida para se entender o processo de envelhecimento."

Esse trecho da fala da Dra. Chan denota, mais uma vez, a importância do indivíduo no mundo. São as necessidades de cada um e seu histórico de vida os fatores determinantes para o seu envelhecimento. Isso valida ainda mais o surgimento dos *perennials*. É claro, a OMS não pensou nesse fato quando redigiu sua análise. Eles refletiam sobre um momento histórico. Mas essa reflexão sinaliza a premência da Idade Mídia, integra a preparação para o salto temporal que está prestes a acontecer em todo o seu potencial. Abre espaço para a consolidação desta nova Era e para a estruturação de uma civilização original. É a vida se manifestando em seu curso natural dos acontecimentos. É mais um passo de nossa caminhada rumo ao longínquo futuro.

Somos Seres Perenes ▪ **323**

Leitura Dinâmica
PARA FIXAR: CAPÍTULO 18

- A revolução provocada pela Idade Mídia estabelece uma nova Era e consolida uma civilização completamente original.

- A Idade Mídia é uma revolução de comunicação e, como tal, suas modificações são muito mais profundas e desafiadoras.

- Os alicerces de conhecimento que por séculos sustentaram as organizações em comunidade ao longo da *Idade Média* estão sendo extintos gradualmente.

- Com o advento da nova civilização, surgem novas pessoas. Formatamos um novo ser, já identificado como *perennial*. Esta é uma designação inicial para as primeiras pessoas na Idade Mídia.

- Os *perennials* não se relacionam por idade, mas, sim, por identidade. Eles:

  - São grandes influenciadores.

  - Relacionam-se transversalmente em múltiplas faixas etárias.

  - Adotam a tecnologia precocemente.

  - Vivem o presente.

  - Têm visão de mundo global.

  - Têm interesse em tecnologia.

- Conceitualmente, extrapolam as fronteiras das definições de geração usadas até o momento. São indivíduos de qualquer faixa etária. Para eles, a idade não importa, não é referência como propósito de vida.

- Em sociedade, eles se integram, por descobrirem entre si objetivos comuns e afinidades. Eles constroem suas relações por identidade social, não por aspectos meramente cronológicos. O surgimento dessa categoria de pessoas muda tudo na análise do comportamento social e de consumo.

- O aparecimento dos *perennials* é uma resposta aos processos de globalização econômica e política. A Idade Mídia modifica a forma de envelhecimento.

CAPÍTULO 19

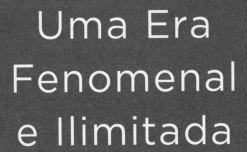

Uma Era Fenomenal e Ilimitada

"Meu interesse é por coisas que mudam o mundo e afetam o futuro. Tenho apreço pelo surgimento de novas e maravilhosas tecnologias, as do tipo que o deixam extasiado quando você entra em contato com elas e se questiona: 'Uau, como isso aconteceu? Como isso é possível?'"
— *Elon Musk, Empreendedor.*

Caro leitor, encaminhamo-nos para os capítulos finais deste livro, portanto senti a necessidade de reforçar alguns dos pontos expostos ao longo desta obra. Faço isso para ressaltar a importância de se adaptar ao novo contexto da humanidade. Muitos, tenho certeza, são resistentes ao aparecimento desta realidade distinta. Alguns mantêm um comportamento cético, descrente, apesar de os sinais da Idade Mídia serem cada vez mais intensos e frequentes.

As mudanças em curso serão imensas, profundas. Por sua dimensão e singularidade, algumas causarão estranheza. Essa reação é natural, até certo ponto. Contudo, o importante é evitar a estagnação. É preciso agir apesar das inseguranças e das incertezas. Ter uma atitude de isolamento, de distanciamento dos mais diversos contextos sociais diante das demandas deste novo tempo será contraproducente. A adoção de comportamentos inflexíveis, rígidos e fechados tende a dificultar a necessária adaptação para se viver na Idade Mídia. **Se o processo de acomodação às demandas desconhecidas por si já é complicado, agregar resistência a esse movimento pode ser paralisante.**

Lembre-se: **a Idade Mídia é uma revolução que vai muito além da comunicação.** Suas modificações são muito mais desafiadoras. Temos de nos capacitar, investir constantemente em nosso *Capital Intelectual*, para aproveitar as mudanças. A humanidade evolui quando se adapta aos desafios. A história comprova essa condição.

Antes da invenção da lâmpada elétrica, em 21 de outubro de 1879 pelo norte-americano Thomas Edison, o cair da tarde impunha uma série de limitações. A iluminação por velas, a gás, querosene ou mesmo por óleo incandescente (o que representava a melhor tecnologia da época) era insuficiente para as atividades cotidianas como o simples ato de passar roupas.

O ferro elétrico é uma invenção do final do século XIX, e, antes de sua criação, passar roupas era uma tarefa delicada. Os ferros utilizados eram à brasa e qualquer descuido poderia, facilmente, provocar um incêndio. A criação da eletricidade modificou essa condição. Os ferros deixaram de ser perigosos e pesados utensílios domésticos. Esse é um exemplo pontual das modificações decorrentes do invento de Thomas Edison. Apesar de ilustrativo, é extremamente ínfimo tendo em vista as gigantescas modificações do mundo após o advento da eletricidade.

O surgimento da luz elétrica transformou nosso comportamento, nossas interações sociais, nossos arranjos políticos. Teve enorme e revolucionário impacto em nossa constituição social, nossos ambientes de trabalho e em nossas relações familiares. Gradualmente, sua chegada permitiu a criação de uma série de aparelhos libertadores do nosso corpo. Com o passar dos anos, as tarefas domésticas foram sendo descomplicadas. Hábitos de higiene, como lavar roupa, tomar banho ou tirar o pó da casa, que para serem realizados anteriormente levavam longas horas (dias, por vezes), foram simplificados com o aparecimento das máquinas de lavar, dos chuveiros elétricos e dos aspiradores de pó, entre tantos outros aparelhos criados para facilitar as tarefas do lar. Isso gerou tempo e qualidade de vida, indiscriminadamente, para todos na sociedade. Esse fato refletiu diretamente em nossa evolução civilizatória.

Com tempo livre, foi possível dedicar-se a outras atividades, como estudar, por exemplo. Outro fator relevante logo constatado por aquela nova condição foi a geração de conforto. As pessoas passaram a descansar mais, e isso teria impactado na preservação do organismo e, consequentemente, na melhora do quadro de saúde.

A eletricidade também modificou questões intangíveis de nossa vida. Em certa medida, ela "deu asas" à nossa alma. Passamos a sonhar acordados, na medida do surgimento dos fonógrafos, rádios, cinematógrafos e televisores. Esses equipamentos despertaram nosso interesse e curiosidade, colocaram-nos em movimento por meio da dança, foram elementos de aproximação, união e informação. A expressão de nossa subjetividade encontrou auxílio na luz elétrica. Desde sua invenção, as decorrentes transformações em nossas vidas são incessantes e se apresentam em diversas formas.

Assim como a luz elétrica foi fundamental para moldar o século XX e gerar todas as modificações mencionadas, o Big Data, a Inteligência Artificial e a Computação Quântica desempenham papel similar para nossas transformações atualmente. Já sentimos a influência e os reflexos dessas tecnologias em nosso cotidiano.

Quando surgiram os primeiros microchips comerciais, por exemplo, na década de 1970, foi-nos permitido processar as informações em código de maneira mais sistematizada e com maior rapidez. Essa condição alterou significativos aspectos de nossas relações em ambientes acadêmicos, corporativos e públicos. Desde então, avançamos.

Hoje, por meio das ferramentas tecnológicas contemporâneas, realizamos instantaneamente e com poucos toques (com *touchscreen*) as façanhas de superar o tempo e o espaço. E o melhor: a um custo cada vez menor e mais acessível. As ferramentas introduzidas na Idade Mídia potencializam esse cenário. Evoluímos como civilização. E pensar que tudo isso começava a ser delineado após Thomas Edison, em suas pesquisas, ter concebido o primeiro sistema de iluminação durável quando conseguiu passar corrente elétrica por um ligamento de carbono dentro de uma ampola de vidro vazia. Em uma alusão à imagem bíblica da criação do universo, realizando seu experimento, Edison ganhou contornos divinos ao "fazer a luz" ou, como na expressão bíblica: *fiat lux*.

> Qual terá sido sua sensação como primeiro ser humano em contato com a luz elétrica? Ele teria sido capaz de dimensionar o impacto de sua conquista para a humanidade?

A despeito das respostas, nossa história progredia naquele instante por intermédio de seu trabalho. Realizávamos mais um de nossos decisivos saltos. Toda uma revolução de costumes estava prestes a se desenrolar, para mencionar o mínimo. Por meio de descobertas pontuais, das pequenas conquistas, pavimentamos estruturas para atingirmos as mais significativas alterações em nossa existência. Estamos fazendo isso neste momento com a descoberta de novos sistemas e equipamentos tecnológicos rumo à Idade Mídia.

Ao longo deste livro, mostrei diversos exemplos em curso para a consolidação desta nova Era. A medicina genômica, o surgimento do iPhone, a exponencialidade dos dados e a Internet das Coisas foram alguns deles. Mas eles não se esgotam. Por isso, aproveito a deixa para nos lembrar de mais um, os *smartwatches* (relógios inteligentes) e a miríade de suas funções quando conectados à internet e carregados de aplicativos. A cada dia esse conceito de relógio é mais visto pelos pulsos mundo afora. Ele alterou o ato ancestral de vermos as horas. Isso é um típico reflexo da Idade Mídia.

Sim, continuaremos a ver as horas. Sim, continuaremos a usar "relógios" para esse fim, mas a forma de sua visualização é outra. O aparelho usado para esse fim é outro, bem distinto dos primeiros relógios de pulso de Cartier e Jaeger. Aliás, peças mais comparáveis a joias preciosas do que a itens de uso corriqueiro pelas ruas das nossas cidades.

Os *smartwatches* estão longe de ser modismo ou item de consumo descartável. Com eles, podemos atender chamadas, controlar batimentos cardíacos, receber atualização de notícias, revisar a agenda de compromissos e muito mais. Como instrumento, propiciam radicais mudanças de comportamento em nossas vidas, mesmo que aparentemente sutis. Eles ajudam a consolidar a Idade Mídia e se inserem como elemento facilitador para a manifestação dessa original civilização futura.

Zeitgeist

Se no passado o simples fato de nascer em algum lugar distante dos grandes centros urbanos determinava nosso destino, hoje essa condição perdeu relevância. Antigamente, as oportunidades em sociedade centralizavam-se em poucos locais. Elas aconteciam, preferencialmente, nas maiores aglomerações urbanas. Ali estavam as melhores escolas, a prestação médica mais avançada, a maior oferta de vaga de empregos etc.

Ao longo da *Idade Média*, nosso local de nascimento importava, e muito. Era decisivo para o modo de se estar na vida. Contudo, nesta fase de transição para a Idade Mídia, denota-se cada vez mais a irrelevância dessa questão geográfica para o desenvolvimento das pessoas. **Transformamos nossa sociedade quando investimos na aplicação irrestrita da tecnologia da informação. Ela democratiza oportunidades de estudo, de prestação de serviço, das condições de emprego.** Mas nem tudo está equacionado.

Em termos de comparação, aquele isolamento dos moradores de áreas remotas agora se manifesta na ausência ou pela dificuldade de acesso às tecnologias de modo geral, mais explicitamente demonstradas pela falta de um computador, smartphone e da rede de infraestrutura necessária para o funcionamento adequado desses equipamentos. Quem não dispõe de acesso a essa realidade cerceia suas possibilidades de prosperar financeiramente, educacionalmente e socialmente. Está à margem do *zeitgeist*, o espírito de nosso tempo.

A Idade Mídia amplia os poderes das pessoas, possibilitando condições equânimes para nosso desenvolvimento. É como se qualquer mortal tivesse "poderes" antes disponíveis e reservados aos privilegiados oriundos das classes sociais mais abastadas, "deuses" da *Idade Média*.

Munidos dos meios de comunicação corretos e conectados à internet, temos a condição de entrar em contato com qualquer pessoa neste planeta. As distâncias físicas, intransponíveis no passado, foram virtualmente abolidas. Eu posso estar em Xangai e você em Vancouver, caro leitor, não importa! Se tivermos os aparelhos adequados para nos comunicar, seremos capazes de nos vermos ao vivo e conversarmos por horas como se estivéssemos na mesma sala. **A Idade Mídia aproxima as pessoas e nos possibilita o acesso a todo tipo de conhecimento.**

Ao derrubar limitações físicas antes insuperáveis, a ubiquidade do acesso à tecnologia cria uma situação inédita na história em termos de empoderamento do indivíduo. Por milênios, os frutos tecnológicos eram reservados aos privilegiados. A maioria populacional estava apartada dessas benesses. Dessa forma, os representantes das altas classes sociais estavam sempre em posição de dominação. Agora, não mais. Essa lógica deixa de ser prevalente com o avanço da Idade Mídia e integra o processo revolucionário da comunicação suscitado por esta nova Era. Reflete-se na valorização do indivíduo e pelo fim da tutela praticada por Estados centralizadores no decorrer dos séculos. **O fim da *Idade Média* provoca gigantescas alterações nos pilares das relações humanas e do comportamento social. Vamos consolidar a meritocracia.**

> A meritocracia só pode existir com o fim da *Idade Média*, quando passaremos a ser incentivados a nos desenvolver, nos portar socialmente e nos instruir em acordo com nossas características pessoais, esforço e vontade. Seremos donos do nosso destino, construtores de nosso futuro, responsáveis por nossas carreiras.

Para a concretização desse cenário, o auxílio da tecnologia é imprescindível. A pesquisa científica e a inovação geram mudanças, estimulam a ampliação de sociedades meritocráticas ao valorizar os indivíduos nos diversos ambientes de seus relacionamentos. Já vemos os primeiros sinais dessas ocorrências neste momento de transição rumo à Idade Mídia.

Em termos de comparação histórica, reforço e amplio o recente exemplo da descoberta do fogo, citado no capítulo anterior. Ao caminharmos para a Idade Mídia, entramos em uma Era desconhecida. Nesta fase de transição em que vivemos, ressignificamo-nos, iniciamos a adaptação de nosso ser ao exercício de novas potencialidades criativas, físicas e de raciocínio lógico, tal qual nossos ancestrais.

Pouco depois de controlarmos o fogo, nossa evolução como espécie foi mais rápida. Nossos antepassados pré-históricos ampliaram seus potenciais. Essa condição está intrinsecamente ligada ao preparo de nossa alimentação, que passou a também ser cozida, aumentando nossa assimilação energética fornecida pelos alimentos. Assim, fortalecemo-nos e consolidamos o domínio da cadeia alimentar. O advento do fogo tornou o ser humano uma espécie caçadora mais eficiente e, com a melhor absorção das proteínas ingeridas de alimentos assados ou cozidos, tivemos mais força física para perseguir presas maiores e mais nutritivas.

A despeito dos evidentes benefícios do uso desse fenômeno da natureza e da ingestão alimentar mais adequada, fazer fogo toda hora dá um trabalhão. E carregar brasas não é lá muito prático na vida nômade. Entre o fogo e a estrada, a primeira opção venceu, e a espécie humana ganhou endereço fixo.

Sem precisar mudar a todo instante, houve mais espaço para criar; surgiram instrumentos para lidar com o cotidiano e a tecnologia de cultivo. Os humanos saíram da caça e coleta e entraram na Era da agricultura. O arado foi mais uma das invenções de vital importância para nossa ressignificação: ele deu escala à produção alimentar. Quem inventava melhores instrumentos e era mais capacitado na percepção das mudanças climáticas e seus efeitos sobre o meio ambiente obtinha maior produtividade e, consequentemente, adquiria mais poder.

Assim, surgiram grandes civilizações na Mesopotâmia e no Egito. Na estrutura social desses povos, a sistematização do conhecimento foi rapidamente reconhecida como fonte de poder. Por isso, grande parte da população foi deliberadamente deixada na ignorância. O raciocínio da elite dominante à época era simples: *"Se todos puderem pensar e criar, quem vai fazer o trabalho braçal?"* Esse pensamento, é pertinente lembrar, estendeu-se para outros povos, em outros tempos, inseridos nas mais variadas formas de governo. Essa condição se arrasta ao longo das gerações e chega até este século.

A informação é combustível para a criatividade, por isso, por milênios, ela foi escassamente distribuída. A informação só era compartilhada na justa medida da necessidade do seu receptor. Os trabalhadores eram condicionados a executar tarefas automaticamente. Eles estavam impedidos de entrar em contato com as razões científicas que as determinavam. Em várias sociedades, ao longo da história, o saber adquiriu aura mística e era exclusividade dos sacerdotes, curandeiros e oráculos.

Os egípcios da Dinastia Ptolomeu, sabendo disso, tomaram suas providências. Reuniram todo o conhecimento do mundo em papiros, na Biblioteca de Alexandria. Vale notar, o acesso ao acervo desses papiros era bastante restrito. Ele era compreendido como espécie de arsenal do saber, utilizado para suprir as necessidades dos faraós na administração dos seus reinos.

Os gregos foram mais generosos na administração do seu repertório intelectual. Incentivaram, inclusive, a disseminação da ciência entre os cidadãos das suas cidades; mas é necessário fazer um aparte para essa afirmação. As mulheres e as crianças não entravam nessa conta, elas não tinham direito a acessar esse saber.

Por sua vez, os romanos, versados em estratégia, fracionaram o conhecimento em especialidades. Assim, abria-se a possibilidade de obter avanços segmentados em diferentes ciências, impossibilitando escala social às inovações produzidas, o que poderia alterar relações de poder e gerar insatisfações perigosas.

Em nossa história, sobram exemplos da tentativa de centralizar o conhecimento, de mantê-lo sob o jugo de uma elite, apartado da maioria das pessoas. Durante toda a Idade Média, por exemplo, os monges copistas, reprodutores do conteúdo dos livros existentes, eram analfabetos. Eles eram treinados para reproduzir, como um desenho, as letras escritas. Apesar dessa habilidade, eram incapazes de saber quais palavras haviam formado após escrevê-las. Ou seja, todos esses exemplos demonstram que, com arranjos específicos, modificados com o passar das gerações entre os mais distintos povos, a ignorância reinou no Ocidente por mais de mil anos. Essa condição começaria a ser alterada a partir do século XIV.

Com o surgimento do Renascimento, a tentativa de manter as pessoas na escuridão intelectual foi colocada em xeque. Iniciou-se um novo comportamento de produção e repasse de conhecimento. Leonardo da Vinci foi um dos grandes exemplos dessa mudança de paradigma. Por sua imensa capacidade criativa, ele transitou entre as descobertas tecnológicas e a realização de inigualáveis feitos artísticos. Apesar das modificações paulatinas de comportamento, o acesso ao conhecimento continuou restrito até o final do século XX. Persiste ainda hoje, infelizmente. Mas há uma diferença: agora, é quase impossível deter o acesso à informação.

A Idade Mídia amplia o consumo das mais diversas expressões culturais e das mais variadas formas de entretenimento. O Ensino a Distância abriu possibilidades impensáveis à formação acadêmica. Graças à tecnologia da informação, qualquer um com conexão à internet desenvolve seus estudos, escolhe seu destino e tem capacidade de ascender socialmente em espaços antes reservados à elite econômica. Essa condição é reflexo inconteste desta nova Era.

Com a tecnologia mais acessível, cada vez mais gente pode se expressar, colocar-se, participar do mercado consumidor, da política, das artes. Todo mundo está a poucos cliques de um poder sequer sonhado há um século e apenas visto como fantasioso há algumas décadas.

Estamos falando sobre gente que, ao usar a tecnologia, transforma a sociedade e os meios para geração de riqueza. Gente que conquistou poder como indivíduo e, enquanto grupo, passou a ter voz ativa, ampliou sua capacidade de fazer diferença e de mobilizar outras pessoas. Como decorrência da amplificação de poderes estabelecida pela Idade Mídia, as pessoas podem, pela primeira vez em nossa existência, ultrapassar a homogeneidade erguida a ferro e fogo na *Idade Média*, em todos os aspectos de nossas interações. Éramos uma massa indistinta de consumidores, de eleitores, de público. Aos poucos, deixamos para trás essa condição.

Somos revelados pela Idade Mídia em toda nossa complexidade como seres humanos. **Pelo uso irrestrito da tecnologia, afirmamos nossa individualidade, deixamos de ser "apenas um número". Ganhamos voz e reconhecimento de nossa história pessoal.** Antigamente, só a realeza, os reis, as rainhas e alguns nobres de suas cortes, tinham sua vida reverenciada e exposta em uma linha do tempo como sinônimo de relevância e prestígio. A partir do século XXI, essa lógica foi suplantada. O advento das redes sociais subverteu esse pensamento. Qualquer um inserido em um ambiente virtual coletivo pode ser transformado, simbolicamente, em rei ou rainha de sua história e ter seu significado social amplificado.

Na Idade Mídia, é fundamental estar conectado, atento a quem emerge do anonimato e se posiciona como força criativa e produtiva. Essas pessoas, individualmente, estão conferindo novos significados à sua existência e, coletivamente, fazendo a diferença, mudando seu entorno e a sociedade como um todo. Ao entrarmos em sintonia com esse movimento, entramos em sinergia com quem, na contramão do determinismo histórico e geográfico, venceu barreiras e ampliou seus poderes de ação, expressão e pensamento. Eles são seres revolucionários. *"I have a dream."* Essa fala lhe soa familiar?

A Idade Mídia permite a difusão das opiniões, desejos e sentimentos das pessoas. Somos seres mídia, e as limitações para atuação nesta nova Era serão cada vez mais inexistentes. Finalmente, cada humano tem a possibilidade de se posicionar numa escala jamais vista. Essa condição precisa ser celebrada diariamente.

Estamos consolidando este novo amanhã. No futuro, quem observar nosso período de transição pode nos comparar àquele ser primitivo que desconhecia o fogo e suas potencialidades. De certo modo, a comparação é válida. Como eles, começamos a fazer nossas "fogueiras", mas elas não são mais compostas de lascas de madeira, feno e folhas; são feitas de tecnologia. E o fogo gerado por elas surge como resultado do uso das ferramentas tecnológicas, que são "nosso elemento natural", material para nos "aquecer", "gerar calor".

E nunca esqueçamos: **a tecnologia desenvolvida e aplicada na Idade Mídia entende o mundo como um fluxo de dados.** Tudo presente neste mundo (e fora dele também) é fonte de dados. Nesse sentido, **os algoritmos são o DNA da Idade Mídia.**

Os algoritmos organizam todo o volume e o caos de informação que nos cerca. Eles dão sentido a esse emaranhado informativo aleatório, e fazem isso acontecer pela aplicação da Inteligência Artificial, pelas ferramentas de Big Data, pela Computação Quântica. Eles são os principais componentes desses meios.

A obsessão dos algoritmos é obter resultados cada vez mais eficientes e aprimorar análises de performance. A partir disso, é como se governassem nosso mundo. Nossa interação com eles na Idade Mídia será um desafio constante. É um ponto de muita atenção.

O aumento da disponibilidade de dados, tanto para coleta quanto para consulta, tornará nossas atividades profissionais verdadeiramente interdisciplinares. Um dos motivos para que isso ocorra reside na simplificação do cruzamento dos dados obtidos. Em tese, nós poderemos, ao obter as respostas, ampliar os avanços científicos e tecnológicos, resultando no aprimoramento de nossas sociedades. Esse é um movimento natural em direção à Idade Mídia. Mas precisamos ficar atentos para não cairmos em uma armadilha conceitual.

Esse mundo de dados promete ser constituído por resultados objetivos, afinal estamos falando de estatística e probabilidade. Em tese, estaríamos livres da avaliação subjetiva humana, portanto, do preconceito. Números não mentem, diria meu antigo professor de matemática. Mas não é bem assim. Pessoas projetam algoritmos e, nessa projeção, podem implicitamente deixar marcados nela seus valores pessoais. Essa é uma operação sofisticada, mas uma possibilidade concreta.

No ato de sua elaboração, os algoritmos precisam ser codificados. Nessa etapa, eles são submetidos a testes e treinamentos de funcionalidade para corrigir erros. Um conjunto específico de informação é selecionado e destinado a eles para que possam se constituir. Nessa dinâmica, abre-se uma janela de oportunidade para comprometer seu desempenho. Este seria um dos momentos nos quais é possível criar um valor determinado para suas análises, imprimindo em sua estrutura uma marca autoral, por assim dizer. Essa ação seria capaz de influenciar a geração futura de seus dados, podendo torná-los tendenciosos.

Infelizmente, esse fato relatado não é uma teoria da conspiração. É algo possível de ser feito com o devido conhecimento técnico. Diante dessa possibilidade, passamos por uma delicada relação. Os algoritmos foram criados para nos ajudar, e, na concepção de sua existência, fazem um trabalho inquestionável de elaboração de dados. Mas sua estrutura pode ser comprometida, viciada. Portanto, essa condição nos leva a refletir sobre a necessidade de estabelecermos algum tipo de controle, de certificação, para assegurar sua integridade. A supervisão de sua codificação se torna mais premente quando constatamos o fato de ainda sermos incapazes de entender completamente toda a maneira de seu funcionamento. Ainda temos muito a aprender sobre eles e eles têm muito a se desenvolver.

Dados não estruturados, por si, têm muito pouco valor de uso quando não é estabelecida uma organização capaz de analisá-los. Com o seu aumento exponencial na Idade Mídia, os algoritmos aliados às ferramentas de análise são fundamentais para a realização de todas as nossas relações, mas em especial as surgidas no universo profissional. O resultado da análise desse tipo de dados permeará a estrutura de nossas sociedades, tendo implicações irrestritas na cultura, no comportamento, na política e no consumo. Por isso é importante sabermos, objetivamente, qual é o papel do ser humano nesse contexto.

Fazendo um recorte desse cenário para as ações de marketing, **todos esses novos instrumentos disponíveis para o mercado de trabalho na Idade Mídia devem ser usados com o objetivo de aprimorar a relação das marcas com seus consumidores, aumentar a produtividade e proporcionar uma inesquecível vivência de consumo.**

Com tudo que nos está sendo apresentado, podemos desenvolver modelos mais eficientes para o gerenciamento de nossos negócios;

o planejamento ganhará outra dinâmica e extensão, facilitando a tomada de decisões. Integrar os novos recursos é um desafio para o profissional de marketing.

Conforme os consumidores interagem com suas marcas de predileção por diversos canais de atendimento, as estratégias de marketing ganham maior complexidade. É preciso aumentar a mensuração gerada pelo impacto das ações realizadas.

Esta nova Era facilita aos profissionais reunir a quantidade e os dados necessários para gerar as análises desejadas e criar *insights* robustos, mas é necessário esforço e comprometimento de todo o time de marketing para assegurar os resultados. Isso ainda não é tudo. É preciso integração desse time e suas ações planejadas com os demais setores empresariais. Quando o trabalho é feito coletivamente, compartilhando expectativa e coletando diferentes pontos de vistas, ele ganha mais força. A aderência de todos os colaboradores da empresa é decisiva para a criação de ações completamente originais.

Fazer essa integração é outro grande desafio posto pela Idade Mídia, tanto para quem atua no marketing quanto para os colaboradores dos demais departamentos. Isso requer uma mudança de atitude organizacional e de mentalidade. O resultado desse esforço, contudo, será compensado por uma otimização da presença desse negócio na sociedade, não só em termos de venda.

A descomunal quantidade de informação estabelecida pela relação de consumo será muito mais bem analisada a partir da aproximação das variadas equipes profissionais. Todos trabalham por todos, considerando seu lugar de atuação; essa é mais uma das características da Idade Mídia. Nós somos quem somos e expressamos nossa individualidade na coletividade. Esse comportamento amplia a elaboração dos *insights* e garante a correta compreensão dos fluxos de dados existentes.

A Idade Mídia exige maior compreensão dos consumidores. Quem se mantiver no caminho dessa ação será literalmente atropelado pelos fatos, que chegarão torrencialmente. Por outro lado, aprofundar o conhecimento de cada um dos consumidores de uma marca é uma operação difícil. Requer tempo, resiliência, afinco, uso correto das ferramentas. Sobretudo, uma estratégia bem definida para a análise das informações coletadas. Essa condição é válida para qualquer segmento econômico.

Além da união dos departamentos no auxílio da construção das ações de marketing, faz parte dessa estratégia conseguir uma visão em 360° dos dados coletados. Eles têm de ser analisados em sua totalidade. A análise parcial vai gerar ações insuficientes, será incapaz de atender a seu público de relacionamento. Os consumidores são diversos, têm demandas específicas e pontuais; o marketing tem de considerar toda e qualquer variante e agir.

Lembre-se das questões de transparência no uso dos dados coletados. Ela será muito importante para o desenvolvimento de suas ações. **A democratização dos dados é fundamental**. Essa é outra característica importante e facilitadora para a união das equipes de trabalho. Quando o outro se sente incorporado, participando de algo maior, ele adota uma postura diferente de quando age isoladamente, acreditando que seu colega é um inimigo, em vez de um aliado natural, agindo em prol do bem maior da empresa. O compartilhamento dos dados possibilita o surgimento dessa liga entre os colaboradores. É um caminho de transformação, de ressignificação de comportamento. É preciso construir pontes, não muros.

A integração de dados e tecnologias da informação facilita a criação desses espaços de troca e comunhão entre as pessoas. Quando essa dinâmica ultrapassa os ambientes internos da empresa, ela chega com mais força aos consumidores. O profissional de marketing pode aproveitar para criar experiências de consumo muito mais pertinentes para os clientes. **A cultura de dados que surge não precisa ser fria, asséptica, distante.** Pelo contrário, ela é contexto para o estabelecimento de relações mais calorosas e próximas. Os insights elaborados a partir de tudo isso devem, entre outros fatores:

> Identificar exatamente quem é cada indivíduo de seu público de relacionamento.
>
> Entender em qual momento da vida esse consumidor se encontra.
>
> Personalizar a experiência de consumo.
>
> Aprimorar o uso de todos os canais de relacionamento com o consumidor.
>
> Integrar as ações de marketing indiferentemente do meio em que ocorram, seja online ou offline.
>
> Reconhecer as diferenças de consumo.
>
> Mapear as ações dos concorrentes.
>
> Estabelecer ações preditivas.

Os analistas de dados, é fato, serão profissionais muito requisitados ao longo da Idade Mídia, portanto fundamentais para as tarefas enumeradas acima. Mas eles não estarão sós nessa empreitada. Nos departamentos de marketing, especificamente, eles até podem ter maior domínio das informações coletadas. Definir, inclusive, as maneiras de se coletar os dados. Liderar o time. Mas, é importante destacar, os demais profissionais do departamento, indiferentemente de suas atribuições, não podem ficar à parte dessas análises.

A formação de um grupo de trabalho colaborativo garante resolução consensual dos problemas apresentados e incentiva propostas mais abrangentes de ação para melhorar o relacionamento das marcas com seus consumidores, proporcionando novas perspectivas de consumo e realização. Isso também é conquistado como reflexo da integração das ferramentas da tecnologia da informação. Para melhor compreensão dessa condição, podemos fazer um paralelo com equipes profissionais de esporte.

Em quadra ou no campo, cada jogador sabe seu lugar, reconhece suas potencialidades, tenta superar suas limitações, mas, a despeito de suas individualidades, jogam de forma integrada. Esse mesmo pensamento é válido para as equipes de trabalho em ambiente corporativo. Apesar de desempenharem funções distintas, cada integrante dessa equipe é parte do mesmo grupo e tem objetivos comuns.

Se no esporte os atletas têm a bola como um dos principais itens do fundamento da partida, no ambiente corporativo os dados desempenham esse papel de importância. Sem a bola, não há jogo. Sem os dados, não há trabalho.

Assim como a bola passa de mão em mão, ou pé em pé, entre os jogadores, os dados precisam passar, de mão em mão, pelos colaboradores. Tanto a bola quanto os dados levam o jogo adiante. O bom repasse da bola é decisivo para fazer os pontos necessários. O mesmo é pertinente aos dados. Quando há compartilhamento adequado dos dados, novos consumidores são conquistados e as vendas aumentam. Nessa dinâmica, ninguém é sobressalente. O esforço individual de cada um vale muito, e o olhar do campeão não se paralisa em suas limitações.

No mundo construído pela Idade Mídia, quebramos barreiras demográficas, geográficas, sociais, políticas e econômicas. Os alicerces de conhecimento que por séculos sustentaram as organizações em comunidade, ao longo da *Idade Média*, estão sendo extintos gradualmente. Vão evaporar. Os rastros dessa transformação estão ao seu lado, caro leitor.

Leitura Dinâmica

PARA FIXAR: CAPÍTULO 19

- A imensa modificação provocada pela Idade Mídia estabelece uma nova Era, consolida uma civilização completamente original.

- A Idade Mídia é uma revolução de comunicação e, como tal, suas modificações são muito mais profundas e desafiadoras.

- A Idade Mídia nos coloca em um ambiente social rigorosamente adverso ao que estamos habituados. Será outro tempo. Uma singular etapa de nosso entendimento como civilização.

- Como a luz elétrica foi fundamental para moldar o século XX e mudar nosso mundo, o Big Data, a Inteligência Artificial e a Computação Quântica desempenham papel similar no século XXI. A partir de sua disseminação e uso, mudaremos o mundo ao nosso redor.

- A Idade Mídia amplia os poderes das pessoas, possibilitando condições equânimes para nosso desenvolvimento.

- Munidos dos corretos meios de comunicação e conectados à internet, temos a condição de entrar em contato com qualquer pessoa neste planeta. As distâncias físicas, antes intransponíveis, foram virtualmente abolidas.

- A Idade Mídia revoluciona a estratificação de poder. As classes sociais mais abastadas deixam de ser as detentoras exclusivas do comando social. O fim da *Idade Média* provoca gigantescas alterações nos pilares das relações humanas e do comportamento social. Consolidaremos a meritocracia.

- A meritocracia só pode existir com o fim da *Idade Média*. Nesse momento, passaremos a ser incentivados a nos desenvolver, portar-nos socialmente e nos instruir de acordo com nossas características pessoais, esforço e vontade. Seremos donos do nosso destino, construtores de nosso futuro e responsáveis por nossas carreiras.

- A informação é combustível para a criatividade, por isso, por milênios, ela foi escassamente distribuída. Agora, é quase impossível deter o acesso a ela. A Idade Mídia amplia o consumo das mais diversas expressões culturais e das mais variadas formas de entretenimento.

- Somos revelados pela Idade Mídia em toda nossa complexidade como seres humanos. Pelo uso irrestrito da tecnologia, afirmamos nossa individualidade, deixamos de ser "apenas um número". Ganhamos voz e reconhecimento para nossa história pessoal.

- O mundo fica cada vez mais segmentado. Socialmente, é como se houvesse uma ressignificação de nossa organização tribal como resposta aos processos de globalização política e econômica.

CAPÍTULO 20

"Não É uma Tela. É um Portal para Onde Seu Coração Desejar Ir."

"A perda de intimidade não parece ser uma preocupação entre os jovens que crescem online."
— Stephen Asma, Professor de Filosofia da Universidade de Colúmbia, Chicago.

O dia 28 de novembro de 2014 foi muito difícil para a família norueguesa Steen. Naquela data, Robert e Trude enterravam seu filho, Mats. Ele havia falecido 10 dias antes, aos 25 anos de idade. Naquele momento, a família fechava, com muita dor, um ciclo de mais de 20 anos de peregrinação médica, internações hospitalares e tratamentos intensivos. A morte de Mats não fora repentina. Seu quadro de saúde era delicado desde a sua infância. Aos 4 anos de idade, em 1993, ele fora diagnosticado como portador de Distrofia Muscular de Duchenne, uma doença rara ligada a falhas cromossômicas. Degenerativa, ela é causada pela ausência de proteínas específicas para os músculos. Só meninos a desenvolvem, caso de Mats.

Até os quatros anos, porém, ele tinha uma vida comum. Aparentemente era saudável, frequentava a escola, gostava de correr e descer pelo escorregador. Porém seus pais percebiam algo estranho. Com frequência, ele se machucava (e muito). As quedas tornaram-se constantes. Em determinadas ocasiões, ele sequer conseguia acompanhar seus colegas nas brincadeiras. Para se levantar, em vários momentos, precisava se ajoelhar para conseguir ficar em pé. Definitivamente, havia algo de errado com ele. Seus pais, atentos, não menosprezaram as evidências. Levaram-no aos médicos. O diagnóstico sobre sua saúde, que se fragilizava, não tardou e veio carregado de incertezas e surpresas.

Em um primeiro momento, Robert e Trude ficaram atordoados. Reação natural e compreensível, afinal, qual pai está preparado para descobrir uma doença rara e degenerativa em seu filho de apenas quatro anos de idade?

"Não É uma Tela. É um Portal para Onde Seu Coração Desejar Ir." ▪ **351**

Superado o impacto inicial da má notícia, certa esperança tomou conta deles. Como tinham em mãos o diagnóstico, poderiam, a partir daquele resultado, procurar procedimentos clínicos para tentar curá-lo. Até ali, eles não tinham a extensão do comprometimento dessa doença. Mas, se houve alguma vaga esperança repentina, ela não perdurou. Os médicos foram extremamente rápidos e objetivos em detalhar o quadro clínico por vir. Mats teria apenas 20 anos de vida pelos prognósticos. Quem é portador dessa distrofia morre rápido. Ela se manifesta vigorosamente e causa uma ampla paralisia muscular no corpo, impossibilitando a vida. Com Mats não foi diferente; os sintomas da doença começaram a se manifestar aos 4 anos, e aos 8 anos ele já estava em uma cadeira de rodas. Nunca mais conseguiria andar.

A previsão do futuro dele era aterrorizante para seus pais. A cada ano, ele ficaria mais limitado, não teria uma "vida normal". Robert e Trude estavam inconsoláveis pelo fato de ele não poder experimentar o mundo como qualquer outra pessoa. Na visão deles, ele não namoraria, teria dificuldade para se relacionar socialmente, não se formaria em nenhuma profissão. Filhos, então, nem pensar. Para eles, Mats não teria uma "vida plena". E, como pais, estavam impotentes diante desse quadro. Seria impossível revertê-lo.

Com esse sentimento de impotência, a família foi tocando a rotina. Seguiram juntando suas forças para superar as dificuldades do caminho. Uma das primeiras providências tomadas foi uma mudança de endereço. De uma casa no sudeste de Oslo, capital da Noruega, se mudaram para uma residência ao sul da cidade, toda adaptada para melhor acomodar Mats em sua condição de cadeirante.

Insistiram para ele continuar seus estudos do ensino fundamental e médio. Esforçavam-se o quanto podiam para deixá-lo o mais integrado e confortável possível. Tudo parecia seguir dentro do *script* até que, aos 11 anos de idade, Robert o questionou sobre seu tempo livre. Ele tinha a intenção de descobrir os desejos de Mats para tentar, de alguma maneira, atendê-los. Ele perguntou se o filho se interessaria por jogos online. Ao perceber sua curiosidade sobre o assunto, Robert deu a senha do computador da família para o menino e ali, na pré-adolescência, Mats estava prestes a entrar em um mundo completamente novo. Sua vida literalmente se transformaria a partir daquele instante. Ele ressignificaria sua existência.

Claro, algumas coisas continuariam as mesmas. A doença permaneceria. Sua expectativa de vida continuava a ser 20 anos. Ele não sairia da cadeira de rodas. Mas, apesar das limitações, começaria a viver de outra forma. Teria outra realidade e ampliaria o sentido de sua vida, tornando-se, inclusive, o que bem quisesse ser. E ele foi muito. Para alguns, foi tudo.

Aquele menino de aparência frágil, com movimentos limitados e preso a uma cadeira de rodas, necessitando de ajuda profissional constante para cuidar de si, transformou-se em um homem encantador, atlético e viril chamado *Lorde Ibelin Redmoore.*

Ao entrar no universo online, mais especificamente no mundo dos *games*, Mats criou seu avatar projetando sua imagem como gostaria de tê-la na vida real. Virtualmente, ele era um homem alto e loiro, corria como Usain Bolt, era extremamente forte e habilidoso com instrumentos de arte marcial. Finalmente, Mats havia encontrado uma maneira de expressar seu ser sem as limitações de sua doença, e isso só foi possível nos ambientes dos jogos virtuais. Ele criou ainda outro personagem como segundo avatar, Jerome Walker. Para ele, essas figuras eram extensões de si, representavam diferentes lados de sua personalidade. E assim foi até o seu falecimento.

Antes de sua vida virtual mais intensa, lá pelos 12 anos, ele foi se familiarizando com o novo ambiente, descobrindo suas potencialidades. Circulava por diversos jogos online e interagia em seus grupos de discussão, assim como em comunidades virtuais diversas. Na adaptação a esse contexto, ainda misterioso para ele, Mats teria seu primeiro contato com o que, de fato, transformaria sua vida. Isso aconteceu quando ele descobriu o *World of Warcraft* (WoW).

O WoW é um *Massively Multiplayer Online Role Playing Game* (MMORPG). Para os não iniciados nessa linguagem, essa sigla de sopa de letrinhas se refere a um estilo de jogo online no qual grupos de jogadores criam seus personagens em ambientes de interação muito dinâmicos e bastante realistas.

O WoW foi lançado em 2004 pela editora e produtora de jogos de computador e videogame norte-americana Blizzard Entertainment. Seus criadores asseguram que ele oferece a maior experiência em aventura e ação entre *games* do gênero.

De fato, ele é bastante cultuado mundo afora. São inúmeras as comunidades virtuais criadas em sua homenagem. Seus fãs se espalham pelos cinco continentes. Ele conecta milhões de pessoas e é considerado um "jogo infinito". Ou seja, há uma história base que evolui. Com o passar do tempo, seu enredo inicial se expande, surgindo novos desafios, encontros inusitados entre figuras encantadas, animais exóticos e locais a serem explorados. Tudo isso acontece em Azeroth.

Nesse mundo, os personagens exterminam monstros, juntam-se a grupos determinados (as facções Aliança e Horda), passam de nível, são incumbidos de missões, se transformam em verdadeiras lendas, como Mats, aliás, Lorde Ibelin.

Em grande parte de seu tempo, Lorde Ibelin vivia no Reino do Leste. Em Azeroth, há inúmeros reinos espalhados por vários continentes, além de mares, rios, florestas, planícies e montanhas. A geografia desse mundo fantástico é bastante diversa e detalhada.

Por isso, definir um local de interação é importante para estabelecer contato, conhecer outros participantes, compartilhar experiências, identificar afinidades, tornar-se, enfim, conhecido e respeitado.

A irmandade de Lorde Ibelin era a *Starlight*. Nela, ele interagia com outros 30 membros e a integrou por toda a sua vida. Mas sua aceitação não foi imediata. Ele precisou ser indicado por alguém da comunidade, e só pôde ser considerado membro nato após ter cumprido um tempo probatório de aproximadamente dois meses.

Quem quer se associar à *Starlight* passa por esse período de aprovação. Para os padrões de comunidade no WoW, este é considerado um grupo antigo, está ativo há mais de uma década.

Quando Lorde Ibelin foi aceito pela *Starlight*, Mats, por sua vez, desenvolveu outros sentimentos em sua vida offline. Ele passou, efetivamente, a ter um ciclo social agitado, com encontros virtuais diários, possibilitando estabelecer, com isso, "relações profundas de amizade", como descreveu. Contudo, ao mesmo tempo em que ele se tornava mais interativo nessa comunidade, ele interagia menos em seu mundo real, onde seus pais estavam presentes e cada vez mais preocupados com o comportamento dele, que pouco saía de seu quarto.

As queixas de Robert tornaram-se frequentes. Pela manhã, ao sair para o trabalho e passar em frente ao sótão onde Mats dormia, ele se deparava com as cortinas de seu quarto fechadas. Ao ver seu filho em pleno alvorecer do dia ainda dormindo em um sótão escuro, Robert ficava devastado. Era tomado por um sentimento de intensa tristeza. Se a condição física de Mats já o limitava sobremaneira, trocar o dia pela noite não ajudaria em nada, pensava.

Robert e Trude tentavam entender o que se passava com Mats. Por que ele ficava naquela obsessão com o *game*? Não fazia sentido para eles vê-lo acordado durante a madrugada. Eles o queriam na cama às dez da noite, às onze, no máximo. Insistiam para que o menino desligasse o computador e fosse dormir nesses horários, mas ele os desobedecia. Afinal, aqueles eram os momentos de existência de Lorde Ibelin, era quando ele podia interagir em Azeroth.

Até o dia de sua morte, Robert e Trude não dimensionavam a vida online do filho e a importância dela para ele. Mas, com sua morte, eles foram surpreendidos, depararam-se com o inesperado. A despeito de sua grave doença degenerativa, aquele rapaz, com todos seus movimentos limitados, era uma figura popular e querida no WoW. Era uma referência. As pessoas gostavam de conversar com ele, que sabia ouvir, diziam.

Ele realmente fez companheiros nessa jornada virtual ao longo de seu tempo dedicado ao jogo, algo em torno de 20 mil horas nos últimos 10 anos de sua vida, de acordo com seu pai. Essa quantidade de tempo pode ser equiparada a uma jornada integral de trabalho por mais de uma década. Em outras palavras, ele vivia para jogar.

Caro leitor, a história de Mats foi inicialmente contada em 27 de janeiro de 2019 pela emissora pública de rádio e televisão da Noruega, *Norsk Rikskringkasting AS,* ou NRK, como é mais conhecida.

A equipe responsável pela descoberta e publicação dessa fenomenal reportagem que dá norte a este capítulo era composta da jornalista Vicky Schaubert, do fotógrafo Patrick da Silva Sæther e dos designers gráficos Andre Håker e Lene Sæter.

Sob o título de "A impressionante vida secreta em World of Warcraft de meu filho gamer com doença degenerativa" (no original: "Først da Mats var død, forsto foreldrene verdien av gamingen hans"), essa sensível história conquistou audiência mundial. A matéria foi traduzida para diversos idiomas, tornou-se tema de artigos em importantes publicações da imprensa, espalhou-se por fóruns de debate na internet. Mats conquistou não só seu espaço no WoW, ele conquistou nosso mundo.

As pessoas ficaram sensibilizadas com o fato de alguém com graves problemas de saúde ter conseguido, por meio de seus relacionamentos virtuais em um *game*, estabelecer certa normalidade em sua vida. Fazer amigos, flertar, compartilhar intimidades. E foram vários os encontros. São muitas as histórias para contar de seus relacionamentos. Entre elas, o seu relacionamento com Rumour o fazia ruborescer.

Personagem da holandesa Lisette Roovers, Rumour tornou-se uma de suas amigas mais próximas. Eles se conheceram quando ela tinha 15 anos e ele 16, na vida real. Em quase 10 anos de amizade, desenvolveram cumplicidade, como se evidencia nas declarações de Lisette/Rumour dadas a Vicky para a sua matéria.

> "Nós nos conhecemos em *Goldshire*. Lá não é mais um lugar legal. Mas, naquela época, *Goldshire* era uma pequena vila agradável, onde você podia conhecer novos personagens interessantes. Eu estava procurando alguém para jogar e, entre outros sentados ao redor de uma fogueira, estava quem mais tarde eu viria a saber que era Ibelin."

Ela não havia premeditado encontrá-lo. Mas algo nele, quando o viu, a fez agir impulsivamente. Ela deu o primeiro passo da aproximação.

> "Saltei dos arbustos e peguei o chapéu de Ibelin. Parei por um momento, olhando para frente e para trás, depois corri com o chapéu sem rumo."

"Não É uma Tela. É um Portal para Onde Seu Coração Desejar Ir." ■ 357

Ibelin ficou mexido com a atitude de Lisette/Rumour. Mats, mais ainda. Em um determinado momento de sua trajetória no WoW, motivado por seus sentimentos em relação às amizades estabelecidas com os outros personagens daquele universo, Mats decidiu criar um blog para dar voz as suas emoções. Para se expor como de fato era em carne e osso, com todas as suas fragilidades. Ele chamou aquele espaço de *Musings of Life* ("Reflexões da Vida", em tradução livre).

No post em que relatou seu encontro com Lisette/Rumour, ao qual ele deu o título de Amor, escreveu:

> "Neste outro mundo, uma garota não veria uma cadeira de rodas ou qualquer coisa diferente. Ela veria minha alma, coração e mente, convenientemente colocados em um corpo forte e bonito. Felizmente, quase todos os personagens deste mundo virtual têm uma aparência ótima."

Claramente ele reflete sobre o processo de ser aceito, sobre a importância para si de não ser visto apenas por suas limitações físicas, mas como alguém com "alma", capaz de amar. Foi esse sentimento de amor que ele nutriu por Lisette/Rumour, apesar de algo efetivo no mundo offline nunca ter acontecido. Mas os dois conseguiram, virtualmente, desenvolver uma relação próxima, por mais paradoxal que essa afirmação lhe pareça. Trocavam mensagens nas quais contavam detalhes de suas vidas. Acompanharam, mutuamente, suas transformações de adolescentes em jovens adultos. Porém falar para a amiga sobre suas deficiências não seria algo simples. Ele guardou segredo sobre sua condição por algum tempo.

Ele só revelara a Lisette/Rumour sua condição em textos do blog. Para ela, foi uma surpresa. Até pouco antes de ele morrer, Lisette/Rumour não sabia de nada sobre sua doença. Mas isso não os impediu de criarem fortes laços fraternais. A ligação deles era tão estreita que, quando os pais de Lisette a proibiram de acessar os *games* porque estavam preocupados com o tanto de tempo que a filha dedicava ao computador, Mats não se conteve. Não ficou inerte em frente à proibição. Escreveu uma carta para os pais dela explicando a importância do jogo na vida da filha. Até hoje, ela guarda essa demonstração de carinho e atenção do amigo.

Robert e Trude também acompanhavam a amizade entre eles. Pela reação do filho ao falar sobre Lisette/Rumour, eles percebiam a importância que dava à amiga. Mas tinham certa restrição à situação. *"Nossa percepção de amizade era muito tradicional. Aqueles que estavam lá apenas digitalmente, não considerávamos realmente como amigos."*

Outro personagem importante na trajetória de Mats foi Kai Simon Fredriksen, ou Nomine, nome de seu avatar no WoW. Ele é o líder da *Starlight* e, ao conversar com Vicky para a reportagem, revelou o ritual feito pela comunidade para lembrar a memória de Mats/Lorde Ibelin. Todos os anos, eles organizam um tributo em Azeroth em sua memória. São realizados torneios de corrida, natação, entre outras atividades físicas. *"Para ele, era importante sua capacidade de correr. Ele queria compartilhar a experiência de correr com os outros."*

As lembranças de Mats vão se multiplicando entre os membros da *Starlight*. Quando se lê o que os integrantes dessa comunidade falam sobre ele, independentemente de sua nacionalidade, idade, gênero ou condição de saúde, torna-se nítido o carinho e deferência para com ele, para com o significado de Lorde Ibelin em suas vidas online ou offline.

> "Nós nos conhecemos livres de preconceito. A *Starlight* parece um ambiente seguro, mesmo para aqueles que se veem como 'excluídos'."

Foi o que relatou a inglesa Anne Hill, que tem mais de 60 anos e na comunidade é conhecida como Chit, para a matéria de Vicky. Para ela, Mats era um membro-chave do grupo e teve a sorte de fazer amizades livres de estereótipos. Ali, ele se sentia "normal", e era assim que gostaria de se sentir por todo o tempo. Naqueles encontros, a deficiência dele era irrelevante, não o limitava. Ele estava livre para correr, nadar, jogar conversa fora. Todo o universo mágico do WoW, os encontros, a troca de confidências, fez a vida de Mats ser mais completa. Mas, apesar da importância que tinham para ele, suas histórias não chegavam até seus pais. Eles ainda o viam como alguém "solitário". Robert e Trude só viriam a ter consciência desse outro lado do filho ao comunicar sua morte.

Mesmo atormentado pela traumática perda, Robert decidiu postar no blog de Mats a notícia de seu falecimento. Não foi algo fácil de fazer, como contou. Mas, entre lágrimas e incompreensões, conseguiu publicar um arrazoado de palavras, comentando o fato acontecido e aproveitando para disponibilizar um e-mail para as pessoas entrarem em contato caso quisessem mandar mensagens de condolências.

Ele não sabia ao certo qual retorno obteria, se é que haveria algum retorno efetivamente. Porém, logo após a postagem, Robert entenderia a importância de seu filho e seu mundo virtual de relacionamentos. Ele conheceria seus amigos, as pessoas com quem compartilhava suas angústias, alegrias, conquistas, incertezas. As mensagens começaram a chegar.

> "É com o coração pesado que escrevo este post para um homem com quem nunca me encontrei, mas que eu conhecia tão bem."
>
> "Ele transcendeu seus limites físicos e enriqueceu a vida de pessoas em todo o mundo."
>
> "A morte de Mats me atingiu com muita força. Não consigo colocar em palavras o quanto sentirei falta dele."
>
> "Não acredito que exista uma pessoa que seja o coração da *Starlight*. Mas, se tivesse de ser alguém, teria sido ele."

Atônito, Robert não entendia o que estava acontecendo. Quem eram aqueles remetentes das mensagens. Como assim *"importância para o mundo"*? Como o conheciam? As dúvidas eram crescentes e o inquietavam.

Ao ler os relatos, a inquietação deu lugar a uma forte comoção. Aos poucos, ele começou a entender as reações de negativa do filho quando solicitado a sair da frente do computador. O porquê da troca do dia pela noite. Sobretudo, percebeu que o filho não era solitário, como ele e sua esposa acreditavam ser. Pelo contrário, Mats tinha amigos! Amigos queridos que o consideravam importante, especial, que se importavam com ele.

A forma de encontrá-los, até então, soava estranha, era diferente para ele, mas, naquela descoberta inesperada, ele se conscientizou que uma de suas preocupações, a da solidão do seu filho, tinha sido vã. O sentimento se revelou apenas como uma de suas incapacidades de entendimento de algo novo.

"Não É uma Tela. É um Portal para Onde Seu Coração Desejar Ir." ▪ 361

> "Uma sociedade inteira, uma pequena nação de pessoas, começou a tomar forma. E numa escala que não tínhamos ideia. Chegaram vários e-mails no decorrer do dia e nos dias que se seguiram, falando sobre o que Mats tinha significado."

Antes de morrer, Mats havia pedido aos seus pais para fazer uma cerimônia simples em seu enterro. Ele só esperava a presença de algumas pessoas mais próximas e seus parentes. Mas não foi bem isso o que aconteceu. No dia de sua despedida final, a capela no cemitério de *Vestre Gravlund*, em Oslo, estava cheia. Aproximadamente 200 pessoas estavam no funeral. Um comparecimento bem expressivo para alguém que mal saía de seu quarto.

É que parte dos presentes eram integrantes da *Starlight*. Eles haviam vindo de longe, de outros países, como Holanda, Reino Unido, Dinamarca, Finlândia. Quando informados sobre o falecimento do amigo, organizaram-se para pagar as passagens e lá foram eles prestar suas últimas homenagens. O ato comoveu profundamente Robert e Trude. Mats era querido como amigo por estranhos, e a presença deles em seu velório, em um dia frio de Oslo, não deixava dúvidas quanto à sua importância.

> "Ele tinha amigos de verdade, namoradas, pessoas que se importavam tanto que voaram de outro país para o funeral de alguém com quem nunca tinham se encontrado pessoalmente. Isso foi poderoso."

No fórum da *Starlight Community*, na internet, administrado por Kai/Nomine, ele escreveu sobre o dia 28/11/2014 e como ficou mexido com perda do companheiro. No texto, chamado "The Passing of a Friend" ("A Passagem de um Amigo", em tradução livre), ele descreve aquela situação como um "dia muito difícil para se viver". Fez questão de lembrar momentos com Mats e a relação dele com a comunidade do WoW. E enfatizou o fato de Mats, apesar de suas dificuldades, ter escolhido viver a vida de "forma positiva", sendo forte para enfrentar as adversidades em vez de se abater e se entregar às circunstâncias nada favoráveis.

Sobre o encontro com parentes e pessoas próximas da vida offline de Mats, seus pais, Kai/Nomine ressaltou o quanto aquele velório era importante para descobrir traços de sua personalidade que nunca tinham sido aparentes em seu convívio com o grupo. Sobretudo, foi a confirmação da força do amigo ao lutar contra a doença. *"Eu não teria conseguido ser tão forte quanto ele."*

Kai/Nomine foi o representante da *Starlight* indicado para prestar uma homenagem em uma fala de suas lembranças do amigo. Na reportagem da NRK, Vicky transcreveu dois trechos desse momento.

> "Enquanto estamos reunidos aqui hoje, uma vela está sendo acesa para Mats em uma sala de aula na Holanda; uma vela queima em um *call center* na Irlanda; em uma biblioteca na Suécia há uma vela acesa; ele é lembrado em um pequeno salão de beleza na Finlândia; em uma secretaria municipal na Dinamarca; em muitos lugares na Inglaterra. Por toda a Europa, Mats é lembrado por muita gente, mais do que tiveram a oportunidade de vir aqui hoje."

> "Conheci Mats em um mundo no qual não importa nem um pouco quem você é, que tipo de corpo você tem ou como você se parece na realidade, atrás do teclado. Lá, o que importa é quem você escolhe ser e como se comporta em relação aos outros. O que importa é o que se encontra aqui [Kai Simon põe a mão na cabeça] e aqui [ele coloca a mão no coração]."

"Não É uma Tela. É um Portal para Onde Seu Coração Desejar Ir." ▪ **363**

Ao final da cerimônia, fez-se um silêncio profundo na capela e o corpo de Mats, em um caixão branco coberto por flores e pelo estandarte dobrado da *Starlight*, estava pronto para seguir. Lisette/Rumour se postou ao seu lado para ajudar a transportá-lo. Em lágrimas, os presentes deixaram a capela, em pequenos grupos, rumo ao destino final do corpo de Mats. Nesse momento, algumas pessoas se aproximaram dos integrantes da comunidade em um gesto de agradecimento pela presença deles. Mesmo que furtivamente, falou Kai/Nomine, eles estavam emocionados por terem entrado em contato com um universo de Mats completamente desconhecido para eles. Sobre isso, Robert lembrou:

> "Fazendo uma retrospectiva, acho que deveríamos ter nos interessado pelo mundo dos games, do qual ele tanto gostava. Ao não fazer isso, perdemos uma oportunidade."

O espaço digital é uma constante crescente em nossas vidas. Desde seu surgimento, ele se amplia. Com o passar dos anos, aumentamos nossa interdependência desse ambiente. Há diversas pesquisas internacionais e nacionais que quantificam o tempo de uso médio de ferramentas tecnológicas por adolescentes. Quase a totalidade da população mais jovem, entre os 18 e 30 anos, usa, de alguma maneira, as redes sociais.

Estatísticas à parte, a despeito de serem fundamentais para termos parâmetros objetivos de análise, a importância dos números surgidos em decorrência desses levantamentos é o fato inconteste de que as novas gerações não vivem mais sem seus aparelhos eletrônicos. Para eles, estar na internet é como respirar. Obviamente, isso tem impactos sociais, molda comportamentos. Define estratégias públicas e particulares de interação social, e essa prática ilimitada gera uma dependência que pode se transformar em uma patologia.

Essa questão já recebe sinais de alerta por renomadas instituições de pesquisa e de classe.

Uma delas é a Academia Americana de Pediatria, instituição com diversos estudos investigativos sobre os efeitos causados pela tecnologia na formação das crianças. Sobre os malefícios do uso abusivo de aparelhos eletrônicos, ela se posicionou da seguinte forma:

> "As crianças que usam excessivamente a mídia online correm o risco de, ao crescerem, desenvolver um uso problemático da internet; e usuários contumazes de videogames podem apresentar sinais de desordem e de confusão mental em decorrência do uso excessivo dos games."

Esse é um alerta de uma organização comprometida com o desenvolvimento emocional e físico das crianças nos mais variados aspectos. Portanto, é algo a ser considerado, mas não deve ser visto como limitante. Pior, não deve ser usado como argumento para tentar segurar a presença da tecnologia em nossas vidas. Ele deve ser analisado como um dado extraído de um determinado comportamento temporal que requer análise e ação, não emissão de juízo de valor e nada mais.

> Como sociedade, qual a exposição à tecnologia desejamos para nossas crianças? Como pai, até onde devo e posso permitir que meus filhos utilizem ferramentas eletrônicas?

Essa reflexão já está bem avançada em locais de forte influência mundial, aliás, em um dos berços de propagação da tecnologia no mundo, o Vale do Silício. Por lá, os profissionais da área de tecnologia começam a desconstruir a chamada "utopia digital". Eles estão

"Não É uma Tela. É um Portal para Onde Seu Coração Desejar Ir."   ▪   365

seriamente envolvidos em estudos de como o seu uso pode afetar nossa saúde mental. E isso não é tudo, alguns desses profissionais resolveram adotar, para seus filhos, como educação formal nas escolas, a metodologia Montessori, sem nenhum contato com computadores. Por essa visão educacional, seus filhos vão para os colégios socializar, aprender a compartilhar, desenvolver sua criatividade, escrever manualmente, fazer contas com os dedos. É uma formação, para dizer o mínimo, bem *old fashion*.

Para esses pais, suas casas são os locais de iniciação de seus filhos no universo digital. Eles querem ser seus primeiros tutores, os protagonistas na definição desse uso. Não estou expondo essa informação como juízo de valor. É uma visão sobre o assunto. O que importa é: **como sociedade, precisamos refletir ininterruptamente sobre o tema e não podemos esperar que terceiros decidam como devemos usar a tecnologia em nossas vidas**.

Stephen Asma, professor de filosofia da Universidade de Colúmbia, quando entrou em contato com a história de Mats, questionou, em um artigo:

> "As aventuras online em redes sociais e games podem criar laço entre as pessoas como os laços de amizade forjados em interações mais corporificadas, em que seja preciso usar todo os nossos sentidos para nos relacionarmos com o outro?"

Ele concluiu que sim, mas as vê ainda como experiências mais escassas. Em sua análise, para as amizades se aprofundarem, seria necessário haver uma presença mútua. Para ele, a amizade requer um *"estar com"* e *"fazer para"* (isso implica sacrifício). Mas essas formas necessárias de aproximação e relacionamento no mundo virtual seriam banalizadas por suas circunstâncias. Ou seja, apesar de nos jogos estarmos com o outro virtualmente, fisicamente estamos em outro local, com outras interações ao nosso redor, e a qualquer momento aquele contato online pode ser desfeito. Uma simples interrupção no fornecimento de energia já é o bastante para inviabilizar a relação.

> "O 'espaço compartilhado' da vida digital é o espaço desencarnado. Não podemos realmente nos tocar, cheirar um ao outro, detectar expressões faciais ou humores, e assim por diante. A ligação real é mais biológica do que psicológica e requer contato físico."

Mas, como se viu pela história de Mats, a afirmação do professor Asma pode ser contestada, e isso não significa dizer que ele esteja errado. Nossas relações, sejam elas online ou offline, são complexas, e são assim porque, como seres humanos, somos complexos, independentemente de onde ou como aconteçam nossas interações.

Caro leitor, por diversos ângulos a história de Mats Steen é forte e poderosa. É um profundo relato sobre a trágica experiência de pais que perdem seus filhos, uma dor insuportável. Aborda nossa finitude. Exemplifica nossa impotência em frente a doenças graves. Mostra-nos o quanto ainda temos de caminhar na medicina para encontrar soluções para casos similares e limites de saúde. É, ainda, uma história de fraternidade, sobre a importância de sermos aceitos em sociedade, de nossa necessidade em estabelecer vínculos com o outro, de quanto nossa existência está mediada pelo olhar do mundo.

Revela a luta de um jovem guerreiro preso em um corpo doente, mas munido de uma alma imensa, provido de uma incansável capacidade de encontrar meios para estar vivo e participativo. Lembra-nos de nossa timidez e atos sem jeito para as questões do amor, do romance. Como é forte a experiência de se sentir atraído por alguém na adolescência, quando tudo parece tão urgente.

São muitos os aspectos dessa história, mas aqui eu quero destacar esse exemplo para demonstrar o verdadeiro **poder da imaginação, da tecnologia e do propósito**. Quando aliamos estes três aspectos em nossas vidas — a imaginação, a tecnologia e o propósito — tornamo-nos maiores do que somos. É uma condição de desenvolvimento, de conquista, de realização. E isso será um ato consequente no decorrer da Idade Mídia.

Estou muito agradecido que você tenha chegado até aqui comigo nessa leitura. Este assunto é urgente para todos nós. Precisamos agir em conjunto em sociedade para encontrarmos as melhores saídas para os dilemas que serão apresentados nesta Era. Não haverá uma solução única, tampouco essa solução emanará de uma fonte solitária de saber.

Quando os integrantes da *Starlight* foram ao velório de Mats, estavam indo ao encontro de um corpo desconhecido. Mas, dentro da capela do cemitério de *Vestre Gravlund*, eles não foram prestar suas homenagens a um estranho. Ali, naquele caixão, jazia alguém muito próximo a eles. Um amigo querido. Um confidente de vida.

Ao falar sobre aquele encontro inusitado entre seu filho e *desconhecidos-íntimos*, Robert foi preciso. Para ele, a morte de Mats havia unido seus dois mundos, o online e o offline. "Fundiu" suas realidades. De certa forma, com essa percepção, ele respondeu a um questionamento pertinente feito pela matéria da NRK: *"Como se mede a amizade?"*

Gestos como o de se fazer presente independentemente da distância percorrida em momentos tão delicados e profundamente humanos como aquele pelo qual a família Steen passava, ao enterrar um filho querido, são um bom termômetro da conquista do afeto genuíno. Como disse Lisette/Rumour: *"O legado de Mats será a marca que ele deixou em todos nós que o conhecemos. Ele tocou muita gente."*

À sua maneira, Mats se reinventou enquanto viveu. Amplificou sua presença no mundo. Sem dúvida, a tecnologia foi uma aliada decisiva para essa conquista, e ele reconhecia esse fato. Em seu blog, ao falar sobre o significado da tela do computador para sua vida, dimensionou o tamanho dessa importância: *"Não é uma tela. É um portal para onde seu coração desejar ir."*

Rua Álvaro Seixas, 165
Engenho Novo - Rio de Janeiro
Tels.: (21) 2201-2089 / 8898
E-mail: rotaplanrio@gmail.com